왕초보를 위한
일본어회화 활용사전

지은이 **HD어학교재연구회**

외국어 초보자를 위한 단어&어휘 분야, 기초회화 등의 어학 교재를 개발하고 기획
편집, 집필하였다. 주요 저서로는 〈왕초보 생활일본어 100〉 〈왕초보 일한 단어사전〉
〈왕초보 한일 단어사전〉 〈왕초보 일한 • 한일 필수단어사전〉 등이 있다.

왕초보를 위한
일본어회화 활용사전

지 은 이 HD어학교재연구회
감   수 사와이 유끼꼬
본 문 편 집 김민우
디 자 인 오르고(book@designer.korea.com)

펴 낸 날 2008년 1월 10일 개정판 1쇄 발행
          2008년 6월 10일 개정판 2쇄 발행
펴 낸 이 천재민
펴 낸 곳 하다북스
출 판 등 록 2003년 11월 4일 제9-124호
주   소 (142-802) 서울시 강북구 미아4동 5-21 경남상가 201호
전   화 영업부 (02)6221-3020 • 편집부 (02)6221-3021
팩   스 (02)6221-3040
홈 페 이 지 www.hadabook.com

copyright ⓒ 2008 by Hadabooks
ISBN 978-89-92018-31-9 13730

* 가격은 뒤표지에 있습니다. 잘못된 책은 교환해 드립니다.

JAPANESE
EXPRESSIONS
DICTIONARY

왕초보를 위한

일본어회화 활용사전

HD어학교재연구회
사와이 유끼꼬 감수

하다북스

이럴 땐 일본어로 뭐라고 말할까?

일본을 여행한다거나 취업, 회사업무 등 여러 가지 이유로 일본사람을 직접 만났을 때, 자신이 알고 있던 몇 마디 일본어조차도 입에서 나오지 않아서 당황했던 기억이 있지 않으셨나요?

"일본 사람을 만나면 어떻게 말할까?"

"이럴 땐 일본어로 뭐라고 말할까?"

예기치 못한 상황에서 일본 사람을 만났을 때 말이 통하지 않아 난감했던 기억이나 자신의 의사를 제대로 표현할 수 없어 답답했던 순간이 있었을 것입니다.

이 책은 일본어 초보자부터 중급자까지 일상의 생활 속에서 자연스럽게 말할 수 있는 회화표현을 선별하여, 일본어에 대한 기초 지식이 없어도 최소한의 의사소통이 가능하도록 하였습니다. 일상에서 꼭 필요한 기초회화를 중심으로 즉석에서 활용할 수 있는 일본어표현을 담았기 때문에, 현지에서 실제로 통하는 일본어회화를 익힐 수 있습니다.

특히, 원어민이 본문 전체 회화를 녹음하여 MP3 파일을 무료 다운로드 받을 수 있도록 하여 생생하게 살아있는 알짜 생활일본어 표현을 익힐 수 있습니다.

아울러 일본어 초보자들을 위해 원어민 표준 발음을 살린 한글 발음을 함께 표기하여 보다 쉽게 일본어문장을 읽고 연습할 수 있습니다.

Point 1 찾기 쉽고 편리한 주제별 상황별 사전식 구성!!

전체 13개 Part, 45개의 Chapter, 166개의 상황을 설정하여 주제별 상황별로 나눠 찾기 쉽고 활용하기 간편한 사전식으로 구성하였습니다. 생활 속의 다양한 상황을 설정하고 일상회화에서 가장 많이 사용하는 생생한 일본어표현을 선별 수록하여 일본어 초보자가 언제든지 활용할 수 있도록 하였습니다.

Point 2 즉석에서 바로 활용하는 알짜 일본어회화 표현!!

인사, 의사표현, 인간관계, 만남, 화제, 일상의 장소, 건강, 전화 등 일상회화에서 많이 쓰이는 기본표현을 중심으로 교통, 쇼핑, 식사, 해외여행, 직업에 이르기까지 상황에 맞게 골라 쓸 수 있는 일본어회화를 담았습니다. 또한, 원어민이 본문 전체 회화를 녹음하여 MP3 파일을 무료 다운로드 받을 수 있도록 하여 생생하게 살아있는 알짜 생활일본어 표현을 익힐 수 있습니다.

Point 3 책속의 책-초보자를 위한 일본어 학습 길잡이!!

이 책에서는 필수 일본어 상용한자 2,055자를 수록하여 일본어회화 학습의 기틀을 다지도록 하였습니다. 일본 문부성에서 고시한 교육한자 1,006자와 교육한자를 제외한 상용한자 939자, 그리고 상용한자표에 없는 표외자 110자를 별도로 나눠 수록하였습니다. 또한, 일본한자의 발음에서는 음독은 '가타카나'로, 훈독은 '히라가나'로 구분해서 표기하였고, 일본어 능력시험 급수 표기와 함께 한국한자를 별도로 표기하여 학습효과를 높였습니다.

차례　Contents

Part 2 의사 표현 Opinions and Emotions

Part 5 화 제 Topics

Part 6 일상의 장소 Everyday Life Place

Part 7 건강 Health

Part 8 전 화 Telephone

Part 11 식 사 Eating

Part 12 해외여행 Overseas Travel

Part 13 직 업 Work

| 부록 | 책속의 책

일본어 문자에는 히라가나와 가타카나가 있고
한자를 병행하여 쓴다.

일본 문자를 행(行)과 단(段)으로 나누어 표로
배열한 것을 '오십음도' 라고 한다.

일본어 발음은 청음, 탁음, 반탁음, 요음, 발음,
촉음, 장음 등의 7가지 형태가 있다.

ひらがな(히라가나)

	あ단	い단	う단	え단	お단
あ행	あ 아[a]	い 이[i]	う 우[u]	え 에[e]	お 오[o]
か행	か 카[ka]	き 키[ki]	く 쿠[ku]	け 케[ke]	こ 코[ko]
さ행	さ 사[sa]	し 시[si]	す 스[su]	せ 세[se]	そ 소[so]
た행	た 타[ta]	ち 치[chi]	つ 츠[tsu]	て 테[te]	と 토[to]
な행	な 나[na]	に 니[ni]	ぬ 누[nu]	ね 네[ne]	の 노[no]
は행	は 하[ha]	ひ 이[hi]	ふ 후[hu]	へ 에[he]	ほ 오[ho]
ま행	ま 마[ma]	み 미[mi]	む 무[mu]	め 메[me]	も 모[mo]
や행	や 야[ya]		ゆ 유[yu]		よ 요[yo]
ら행	ら 라[ra]	り 리[ri]	る 루[ru]	れ 레[re]	ろ 로[ro]
わ행	わ 와[wa]				を 오[wo]
ん행	ん 응[ŋ]				

・カタカナ(가타카나)・

	ア단	イ단	ウ단	エ단	オ단
ア행	ア 아[a]	イ 이[i]	ウ 우[u]	エ 에[e]	オ 오[o]
カ행	カ 카[ka]	キ 키[ki]	ク 쿠[ku]	ケ 케[ke]	コ 코[ko]
サ행	サ 사[sa]	シ 시[si]	ス 스[su]	セ 세[se]	ソ 소[so]
タ행	タ 타[ta]	チ 치[chi]	ツ 츠[tsu]	テ 테[te]	ト 토[to]
ナ행	ナ 나[na]	ニ 니[ni]	ヌ 누[nu]	ネ 네[ne]	ノ 노[no]
ハ행	ハ 하[ha]	ヒ 히[hi]	フ 후[hu]	ヘ 헤[he]	ホ 호[ho]
マ행	マ 마[ma]	ミ 미[mi]	ム 무[mu]	メ 메[me]	モ 모[mo]
ヤ행	ヤ 야[ya]		ユ 유[yu]		ヨ 요[yo]
ラ행	ラ 라[ra]	リ 리[ri]	ル 루[ru]	レ 레[re]	ロ 로[ro]
ワ행	ワ 와[wa]				ヲ 오[wo]
ン행	ン 응[ŋ]				

1. 청음

맑게 소리 나는 음으로 오십음도에서 'ん[응]'을 제외한 모든 음을 말한다.

あ	い	う	え	お
ア	イ	ウ	エ	オ
아[a]	이[i]	우[u]	에[e]	오[o]

'あ, い, お'는 우리말의 [아, 이, 오]와 거의 비슷한 발음이고, 'う'는 [우]와 [으]의 중간 발음, 'え'는 [애]와 [에]의 중간 발음이다.

か	き	く	け	こ
カ	キ	ク	ケ	コ
카[ka]	키[ki]	쿠[ku]	케[ke]	코[ko]

'か' 행은 [ㄱ]과 [ㅋ]의 중간 발음이다. 단어의 첫머리에 올 때는 [가, 기, 구, 게, 고]와 비슷하고 단어의 중간이나 끝에 올 때는 [까, 끼, 꾸, 께, 꼬]로 발음한다.

さ	し	す	せ	そ
サ	シ	ス	セ	ソ
사[sa]	시[si]	스[su]	세[se]	소[so]

'さ'행은 우리말의 [사, 시, 스, 세, 소]와 발음이 같다. 'し'의 발음은 [쉬]에 가까운 [시]로 발음하고, 'す'는 [수]보다는 [스]에 가깝게 발음한다.

た	ち	つ	て	と
タ	チ	ツ	テ	ト
타[ta]	치[chi]	츠[tsu]	테[te]	토[to]

'た, て, と'는 [ㄷ]과 [ㅌ]의 중간 발음이다. 말의 첫머리에 올 때는 [다, 데, 도]라고 발음하고, 중간이나 끝에 올 때는 [따, 떼, 또]라고 발음한다. 'ち'는 [치]에 가까운 발음이지만 두 번째 음절에 오면 [찌]로 발음하고 'つ'는 [츠], [쯔], [쓰]의 복합적인 발음이다.

な	に	ぬ	ね	の
ナ	ニ	ヌ	ネ	ノ
나[na]	니[ni]	누[nu]	네[ne]	노[no]

'な' 행의 발음은 우리말의 [ㄴ]음과 거의 같다. [나, 니, 누, 네, 노]라고 발음한다.

は	ひ	ふ	へ	ほ
ハ	ヒ	フ	ヘ	ホ
하[ha]	히[hi]	후[hu]	헤[he]	호[ho]

'は' 행의 발음은 우리말의 [ㅎ]음과 거의 같다. 'へ[헤]]'와 'ほ[호]'의 음은 때로 [에]와 [와]로 바뀌는 경우가 있다. 'ふ'는 [후]와 [흐]의 중간음으로 발음한다.

ま	み	む	め	も
マ	ミ	ム	メ	モ
마[ma]	미[mi]	무[mu]	메[me]	모[mo]

'ま' 행의 발음은 우리말의 [ㅁ]과 거의 같다. [마, 미, 무, 메, 모]라고 발음한다.

や		ゆ		よ
ヤ		ユ		ヨ
야[ya]		유[yu]		요[yo]

'や, ゆ, よ'의 발음은 우리말의 [야], [유], [요]와 거의 같고 반모음으로 쓰인다.

ら	り	る	れ	ろ
ラ	リ	ル	レ	ロ
라[ra]	리[ri]	루[ru]	레[re]	로[ro]

'ら' 행의 발음은 우리말의 [ㄹ]과 거의 같다. [라, 리, 루, 레, 로]라고 발음한다.

わ				を
ワ				ヲ
와[wa]				오[wo]

'わ' 행의 발음은 우리말의 [와]와 거의 같다. 'を[오]'는 あ행의 'お'와 발음이 같지만 우리말의 [~을, ~를]처럼 조사로만 쓰인다.

2. 탁음

탁음이란 청음에 비해 탁한 소리를 말한다. 'か[카], さ[사], た[타], は
[하]' 행의 문자 오른쪽 윗부분에 탁점 'ﾞ'이 붙은 음을 가리킨다.

ひらがな(히라가나)					カタカナ(가타카나)				
が	ぎ	ぐ	げ	ご	ガ	ギ	グ	ゲ	ゴ
가[ga]	기[gi]	구[gu]	게[ge]	고[go]	가[ga]	기[gi]	구[gu]	게[ge]	고[go]
ざ	じ	ず	ぜ	ぞ	ザ	ジ	ズ	ゼ	ゾ
자[za]	지[zi]	즈[zu]	제[ze]	조[zo]	자[za]	지[zi]	즈[zu]	제[ze]	조[zo]
だ	ぢ	づ	で	ど	ダ	ヂ	ヅ	デ	ド
다[da]	지[zi]	즈[zu]	데[de]	도[do]	다[da]	지[zi]	즈[zu]	데[de]	도[do]
ば	び	ぶ	べ	ぼ	バ	ビ	ブ	ベ	ボ
바[ba]	비[bi]	부[bu]	베[be]	보[bo]	바[ba]	비[bi]	부[bu]	베[be]	보[bo]

3. 반탁음

반탁음은 'は[하]' 행의 다섯 글자 'は[아], ひ[히], ふ[후], へ[헤], ほ
[호]' 글자의 오른쪽 위에 반탁점 ' ° '을 붙인 음을 말한다. 말머리에서는
[ㅍ]음이 되지만, 말의 중간이나 끝에 오면 [ㅃ]음으로 발음한다.

ひらがな(히라가나)					カタカナ(가타카나)				
ぱ	ぴ	ぷ	ぺ	ぽ	パ	ピ	プ	ペ	ポ
파[pa]	피[pi]	푸[pu]	페[pe]	포[po]	파[pa]	피[pi]	푸[pu]	페[pe]	포[po]

※ 청음과 탁음 발음에 주의하자

특히 'か(카)' 행과 'た(타)' 행은 청음과 탁음의 구별이 어려우니 발음에
주의해야 한다.

4. 요음

요음은 각 자음의 음에 'や[야], ゆ[유], よ[요]'를 작게 붙여서 표기한다.
요음을 발음할 때는 장음이 되지 않게 짧게 끊어서 발음해야 한다.

ひらがな(히라가나)			カタカナ(가타카나)		
きゃ	きゅ	きょ	キャ	キュ	キョ
캬[kya]	큐[kyu]	쿄[kyo]	캬[kya]	큐[kyu]	쿄[kyo]
しゃ	しゅ	しょ	シャ	シュ	ショ
샤[sya]	슈[syu]	쇼[syo]	샤[sya]	슈[syu]	쇼[syo]
ちゃ	ちゅ	ちょ	チャ	チュ	チョ
챠[cya]	츄[chu]	쵸[cyo]	챠[cya]	츄[chu]	쵸[cyo]
にゃ	にゅ	にょ	ニャ	ニュ	ニョ
냐[nya]	뉴[nyu]	뇨[nyo]	냐[nya]	뉴[nyu]	뇨[nyo]
ひゃ	ひゅ	ひょ	ヒャ	ヒュ	ヒョ
햐[hya]	휴[hyu]	효[hyo]	햐[hya]	휴[hyu]	효[hyo]
みゃ	みゅ	みょ	ミャ	ミュ	ミョ
먀[mya]	뮤[myu]	묘[myo]	먀[mya]	뮤[myu]	묘[myo]
りゃ	りゅ	りょ	リャ	リュ	リョ
랴[rya]	류[ryu]	료[ryo]	랴[rya]	류[ryu]	료[ryo]
ぎゃ	ぎゅ	ぎょ	ギャ	ギュ	ギョ
갸[gya]	규[gyu]	교[gyo]	갸[gya]	규[gyu]	교[gyo]
じゃ	じゅ	じょ	ジャ	ジュ	ジョ
쟈[zya]	쥬[zyu]	죠[zyo]	쟈[zya]	쥬[zyu]	죠[zyo]
びゃ	びゅ	びょ	ビャ	ビュ	ビョ
뱌[bya]	뷰[byu]	뵤[byo]	뱌[bya]	뷰[byu]	뵤[byo]
ぴゃ	ぴゅ	ぴょ	ピャ	ピュ	ピョ
퍄[pya]	퓨[pyu]	표[pyo]	퍄[pya]	퓨[pyu]	표[pyo]

5. 발음

발음 'ん[응]'은 콧소리로 다른 글자 밑에서 받침과 같은 역할을 하지만,
우리말의 받침과는 다르게 하나의 음절 길이를 갖는 것이 특징이다. 'ん'
은 뒤에 오는 음에 따라서 'ㄴ·ㅁ·ㅇ' 등으로 발음한다.

1) 「ㄴ(n)」으로 발음되는 경우 : 'さ[사]·ざ[자]·た[타]·だ[다]·な
[나]·ら[라]' 행의 글자 앞에 올 때에는 'ㄴ'으로 발음한다.

- 여자 おんな [온나]
- 한자 かんじ [칸지]
- 운동 うんどう [운도-]
- 친절 しんせつ [신세쯔]

2) 「ㅁ(m)」으로 발음되는 경우 : 'ま[마]·ば[바]·ぱ[파]' 행의 글자 앞
에 올 때에는 'ㅁ'으로 발음한다.

- 연필 えんぴつ [엠삐쯔]
- 잠자리 とんぼ [돔보]
- 산보 さんぽ [삼뽀]
- 신문 しんぶん [심붕]

3) 「ㅇ(ng)」으로 발음되는 경우 : 'か[카]·が[가]' 행의 글자 앞에 올 때
에는 'ㅇ'으로 발음한다.

- 만화 まんが [망가]
- 음악 おんがく [옹가꾸]
- 전기 でんき [뎅끼]
- 사과 りんご [링고]

4) 콧소리 모음으로 발음되는 경우 : 위의 세 경우를 제외한 모든 경우와
ん[응]으로 끝날 때는 콧소리 모음으로 발음한다.

- 서점 ほんや [홍야]
- 전화 でんわ [뎅와]
- 친구 しんゆう [싱유-]
- 미안합니다 すみません [스미마셍]

6. 촉음

촉음은 'つ'를 글자 사이에 작은 글자로 써서 표시하는데 우리말의 받침
과 같이 사용한다. 이 촉음 역시 뒤에 오는 음에 따라서 발음이 조금씩 다
르다.

1) 「ㄱ」으로 발음하는 경우 : か[카]행 앞에 오면 'ㄱ(k)'받침으로 발음한다.

  - 학교 がっこう [각꼬-]
  - 일기 にっき [닉끼]
  - 실험 じっけん [직껭]
  - 발견 はっけん [학껜]

2) 「ㅅ」으로 발음하는 경우 : さ[사]행 앞에 오면 'ㅅ(s)'받침으로 발음한다.

  - 잡지 ざっし [잣시]
  - 한 권 いっさつ [잇사쯔]

3) 「ㄷ」으로 발음하는 경우 : た[타]행 앞에 오면 'ㄷ(t)'받침으로 발음한다.

  - 완전히 まったく [맏따꾸]
  - 우표 きって [긷떼]

4) 「ㅂ」으로 발음하는 경우 : ぱ[파]행 앞에 오면 'ㅂ(p)'받침으로 발음한다.

  - 표 きっぷ [깁뿌]
  - 실패 しっぱい [십빠이]

※「つ(쯔)」와「す(스)」
「つ(쯔)」는 일본어 특유의 발음으로 우리가 가장 틀리기 쉬운 발음이다.
특히「す(스)」와의 구별이 어렵다.

※「ざ・ず・ぜ・ぞ(쟈・즈・제・죠)」와「じゃ・じゅ・じょ(쟈・쥬・죠)」
이들 음은 우리말에 발음이 없기 때문에 가장 혼동하기 쉬운 발음이다.

7. 장음

모음에는 단음과 장음이 있다. 장음이란 소리를 길게 발음하는 것을 말하며
장음을 만드는 데 쓰이는 글자는 ‘あ [아] · い [이] · う [우] · え [에] · お
[오]’ 의 다섯 글자이다. 가타카나의 경우에 장음은 「一」로 표기한다. 특히,
장음의 유무에 따라서 뜻이 달라지는 단어가 많으므로 주의해야 한다.

1) あ장음 = あ단 + あ : あ [아]단 다음에 ‘あ [아]’를 덧붙여 쓴다.

- 할머니 おばあさん [오바-상]
- 어머니 おかあさん [오까-상]

2) い장음 = い단 + い : い [이]단 다음에 ‘い [이]’를 덧붙여 쓴다.

- 할아버지 おじいさん [오지-상]
- 오빠 おにいさん [오니-상]

3) う장음 = う단 + う : う [우]단 다음에 ‘う [우]’를 덧붙여 쓴다.

- 우편 ゆうびん [유-빙]
- 공기 くうき [구-끼]

4) え장음 = え단 +い/え : え [에]단 다음에 ‘い [이]’ 또는 ‘え [에]’를 덧
붙여 쓴다.

- 언니 おねえさん [오네-상]
- 선생 せんせい [센세-]

5) お장음 = お단 + お/う : お [오]단 다음에 ‘お [오]’ 또는 ‘う [우]’를
덧붙여 쓴다.

- 모자 ぼうし [보-시]
- 많다 おおい [오-이]

Part 1 인 사

Greeting Manners

01_ 평상시에

□ (아침인사) 안녕?

おはよう。
오하요-

□ (아침인사) 안녕하세요?

おはよう ございます。
오하요- 고자이마스

□ (점심인사) 안녕하세요?

こんにちは。
곤니찌와

□ (저녁인사) 안녕하세요?

こんばんは。
곰방와

□ 안녕히 주무세요.

おやすみなさい。
오야스미나사이

□ 잘 지내십니까?

お元気ですか。
오겡끼데스까

□ 그저 그렇습니다.

まあまあです。
마―마―데스

□ 덕분에 잘 지내요. 당신은 어때요?

おかげさまで 元気です。 あなたの ほうは。
오까게사마데 껭끼데스. 아나따노 호―와

□ 만나서 반가워요.

お会いできて 嬉しいです。
오아이 데끼떼 우레시이데스

□ 날씨가 참 좋죠?

天気が とても いいですね。
텡끼가 토떼모 이―데스네

□ 별일 없으신가요?

お変り ありませんか。
오까와리 아리마셍까

□ 날씨가 좋군요. 어디 가세요?

いい 天気ですね。今、どこへ。
이― 뎅끼데스네. 이마, 도꼬에

□ 오늘 기분은 어떠신가요?

今日の ご気分は いかがですか。
쿄―노 고끼붕와 이까가데스까

□ 무슨 좋은 일이라도 있습니까?

何か いい ことでも あるんですか。
낭까 이― 고또데모 아룬데스까

□ 오랜만이군요.

しばらく ですね。
시바라꾸 데스네

□ 참 오랜만이군요.

本当に ひさしぶりですね。
혼또-니 히사시부리데스네

□ 오랫동안 소식을 못 드렸어요.

ごぶさたしました。
고부사따시마시따

□ 이게 몇 년 만인가요?

やあ、何年ぶりですか。
야-, 난넨부리데스까

□ 어떻게 지냈어?

どうしていたの。
도-시떼 이따노

□ 별일 없으세요?

変わった こと ありませんか。
가왓따 고또 아리마셍까

□ 요즘은 어떠신가요?

この頃は いかがですか。
고노고로와 이까가데스까

□ 별고 없으셨습니까?

お変わり ありませんでしたか。
오까와리 아리마센데시다까

□ 다시 뵙게 되어 반가워요.

また お会いできて うれしいです。
마따 오아이데끼떼 우레시-데스

□ 그동안 어떠셨어요?

その後 どうでしたか。
소노고 도-데시다까

□ 지금까지는 괜찮았어요.

今までは よかったです。
이마마데와 요깟따데스

□ 여전하시네요.

相変わらずですね。
아이까와라즈데스네

□ 건강해 보이시네요.

元気そうですね。
겡끼 소-데스네

□ 전혀 안 변했어요.

ぜんぜん 変わらないね。
젠젱 가와라나이네

□ 세월이 참 빠르군요.

歳月は 速いもんですね。
사이게쯔와 하야이몬데스네

□ 어머, 다나카 씨군요!

あら、田中さんじゃない。

아라, 다나까상쟈나이

□ 이런 곳에서 당신을 만나다니!

こんな 所で あなたに 会えるなんて。

곤나 도꼬로데 아나따니 아에루난떼

□ 정말 우연이에요

本当に 偶然です。

혼또-니 구-젠데스

□ 세상이 정말 좁군요!

本当に 世間は 狭いです。

혼또-니 세껭와 세마이데스

□ 뵙고 싶었습니다.

お会い したかったんです。

오아이 시따깟딴데스

□ 어디 갔었어?

どこに 行ってたの。

도꼬니 잇떼따노

□ 무얼하고 있었니?

何 やってたの。

나니 얏떼따노

□ 야, 오랜만이야. 그동안 잘 지냈어?

やあ、久しぶりだね。今まで 元気だった。
야―, 히사시부리다네. 이마마데 겡끼닷따

□ 이런 곳에서 만날 줄은 생각도 못했어요.

こんな 所で 会えるなんて 思いも しなかったです。
곤나 도꼬로데 아에루난떼 오모이모 시나깟따데스

□ 도쿄에서 당신을 만나다니 정말 우연이로군요.

東京で あなたに 会えるなんて 本当に 偶然ですね。
도―꾜―데 아나따니 아에루난떼 혼또―니 구―젠데스네

□ 여긴 어쩐 일로 오셨어요?

ここには どんな 用で いらっしゃいましたか。
고꼬니와 돈나 요―데 이랏샤이마시따까

□ 어떻게 지내셨어요?

このごろ、いかがでしたか。
고노고로 이까가데시따까

□ 가족들은 어떠세요?

ご家族は いかがですか。
고까조꾸와 이까가데스까

□ 언제 한번 만나요.

いつか 会いましょう。
이쯔까 아이마쇼―

□ 아무 때나 좋아요.

いつでも けっこうです。
이쯔데모 껙꼬―데스

01_ 안부 물을 때

□ 요즘 어떻게 지내세요?

この頃 どう 過ごされて いますか。
고노고로 도– 스고사레떼 이마스까

□ 건강은 어떠세요?

お加減は いかがですか。
오까겡와 이까가데스까

□ 가족 분들은 잘 지내시나요?

ご家族の 皆さんは 元気ですか。
고까조꾸노 미나상와 겡끼데스까

□ 부모님께서는 잘 지내십니까?

ご両親は お元気ですか。
고료–싱와 오겡끼데스까

□ 무엇 때문에 그리 바쁘셨어요?

何の ために 忙しかったんですか。
난노 다메니 이소가시깟딴데스까

□ 사업은 잘 되십니까?

事業は うまく いって いますか。
지교–와 우마꾸 잇떼 이마스까

☐ 모두들 잘 지내시나요?

みんな　お元気ですか。
민나 오겡끼데스까

☐ 무슨 좋은 일 있으세요?

何か　いいことでも　ありますか。
낭까 이-꼬또데모 아리마스까

☐ 부인은 어떠신가요?

奥さんは　いかがですか。
옥상와 이까가데스까

☐ 그는 요즘 어떻게 지내니?

彼は　このごろ　どうしているの。
가레와 고노고로 도-시떼 이루노

☐ 얼마나 자주 그의 소식을 듣나요?

よく　彼の　ことを　聞きますか。
요꾸 까레노 고또오 기끼마스까

☐ 몸은 어떠니?

調子は　どう。
쵸-시와 도-

☐ 무슨 별일 일이라도 있니?

何か　変わった　ことは。
나니까 가왓따 고또와

☐ 여행은 어땠어요?

旅行は　どうでしたか。
료꼬-와 도-데시다까

□ 모두들 잘 지냅니다.

　　みんな 元気です。
　　민나 겡끼데스

□ 부모님께 안부 전해주세요.

　　ご両親に よろしく。
　　고료-신니 요로시꾸

□ 아버님께 안부 전해주세요.

　　お父さんに よろしく。
　　오또-산니 요로시꾸

□ 가족 모두에게 부디 안부 전해주세요.

　　ご家族の方に くれぐれも よろしく お伝え ください。
　　고까조꾸노 가따니 구레구레모 요로시꾸 오쯔따에 구다사이

□ 여러분께 안부 전해주세요.

　　皆様に よろしく。
　　미나사마니 요로시꾸

□ 잘 지내요.

　　元気です。
　　겡끼데스

□ 저도 잘 지내요.

　　私も元気です。
　　와따시모 겡끼데스

□ 모든 게 좋아요.

すべてが 順調です。
스베떼가 쥰쪼-데스

□ 모두 잘 있어요.

おかげさまで 元気です。
오까게사마데 겡끼데스

□ 그는 건강하게 지내고 있어요.

彼は 元気で 過ごしています。
가레와 겡끼데 스고시떼이마스

□ 음, 그저 그렇습니다.

えっと、まあまあですね。
엣또, 마ー마ー데스네

□ 항상 바쁩니다.

いつも 忙しいです。
이쯔모 이소가시이데스

□ 전화라도 한다면서, 오랫동안 소식을 못 드렸어요

電話でもと 思いながら、ごぶさたしました。
뎅와데모또 오모이나가라, 고부사따시마시따

□ 그만 소식을 못 드려 죄송합니다.

つい ごぶさたして ごめんなさい。
츠이 고부사띠시떼 고멘나사이

□ 가족들의 안녕을 바랍니다.

ご家族の 無事を 願います。
고까조꾸노 부지오 네가이마스

01_ 헤어질 때

□ 이제 가야겠어요.

もう おいとまいたします。
모- 오이또마 이따시마스

□ 늦었어요. 가야겠어요.

<ruby>遅<rt>おそ</rt></ruby>くなってきました。<ruby>行<rt>い</rt></ruby>かなくちゃならないので。
오소꾸낫떼 기마시따. 이까나꾸쨔 나라나이노데

□ 이제 실례해야겠어요.

そろそろ <ruby>失礼<rt>しつれい</rt></ruby>しなくては。
소로소로 시쯔레- 시나꾸떼와

□ 좀더 계시다가세요.

もう ちょっと いいじゃないですか。
모- 춋또 이-쟈 나이데스까

□ 만나서 반가웠어요.

お<ruby>会<rt>あ</rt></ruby>いできて うれしかったです。
오아이데끼떼 우레시깟따데스

□ 즐거웠어요.

<ruby>楽<rt>たの</rt></ruby>しかったです。
다노시깟따데스

□ 저녁 잘 먹었어요.

夕食を ごちそうさまでした。
유-쇼꾸오 고찌소-사마데시따

□ 안녕히 가세요.

さようなら。
사요-나라

□ 그럼 조심해서 가세요.

では、気を つけて。
데와 기오 쯔께떼

□ 안녕히 가세요. 또 오세요.

ごきげんよう。また 来て くださいね。
고끼겡요-. 마따 기떼 구다사이네

□ 그럼, 또 내일 봐요.

では、また あした。
데와 마따 아시따

□ 초대해줘서 고마워요. 정말 즐거웠어요.

ご招待 ありがとう。すっかり 楽しんで しまいました。
고쇼-따이 아리가또-. 슥까리 다노신데 시마이마시따

□ 살펴가세요.

お気を つけて。
오끼오 쯔께떼

□ 즐거운 하루 보내세요.

よい 一日を。
요이 이찌니찌오

□ 안녕히 계세요. 나중에 또 만나요.

さようなら。いずれまた。
사요-나라. 이즈레마따

□ 또 봅시다.

じゃ、またね。
쟈, 마따네

□ 곧 만납시다.

また お会いしましょう。
마따 오아이시마쇼-

□ 좀더 자주 만납시다.

もっと にびたび 会いましょう。
못또 다비따비 아이마쇼-

□ 나중에 뵙겠습니다.

また お目に かかります。
마따 오메니 가까리마스

□ 다시 언제 만나요.

また いつか 会いましょうね。
마따 이쯔까 아이마쇼우네

□ 널 만날 수 없다니 외롭겠는걸.

君に 会えなくなると さびしくなるよ。
기미니 아에나꾸나루또 사비시꾸나루요

□ 편지해주세요.

手紙を ください。
데가미오 구다사이

□ 돌아와야 해요.

帰ってこなくちゃ だめですよ。
가엣떼 고나꾸쨔 다메데스요

□ 빨리 오세요..

早く 来て ください。
하야꾸 기떼 구다사이

□ 언제든지 들러 주세요.

いつでも よって ください。
이쯔데모 욧떼 구다사이

□ 근간 다시 뵙고 싶어요.

近い うちにまた お会いしたいです。
치까이 우찌니 마따 오아이시따이데스

□ 언제 가까운 시일에 또 만납시다.

いずれまた 近いうちに 会いましょう。
이즈레 마따 치까이 우찌니 아이마쇼−

□ 언제 만나면 되겠어요?

いつ お会いすれば いいでしょうか。
이쯔 우아이스레바 이이데쇼−까

□ 다시 만날 수 있기를 바랍니다.

また お会いできたら 嬉しいです。
마따 오아이데끼따라 우레시이데스

□ 서로 연락을 취합시다.

連絡を 取り合いましょうね。
렌라꾸오 도리아이마쇼우네

□ 앞으로도 서로 연락합시다.

これからも 連絡を 取り合いましょうね。
고레까라모 렌라꾸오 도리아이마쇼-네

□ 어떻게 하면 연락이 되나요?

どうしたら 連絡が つきますか。
도-시따라 렌라꾸가 쯔끼마스까

□ 전화번호가 어떻게 되세요?

電話番号が どうなりますか。
뎅와방고-가 도-나리마스까

□ 휴대폰 번호를 가르쳐 주시겠어요?

携帯電話の 番号を 教えて もらえますか。
게-따이뎅와노 방고-오 오시에떼 모라에마스까

□ 여기 제 휴대폰 번호예요.

これ 私の 携帯番号です。
고레 와따시노 게-따이방고-데스

□ 이 번호는 낮에만 연락이 됩니다.

この 番号は おひるだけ 連絡できます。
고노 방고-와 오히루다께 렌라꾸데끼마스

□ 이 번호로는 밤에 연락이 됩니다.

この　番号で　夜に　連絡できます。
고노 방고-데 요루니 렌라꾸데끼마스

□ 그 사이에 전화주세요.

そのうち　電話して　くださいね。
소노우찌 뎅와시떼 구다사이네

□ 전화 드리겠습니다.

電話いたします。
뎅와 이따시마스

□ 나중에 전화할게요.

あとで　電話しますね。
아또데 뎅와 시마스네

□ 이건 제 명함입니다.

これは　私の　名刺です。
고레와 와따시노 메이시데스

□ 명함 한 장 주시겠어요?

名刺を　一枚　いただけないでしょうか。
메이시오 이치마이 이따다께나이데쇼-까

□ 제 명함입니다. 당신 명함도 받을 수 있을까요?

名刺を　どうぞ。　あなたのも　いただけますか。
메이시오 도-조. 아나따노모 이따다께마스까

□ 명함을 드리겠어요.

名刺を　さしあげましょう。
메-시오 사시아게마쇼-

01_ 소개할 때

□ 제 친구를 소개할까요?

私の 友達を 紹介しましょうか。
와따시노 도모다찌오 쇼-카이시마쇼-까

□ 이 사람은 제 친구예요.

この 人は 私の 友達です。
고노 히또와 와따시노 도모다찌데스

□ 친구 기무라 씨를 소개하겠어요.

友人の 木村さんを 紹介します。
유-진노 기무라상오 쇼-까이시마스

□ 제 친구가 당신 얘기를 자주 해요.

私の 友達が あなたの ことを 時々 話します。
와따시노 도모다찌가 아나따노 고또오 도끼도끼 하나시마스

□ 두 분 서로 인사 나눴던가요?

お互いに ご挨拶され ましたか。
오따가이니 고아이사쯔사레 마시따까

□ 만난 적이 없으면 소개해 드리겠어요.

会った ことが なければ 紹介して おきましょう。
앗따 고또가 나께레바 쇼-까이 시떼 오끼마쇼-

□ 다나카 씨를 소개하겠습니다.

田中さんを　紹介しましょう。
다나까상오 쇼-까이시마쇼-

□ 미스터 김, 이분은 다나카 씨입니다.

金さん、こちらは　田中さんです。
키무상, 고찌라와 다나까산데스

□ 미스터 김, 다나카 씨를 만난 것은 처음이시죠.

金さん、田中さんに　会うのは　初めてですね。
키무상, 다나까산니 아우노와 하지메떼데스네

□ 안녕하세요, 저를 기억하시겠어요?

こんにちは、私の　こと　覚えてます。
곤니찌와, 와따시노 고또 오보에떼마스

□ 잠깐 제 소개 좀 하겠어요.

ちょっと　自己紹介させて　ください。
촛또 지꼬쇼-까이 사세떼 구다사이

□ 제 소개를 하겠어요.

自己紹介させて　いただきます。
지꼬쇼-까이사세떼 이따다끼마스

□ 제 이름은 박영국입니다.

私の　名前は　パク　ヨン　グッです。
와따시노 나마에와 박영국데스

□ 저는 한국에서 왔어요.

私は　韓国から　来ました。
와따시와 캉꼬꾸까라 기마시따

□ 처음 뵙겠습니다.

初めまして。
하지메마시떼

□ 처음 뵙겠습니다. 잘 부탁드립니다.

初めまして。どうぞ よろしく お願いします。
하지메마시떼. 도-조 요로시꾸 오네가이시마스

□ 뵙게 되어 영광입니다.

お目にかかれて 光栄です。
오메니가까레떼 코-에-데스

□ 알게 되어 기쁘게 생각합니다.

お知り合いに なれて うれしく 思います。
오시리아이니 나레떼 우레시꾸 오모이마스

□ 기무라 씨, 잘 부탁해요.

木村さん、よろしく。
기무라상, 요로시꾸

□ 저야말로 잘 부탁드립니다.

こちらこそ どうぞ よろしく お願いします。
고찌라꼬소 도-조 요로시꾸 오네가이시마스

□ 성함이 어떻게 되십니까?

お名前は どうなりますか。
오나마에와 도-나리마스까

□ 성함은 알고 있었습니다.

お名前だけは 知っていました。
오나마에다께와 싯떼이마시따

□ 말씀은 전부터 많이 들었습니다.

おうわさは かねがね うかがって おりました。
오우와사와 가네가네 우까갓떼 오리마시따

□ 만나뵙기를 기대하고 있었습니다.

お目にかかるのを 楽しみにして いました。
오메니카까루노오 다노시미니 시떼! 이마시따

□ 늘 가까이서 뵙고 싶었습니다.

いつも お近づきに なりたいと 思って いました。
이쯔모 오찌까즈끼니 나리따이또 오못떼 이마시따

□ 전에 뵌 것 같아요.

どこかで お会いした ようですね。
도꼬가떼 오아이시따 요-데스네

□ 어디서 만난 적이 없나요?

どこかで お会いした ことは ありませんか。
도꼬까데 오아이시따 고또와 아리마셍까

□ 전에 만난 적이 있는 것 같은데요.

どこかで お目にかかった ようですね。
두꼬가떼 오메니가깟따 요-데스네

□ 만난 적이 없는 것 같은데요.

お目にかかった ことは ないと 思いますが。
오메니가깟따 고또와 나이또 오모이마스가

□ 이름이 뭐예요?

お名前は 何ですか。
오나마에와 난데스까

□ 당신 이름은 무엇입니까?

あなたの お名前は 何ですか。
아나따노 오나마에와 난데스까

□ 성함을 여쭤봐도 되겠습니까?

お名前を うかがっても よろしいですか。
오나마에오 우까갓떼모 요로시이데스까

□ 성함 좀 알려주시겠어요?

お名前を 教えて いただけないでしょうか。
오나마에오 오시에떼 이따다께나이데쇼-까

□ 성함을 어떻게 읽으면 될까요?

お名前は 何と 読みますか。
오나마에와 난또 요미마스까

□ 저는 다나카라고 합니다.

私は 田中と いいます。
와따시와 다나까또 이-마스

□ 저를 다나카라고 불러주세요.

私を 田中と 呼んで ください。
와따시오 다나까또 욘데 구다사이

□ 별명이 있으신가요?

ニックネームは ありますか。
닉쿠네-무와 아리마스까

□ 저, 여보세요.

あのう、すみません。
아노-, 스미마셍

□ 저, 실례합니다, 부인.

あのう、失礼ですが おくさん。
아노-, 시쯔레이데스가 옥상

□ 아가씨, 잠깐 실례해요.

おじょうさん、ちょっと すみません。
오죠-상, 촛또 스미마셍

□ 신사숙녀 여러분!

紳士淑女の みなさま。
신시슈큐죠노 미나사마

생생 Point

누군가를 부를 때

이봐! おい。[오이]
선생님! 生(せんせい)。[센세-]
아저씨! おじさん。[오지상]
교수님! 教授(きょうじゅ)。[쿄-쥬]
의사 선생님! お医者(いしゃ)さん。[오이샤상]
저, 잠깐…. あのう、ちょっと…。[아노-, 촛또…]

1 | 인사를 하다

안녕하세요?　おはよう ございます。[오하요- 고자이마스]

처음 뵙겠습니다.　初めまして。[하지메마시떼]

잘 지내십니까?　お元気ですか。[오겡끼데스까]

축하합니다.　おめでとう ございます。[오메데또- 고자이마스]

잘 먹겠습니다.　いただきます。[이따다끼마스]

잘 먹었습니다.　ごちそうさまでした。[고치소-사마데시따]

수고하셨습니다.　ごくろうさま。[고꾸로-사마]

오래 기다리셨습니다.　お待たせしました。[오미따세시마시따]

감사합니다.　ありがとう ございます。[아리가또- 고자이마스]

천만에 말씀입니다.　どういたしまして。[도-이따시마시떼]

실례합니다.　しつれいします。[시쯔레-시마스]

미안합니다.　すみません。[스미마셍]

잘 부탁합니다.　どうぞ よろしく。[도-죠 요로시꾸]

(헤어질 때) 안녕히 가세요/안녕히 계세요.　さようなら。[사요-나라]

Part 2 의사 표현

Opinions and Emotions

01 대화

02 의견

03 기분 표현

01_ 이야기를 꺼낼 때

□ 할 말이 있어요.

話があるんです。
하나시가 아룬데스

□ 좀 여쭙고 싶어요.

ちょっと お聞き したいのですが。
춋또 오키끼 시따이노데스가

□ 잠깐 말씀 드리고 싶은데요.

ちょっと お話しししたいのです。
춋또 오하나시 시따이노데스

□ 말씀드릴 게 있어요.

お話しししたい ことが あります。
오하나시 시따이 고또가 아리마스

□ 당신과 이야기 좀 나눌 수 있나요?

あなたと ちょっと 話しできますか。
아나따또 춋또 하나시 데끼마스까

□ 잠깐 시간을 내주시겠어요?

ちょっと お時間を いただけますか。
춋또 오지깡오 이따다께마스까

□ 무슨 용건이신가요?

何の ご用件でしょうか。
난노 고요-껜데쇼-까

□ 무슨 말을 하고 싶으세요?

どんな 話がしたいんですか。
돈나 하나시가 시따인데스까

□ 제 이야기를 잠시 들어보세요.

私の 話を ちょっと 聞いて ください。
와따시노 하나시오 촛또 기이떼 구다사이

□ 개인적인 말씀을 드리고 싶어요.

個人的な ことを 申し上げたいんです。
고진떼끼나 고또오 모-시아게따인데스

□ 누구에게 물어보면 될까요?

誰に 聞いたら いいですか。
다레니 기이따라 이-데스까

□ 누구에게 그 이야기를 들었나요?

誰から その 話を 聞いたのですか。
다레까라 소노 하나시오 기이따노데스까

□ 이야기 계속하세요.

話を 続けて ください。
히나시오 쯔즈께떼 구다사이

□ 왜 그런 말을 하세요?

どうして そんな こと 言うんですか。
도-시떼 손나 고또 이운데스까

☐ 어디 가세요?

どこへ　行くんですか。
도꼬에 이꾼데스까

☐ 무엇부터 시작할까요?

何から　始めましょうか。
나니까라 하지메마쇼-까

☐ 지금 무엇을 하고 있나요?

今、何を　してるんですか。
이마 나니오 시떼룬데스까

☐ 무슨 일로 나가세요?

何の　ご用で　お出掛け　ですか。
난노 고요-데 오데까께데스까

☐ 무슨 용건이신가요?

何の　ご用件でしょうか。
난노 고요-껜데쇼-까

☐ 시간은 어느 정도 걸려요?

時間は　どのくらい　かかりますか。
지깡와 도노꾸라이 가까리마스까

☐ 언제쯤 완성될까요?

いつごろ　出来上がりますか。
이쯔고로 데끼아가리마스까

□ 어느 것으로 할래요?

どれに しますか。
도레니 시마스까

□ 어느 것이 맞나요?

どれが 正^{ただ}しいのですか。
도레가 다다시-노데스까

□ 이것과 이것의 차이는 뭔가요?

これと これの 違^{ちが}いは 何^{なん}ですか。
고레또 고레노 치가이와 난데스까

□ 차는 어떻게 드시겠어요?

お茶^{ちゃ}は どのように なさいますか。
오쨔와 도노요-니 나사이마스까

□ 언제 이사 오셨어요?

いつ 引越^{ひっこ}して 来^きたのですか。
이쯔 힉꼬시떼 기따노데스까

□ 서울에는 얼마나 머무실 거예요?

ソウルには どのくらい 滞在^{たいざい}されますか。
소우루니와 도노꾸라이 타이자이사레마스까

□ 여기서의 생활은 어떠세요?

ここでの 生活^{せいかつ}は どうですか。
고꼬데노 세-까쯔와 도-데스까

□ 새로운 일은 어떠신가요?

新^{あたら}しい 仕事^{しごと}は どうですか。
아따라시- 시고또와 도-데스까

□ 내 말 이해하겠어요?

私の 話 分かりますか。
와따시노 하나시 와까리마스까

□ 이제 알겠어요?

これで 分かりますか。
고레데 와까리마스까

□ 무슨 뜻인지 아시겠어요?

どういう 意味か 分かりますか。
도-이우 이미까 와까리마스까

□ 지금까지 내가 한 말 이해하겠어요?

今まで 私が 話したことが 分かりますか。
이마마데 와따시가 하나시따 고또가 와까리마스까

□ 말하고 있는 것을 아시겠어요?

言っている ことが わかりますか。
잇떼이루 고또가 와까리마스까

□ 말하는 게 너무 빠른가요?

話し 方が 速すぎますか。
하나시 까따가 하야스기마스까

□ 이해가 됩니다.

理解 できます。
리까이 데끼마스

□ 어렴풋이밖에 모르겠어요.

ぼんやりとしか 分^わかりません。
봉야리또시까 와까리마셍

□ 잘 모르겠습니다만.

よく わからないのですが。
요꾸 와까라나이노데스가

□ 모르겠어요.

分^わかりません。
와까리마셍

□ 이해가 안 됩니다.

理解^{りかい} できません。
리까이 데끼마셍

□ 전혀 감이 안 잡혀요.

全^{まった}く 思^{おも}いつきません。
맛따꾸 오모이 츠끼마셍

□ 무슨 말을 하는지 모르겠어요.

何^{なん}の 話^{はなし}か 分^わかりません。
난노 하나시까 와까리마셍

□ 여러 이야기를 했습니다만, 알아들으셨어요?

いろいろ 話^{はな}しましたが、分^わかって もらえましたか。
이로이로 하나시마시따가, 와깟떼 모라에마시다까

□ 더 확실히 말해줄래요?

もっと はっきり 話^{はな}してくれますか。
못또 학끼리 하나시떼 구레마스까

□ 오해하지 마세요.

誤解しないで ください。
고까이시나이데 구다사이

□ 지레짐작하지 마세요.

早とちり しないで。
하야또찌리 시나이데

□ 저를 오해하고 계시는군요.

私の ことを 誤解 なさってるんですね。
와따시노 고또오 고까이 나삿떼룬데스네

□ 저도 모르겠습니다.

私にも わかりません。
와따시니모 와까리마셍

□ 저도 어쩔 수가 없었어요.

私も しょうが なかったんです。
와따시모 쇼-가 나깟딴데스

□ 제 이야기를 취소할게요.

私の 話は 取消します。
와따시노 하나시와 도리께시마스

□ 변명은 필요 없어요.

言い訳は いりません。
이이와께와 이리마셍

□ 아무 변명도 하지 마세요.

言い訳しないで ください。
이이와께시나이데 구다사이

□ 그것은 당신의 오해입니다.

それは あなたの 誤解です。
소레와 아나따노 고까이데스

□ 제 뜻은 그런 게 아니었어요.

私は そんな つもりじゃ なかったんです。
와따시와 손나 츠모리쟈 나깟딴데스

□ 저는 할 말 다했어요.

話したい ことは 全部話しました。
하나시따이 고또와 젬부 하나시마시따

□ 진심으로 말하고 있는 거예요?

本気で 言っているんですか。
홍끼데 잇떼 이룬데스까

□ 이 이야기는 그만 합시다.

この 話は やめましょう。
고노 하나시와 야메마쇼-

□ 제 이야기를 끝까지 들어보세요.

私の 話を 最後まで 聞いて ください。
와따시노 하나시오 사이고마데 기이떼 구다사이

□ 그렇게 큰소리로 말하지 말아요.

そんなに 大声で 言わないで ください。
손나니 오-고에데 이와나이데 구다사이

☐ 어, 그러세요?

えっ、そうですか。
엣, 소-데스까

☐ 역시나.

やっぱりね。
얍빠리네

☐ 글쎄, 그렇게 말할 수도 있겠네요.

まあ、そうも 言えるでしょうね。
마-, 소-모 이에루데쇼-네

☐ 알고 있었어요.

知ってましたよ。
싯떼마시다요

☐ 농담한 겁니다.

冗談です。
죠-단데스

☐ 별로 상관없어요.

別に かまわないです。
베쯔니 가마와나이데스

☐ 그러세요, 몰랐어요.

そうですか、知りませんでした。
소-데스까, 시리마센데시따

□ 그렇게 생각하세요?

そう 思^{おも}いますか。

소- 오모이마스까

□ 네, 정말이에요.

はい、本当^{ほんとう}です。

하이, 혼또-데스

□ 도무지 모르겠어요.

さっぱり 分^わかりません。

삽빠리 와까리마셍

□ 들은 적도 없어요.

聞^きいた ことも ありません。

기이따 고또모 아리마셍

□ 정말로 모르겠어요.

本当^{ほんとう}に 知^しらないんです。

혼또-니 시라나인데스

□ 그건 금시초문이에요.

それは 初耳^{はつみみ}ですね。

소레와 하쯔미미데스네

□ 그럴 기분이 아니에요.

そんな 気分^{きぶん}じゃないです。

손나 기분쟈 나이데스

□ 농담하지 마세요.

冗談^{じょうだん}を 言^いわないで ください。

죠-당오 이와나이데 구다사이

□ 본론으로 돌아가죠.

本題に もどりましょう。
혼다이니 모도리마쇼-

□ 각설하고 본론으로 들어가죠.

さて、本題に 入りましょう。
사떼, 혼다이니 하이리마쇼-

□ 다른 이야기를 하죠.

他の話を しましょう。
호까노 하나시오 시마쇼-

□ 화제를 바꿉시다.

話題を 変えましょう。
와다이오 가에마쇼-

□ 그 이야기는 이미 들었어요.

その話は もう 聞きましたよ。
소노 하나시와 모- 기끼마시따요

□ 당신이 이야기했던 것은요?

あなたが 言っていた ことは。
아나따가 잇떼이따 고또와

□ 그건 그렇고, 어떻게 하고 있어요?

それはそうと、どうして いるの。
소레와 소-또, 도-시떼 이루노

□ 그건 그렇고, 다음 문제로 넘어가죠.

さて、それでは 次の 問題に 移りましょう。
사떼, 소레데와 쓰기노 몬다이니 우쯔리마쇼-

□ 그건 그렇고, 좀 쉴까요?

ところで、少し休みましょうか。
도꼬로데, 스꼬시 야스미마쇼-까

□ 화제가 바뀌기 전에 말하면….

話題が 変わらない うちに 言いますと…。
와다이가 가와라나이 우찌니 이이마스또….

□ 화제가 다릅니다만….

話題は 変わりますが…。
와다이와 가와리마스가…

□ 요점만 말씀해 주세요.

要点だけ 話して ください。
요-뗀다께 하나시떼 구다사이

□ 더 하실 말씀 있으신가요?

もっと おっしゃる ことが ありますか。
못또 옷샤루 고또가 아리마스까

□ 그 이야기는 나중에 해요.

そのことは あとで 話しましょう。
소노 고또와 아또데 하나시마쇼-

□ 이야기를 바꾸지 마세요.

話を 変えないで ください。
하나시오 가에나이데 구다사이

□ 과연.

なるほど。
나루호도

□ 그래 맞아!

そのとおり。
소노 도-리

□ 아, 그러니까 생각나요.

あ、思い 出しました。
아, 오모이 다시마시따

□ 맞습니다.

そのとおりです。
소노 도-리데스

□ 예, 그럼요.

はい、そうですよ。
하이, 소-데스요

□ 저도 그렇게 생각해요.

わたしも そう 思いますね。
와따시모 소- 오모이마스네

□ 그랬습니까?

そうでしたか。
소-데시따까

□ 어머, 그래?

あら、そう。
아라, 소-

□ 그렇습니까?

そうなんですか。
소-난데스까

□ 앗, 정말이세요?

あっ、本当ですか。
앗, 혼또-데스까

□ 그래서?

それで。
소레데

□ 그렇군요.

そうなんですよね。
소-난데스요네

□ 그거 좋군요.

それは いいですね。
소레와 이-데스네

□ 그거 안 됐군요.

それは まずいですね。
소레와 마즈이데스네

□ 그러세요, 그거 안 됐군요.

そうですか、それは いけませんね。
소-데스까, 소레와 이께마센네

01_ 네**와** 아니오

□ 네, 그래요.

はい、そうです。
하이, 소-데스

□ 네, 알겠어요.

はい、分かりました。
하이, 와까리마시따

□ 네, 괜찮아요.

ええ、かまいません。
에-, 가마이마셍

□ 네, 그렇게 하세요.

はい、どうぞ。
하이, 도-조

□ 네, 좋아요.

はい、いいですよ。
하이, 이-데스요

□ 알겠습니다.

かしこまりました。
가시꼬마리마시따

□ 아뇨, 좋아해요.

いいえ、好きです。
이-에, 스끼데스

□ 아뇨, 먹을게요.

いいえ、いただきます。
이-에, 이따다끼마스

□ 아니오.

いいえ。
이-에

□ 아니오, 안 됩니다.

いや、だめです。
이야, 다메데스

□ 아니오, 됐습니다.

いいえ、けっこうです。
이-에, 겟꼬-데스

□ 아니오, 그렇지 않아요.

いいえ、そうじゃありません。
이-에, 소-쟈 아리마셍

□ 아니오, 달라요.

いいえ、違います。
이-에, 치가이마스

□ 전혀 없습니다.

全然 ありません。
젠젱 아리마셍

□ 그 일에 대해서 의견이 있으세요?

その ことに ついて ご意見は ありますか。
소노 고또니 츠이떼 고이껭와 아리마스까

□ 기탄 없이 의견을 말씀해 주시겠어요?

忌憚なく ご意見を 述べて いただけますか。
기딴나꾸 고이껭오 노베떼 이따다께마스까

□ 한 마디 말씀드리고 싶은데요.

一言述べて いただきたいのですが。
히또고또 노베떼 이따다끼따이노데스가

□ 제 생각을 말하겠어요.

私の 考えを 言わせて ください。
와따시노 강가에오 이와세떼 구다사이

□ 제 의견을 말씀드리겠어요.

私の 意見を 申し上げます。
와따시노 이껭오 모-시아게마스

□ 오해하지 말아주셨으면 합니다만….

誤解しないで いただきたいのですが…。
고까이시나이데 이따다끼따이노데스가…

□ 저는 다른 생각을 갖고 있어요.

私は 別の 考えを 持っています。
와따시와 베쯔노 강가에오 못떼이마스

□ 두세 가지 의견을 말씀드리겠어요.

二三意見を 申し 述べさせて いただきます。
니상 이껭오 모-시 노베사세떼 이따다끼마스

□ 제안이 있어요.

提案が あるんですが。
데-앙가 아룬데스가

□ 이건 어때요?

これは どうですか。
고레와 도-데스까

□ 이건 어떻습니까?

これは いかがですか。
고레와 이까가데스까

□ 좀 생각해 봐요.

ちょっと 考えてみて ください。
촛또 강가에떼 미떼 구다사이

□ 함께 안 할래요?

一緒に やらないですか。
잇쇼니 야라나이데스까

□ 뜻밖이군요. 너무 고마워요.

思いがけない ことです。どうも ありがとう。
오모이가께나이 고또데스. 도-모 아리가또-

□ 생각할 시간을 주세요. 검토해 볼게요

考える 時間を ください。検討してみます。
강가에루 지깡오 구다사이. 겐또-시떼 미마스

의견

□ 저도 그래요.

私も そうなんです。
와따시모 소–난데스

□ 저도 같아요.

私だって 同じです。
와따시닷떼 오나지데스

□ 응, 나도 그렇게 생각해.

うん、私も そう 思うよ。
응, 와따시모 소– 오모우요

□ 물론이에요. 좋고말고요!

もちろん。いいとも。
모찌롱. 이–또모

□ 응, 그렇게 할게.

うん、そうするよ。
응, 소–스루요

□ 말씀하신 대로 할게요.

おっしゃる とおりに します。
옷샤루 도–리니 시마스

□ 저에게 맡겨주세요.

私に 任せて ください。
와따시니 마까세떼 구다사이

□ 아니, 반대야.

いや、反対(はんたい)だ。
이야, 한따이다

□ 아니, 당치도 않아요.

いや、とんでも ありません。
이야, 돈데모 아리마셍

□ 그렇게 하지 마세요.

そう しないで ください。
소- 시나이데 구다사이

□ 아니오, 삼가해 주세요.

いいえ、ご遠慮(えんりょ) ください。
이-에, 고엔료 구다사이

□ 나는 싫어요.

私(わたし)は いやです。
와따시와 이야데스

□ 죄송해요. 안됩니다.

すみません。だめです。
스미마셍. 다메데스

□ 가능하면 하고 싶지 않아요.

できれば やりたく ないのですが。
데끼레바 야리따꾸 나이노데스가

□ 당신 생각도 저와 같으세요?

あなたの 考えも 私と 同じですか。

아나따노 강가에모 와따시또 오나지데스까

□ 질문 있으세요?

質問 ありますか。

시쯔몽 아리마스까

□ 괜찮다고 생각해요.

大丈夫だと 思います。

다이죠-부다또 오모이마스

□ 저로서는 이의가 없어요.

私は 異議なしです。

와따시와 이기나시데스

□ 그러세요, 저도 그래요.

そうですか、私もです。

소-데스까, 와따시모데스

□ 그 점에 대해서 동감해요.

その 点について 同感です。

소노 텐니쯔이떼 도-깐데스

□ 저는 전적으로 당신에게 동의합니다.

私は 全て あなたに 同意します。

와따시와 스베떼 아나따니 도-이시마스

□ 당신과는 말이 통하는군요.

あなたとは 話が 通じます。
아나따또와 하나시가 츠-지마스

□ 그렇게 말씀하신다고 전해드리겠어요.

そう おっしゃったと つたえておきます。
소- 옷샷따또 쯔따에떼오끼마스

□ 만장일치로 결정되었습니다.

満場一致で 決定されました。
만죠-잇찌데 겟떼이 사레마시따

□ 저는 그렇게 생각하지 않아요.

私は そう思いません。
와따시와 소-오모이마셍

□ 그 이야기는 가능하면 지금 하고 싶지 않아요.

その ことは できたら 今 話したくないんです。
소노 고또와 데끼따라 이마 하나시따꾸 나인데스

□ 정하기 전에 다시 한번 생각해보세요.

決める 前に もう一度 よく 考えてみて ください。
기메루 마에니 모- 이찌도 요꾸 강가에떼 미떼 구다사이

□ 이야기가 통하지 않는군요.

話が 通じないですね。
하나시가 츠-지나이데스네

□ 미안합니다. 그렇게 할 수 있으면 좋겠지만…

すみません。そう できれば いいんだけど…。
스미마셍. 소- 데끼레바 이인다께도…

01_ 기쁨, 즐거움

□ 기분이 좋아.

いい 気分。
이- 기분

□ 행복해요.

幸せ。
시아와세

□ 기분이 최고야.

最高の 気分。
사이꼬-노 기분

□ 좋아 죽겠어요.

うれしくて たまりません。
우레시꾸떼 다마리마셍

□ 오늘은 기분이 최고야.

今日は 気分が いいなあ。
쿄-와 기붕가 이-나-

□ 재수가 좋군!

ついてる。
쯔이떼루

□ 복 터졌어.

大当たりだ。
오-아따리다

□ 그저 운이 좋았던 거야.

ただ 運が よかったのさ。
다다 웅가 요깟따노사

□ 우와, 기뻐! 정말 고마워.

うわあ、うれしい。本当に ありがとう。
우와-, 우레시-. 혼또-니 아리가또-

□ 이만큼 기쁜 일은 없어요.

これほど うれしい ことは ありません。
고레호도 우레시- 고또와 아리마셍

□ 내 생애 최고의 날입니다.

私の生涯で 最高の日です。
와따시노 쇼-가이데 사이코-노 히데스

□ 기쁘기 짝이 없습니다.

これに まさる 喜びは ありません。
고레니 마사루 요로꼬비와 아리마셍

□ 하늘을 나는 기분입니다.

空を 飛ぶような 気持ちです。
소라오 토부요우나 키모찌데스

□ 기뻐서 어쩔 줄을 모르겠어.

嬉しくて たまらない。
우레시꾸떼 다마라나이

□ 마음이 우울해.

気が めいる。
기가 메이루

□ 오늘은 우울해요.

今日は ゆううつだ。
쿄-와 유-우쯔다

□ 왜 우울해요?

どうして ゆううつなの。
도-시떼 유-우쯔나노

□ 나는 너무 슬픕니다.

私は とても 悲しいです。
와따시와 토떼모 카나시이데스

□ 아무 것도 할 마음이 생기지 않아요.

何も やる 気が おきません。
나니모 야루 기가 오끼마셍

□ 가슴 찢어지는 아픔이었어요.

胸が 張り裂ける 思いでした。
무네가 하리사께루 오모이데시따

□ 가슴이 아파요.

胸が 痛いんです。
무네가 이따인데스

□ 울고 싶어.

泣きたい。
나끼따이

□ 나는 계속 슬픔에 잠겼어요.

私は ずっと 悲しんでいるんです。
와따시와 즛또 가나신데 이룬데스

□ 얼마나 무정한가!

なんと 無情な。
난또 무죠-나

□ 방법이 없어요.

仕方が ないよ。
시까따가 나이요

□ 절망적이에요.

絶望的です。
제쯔보-떼끼데스

□ 이제 끝난 일이에요.

もう 終わった ことです。
모- 오왓따 고또데스

□ 시간 낭비에요. 포기했어요.

時間の むだですよ。あきらめました。
지?까노 무다데스요. 아끼라메마시따

□ 달리 어쩔 도리가 없어요.

ほかに どうしようもないんです。
호까니 도- 시요-모나인데스

□ 운이 없었군요.

ついて ませんでしたね。
쓰이떼 마센데시다네

□ 잊어버리세요.

忘れて ください。
와스레떼 구다사이

□ 다시 기회가 있어요.

また 機会が あります。
마따 기까이가 아리마스

□ 그런 일도 종종 있습니다.

そういう ことも よく あります。
소-유- 고또모 요꾸 아리마스

□ 걱정하지 말아요.

くよくよ しないで。
구요꾸요 시나이데

□ 자, 힘을 내세요.

さあ、元気を 出して。
사-, 겡끼오 다시떼

□ 낙심하지 마세요.

がっかり しないで ください。
각까리 시나이데 구다사이

□ 용기를 가지세요.

勇気出して ください。
유-끼다시떼 구다사이

□ 유감이군요. 하지만 힘을 내세요.

残念だったね。でも 元気を 出して ください。
잔넨닷따네. 데모 겡끼오 다시떼 구다사이

□ 누구에게나 있는 일입니다. 자책하지 마세요.

誰にもある ことさ。自分を 責めないで。
다레니모아루 고또사. 지붕오 세메나이데

□ 삼가 조의를 표합니다.

弔意を 表します。
쵸-이오 아라와시마스

□ 진심으로 애도를 드립니다.

心から お悔やみ 申しあげます。
고꼬로까라 오꾸야미 모-시 아게마스

□ 정말로 안 됐습니다.

本当に お気の毒です。
혼또-니 오끼노도꾸데스

□ 정말 슬픈 일이군요.

なんて 悲しいんでしょう。
난떼 카나시인데슈-

□ 위로해주셔서 고맙습니다.

慰めて くださいまして、ありがとう ございます。
나구사메떼 구다사이마시떼, 아리가또- 고자이마스

□ 이제 참을 수 없어요.

もう 我慢^{がまん}できないんです。

모- 가만데끼나인데스

□ 일이 마음에 내키지 않아요.

仕事^{しごと}に 気^きが のりません。

시고또니 기가 노리마셍

□ 어지간히 해요.

いいかげんに して。

이- 까겐니 시떼

□ 넌 내 신경에 거슬려.

君^{きみ}は ぼくの 神経^{しんけい}に さわるよ。

기미와 보꾸노 싱께-니 사와루요

□ 당신 나한테 화났습니까?

あなた、私^{わたし}に 腹^{はら}が 立^たったんですか。

아나따 와따시니 하라가 탓딴데스까

□ 왜 그렇게 화가 났어요?

何^{なん}でそんなに おこったんですか。

난데 손나니 오꼿딴데스까

□ 그게 왜 제 탓인가요?

それが どうして 私^{わたし}の せいですか。

소레가 도-시떼 와따시노 세-데스까

□ 내게 명령하지마.

私に 命令しないで。
와따시니 메-레- 시나이데

□ 참는 것도 한계가 있어요.

我慢するのも 限界が あります。
가만스루노모 겡까이가 아리마스

□ 나를 모욕하지마.

私を 侮辱するなよ。
와따시오 부죠꾸스루나요

□ 생트집 잡지 마세요.

けちを つけないで ください。
게찌오 츠께나이데 구다사이

□ 큰소리 지르지 마세요!

大声を 出さないで。
오-고에오 다사나이데

□ 진정하세요!

落ち着いて。
오찌쯔이떼

□ 이제 더 이상 참을 수 없어요.

もう これ以上 耐えられません。
모- 고레이죠- 다에라레마셍

□ 네가 한 말은 납득이 안돼.

君の 言うことは 腑に 落ちない。
기미노 이우 고또와 후니 오찌나이

□ 아, 깜짝 놀랐어.

ああ、 びっくりした。
아ー, 빅꾸리시따

□ 저런, 세상에나!

まあ、 たいへん。
마ー, 타이헨

□ 어머, 깜짝이야!

あら、 びっくりした。
아라, 빅꾸리시따

□ 그거 놀랍군요.

それは 驚きましたね。
소레와 오도로끼마시다네

□ 이거 참 놀랐어요.

これは これは 驚きましたね。
고레와 고레와 오도로끼마시다네

□ 그렇게 될 리 없어요!

そうなる はずが ありません。
소ー나루 하즈가 아리마셍

□ 어머, 어떻게 아세요?

おや、 どうして 分かるの。
오야, 도ー시떼 와까루노

□ 어이없군. 말도 안돼!

あきれたね。
아끼레따네.

□ 저건 도대체 뭐야?

あれは いったい 何<ruby>なん</ruby>だ。
아레와 잇따이 난다

□ 어, 정말 바보같군!

おや、 なんて ばかな。
오야, 난떼 바까나

□ 어머, 너야?

まあ、 あなたなの。
마ー, 아나따나노

□ 설마, 농담이겠죠.

まさか、 ご冗談でしょう。
마사까, 고죠ー단데쇼ー

□ 놀라게 하지 말아요.

びっくりさせないでよ。
빅꾸리사세 나이데요

□ 장난치지 마세요.

いたずらしないで ください。
이띠즈라시나이데 구다사이

□ 깜짝 놀랐잖아. 도대체 이게 무슨 일이야!

びっくりするじゃないか。 いったい 何ごと。
빅꾸리스루쟈나이까. 잇따이 나니고또

□ 감동했어요.

感動しました。
간도-시마시따

□ 재미있군요!

面白いですね。
오모시로이데스네

□ 부끄러워.

恥ずかしい。
하즈까시-

□ 창피하게 그러지마!

恥を かかせるな。
하지오 가까세루나

□ 딱해라.

お気の毒に。
오끼노도꾸니

□ 가여워라!

かわいそうに。
가와이소-니

□ 유감이군요.

残念ですね。
잔넨데스네

□ 실망이군요.

がっかりです。
각까리데스

□ 흥미없어요.

きょうみ
興味 ないです。
쿄-미 나이데스

□ 지루해.

たいくつ
退屈だ。
다이꾸즈다

□ 시시해요. 형편없어요.

つまらないなあ。くだらないです。
쯔마라나이나-. 구다라나이데스

□ 아, 지긋지긋해!

ああ、うんざりだよ。
아-, 운자리다요

□ 스트레스 쌓인다!

ストレスが たまる。
스토레스가 다마루

□ 충격이야!

ショック。
쇽꾸

□ 무섭군요.

おそ
恐ろしいね。
오소로시-네

2 | 기분, 감정을 표현하다

기쁘다 嬉しい [우레시이]

슬프다 悲しい [가나시이]

행복하다 幸せだ [시아와세다]

쓸쓸하다 寂しい [사비시이]

고독하다 孤独だ [고도꾸다]

즐겁다 楽しい [다노시이]

재미있다 面白い [오모시로이]

괴롭다 苦しい [구루시이]

기분이 나쁘다 気分が 悪い [기붕가 와루이]

좋아하다 好む [고노무] / 好きだ [스끼다]

싫어하다 嫌いだ [기라이다]

밉다 憎い [니꾸이]

화내다 怒る [오꼬루]

불쌍하다 かわいそうだ [가와이소우다]

부끄럽다 恥ずかしい [하즈까시이]

Part 3 인간관계

Getting Together

01 축하와 감사

02 사과 표현

03 부탁

01_ 축하의 말

□ 축하해요.

おめでとう。
오메데또-

□ 축하합니다.

おめでとう ございます。
오메데또- 고자이마스

□ 생일 축하해.

誕生日 おめでとう。
탄죠-비 오메데또-

□ 생신을 축하드립니다.

お誕生日 おめでとう ございます。
오탄죠-비 오메데또- 고자이마스

□ 졸업 축하해.

ご卒業 おめでとう。
고소쯔교- 오메데또-

□ 결혼을 축하합니다.

ご結婚 おめでとう ございます。
고겟꽁 오메데또- 고자이마스

출산을 진심으로 축하합니다.

お誕生を 心から お祝い致します。
오탄죠-오 고꼬로까라 오이와이 이따시마스

결혼기념일을 축하해요.

結婚記念日 おめでとう。
겟꼰 기넴비 오메데또-

어머니날, 축하드려요.

母の日、 おめでとう。
하하노히, 오메데또-

승진을 축하드립니다.

ご昇進 おめでとう ございます。
고쇼-싱 오메데또- 고자이마스

합격을 축하해요.

合格 おめでとう。
고-까꾸 오메데또-

승리를 축하드립니다.

優勝 おめでとう ございます。
유-쇼- 오메데또- 고자이마스

그에게 박수를 보냅시다.

彼に 拍手を 送りましょう。
가레니 하꾸슈오 오꾸리마쇼-

나는 당신이 자랑스럽습니다.

私は あなたが 誇らしいです。
와따시와 아나따가 호꼬라시이데스

□ 잘 했어.

よく やった。
요꾸 얏따

□ 훌륭합니다.

お見事です。
오미고또데스

□ 와, 이거 대단하군!

へえ、これは すごい。
헤–, 고레와 스고이

□ 우와, 멋지다!

うわあ、素晴らしい。
우와–, 스바라시–

□ 재미있군요.

面白いですね。
오모시로이데스네

□ 아름다워요.

美しいなあ。
우쯔꾸시–나–

□ 잘 어울리세요.

とても 似合いますよ。
도떼모 니아이마스요

□ 멋지군요. 정말 부러워요.

素晴らしいですね。本当に うらやましい。
스바라시-데스네. 혼또-니 우라야마시-

□ 당신은 정말 머리가 좋군요.

あなたは とても 頭がいいですね。
아나따와 도떼모 아따마가 이-데스네

□ 정말 대단하세요.

本当に 素晴らしいですね。
혼또-니 스바라시-데스네

□ 정말 아름답군요.

とても 美しいですね。
도떼모 우쯔꾸시-데스네

□ 칭찬해 주셔서 고마워요.

誉めていただいて、どうも。
호메떼 이따다이떼, 도-모

□ 칭찬해 주셔서 감사합니다.

お誉めいただいて、ありがとう ございます。
오호메 이따다이떼, 아리가또- 고자이마스

□ 몸둘바를 모르겠어요.

なんと ご親切に。
난또 고신세쯔니

□ 기뻐서 어쩔 줄을 모르겠어.

嬉しくて たまらない。
우레시꾸떼 다마라나이

□ 고마워요.

ありがとう。
아리가또-

□ 감사합니다.

ありがとう ございます。
아리가또- 고자이마스

□ 정말로 감사드립니다.

本当に ありがとう ございます。
혼또-니 아리가또- 고자이마스

□ 친절히 대해줘서 고마워요.

ご親切に どうも。
고신세쯔니 도-모

□ 여러모로 신세 많이 졌어요.

いろいろ お世話に なりました。
이로이로 오세와니 나리마시따

□ 수고를 끼쳐드렸습니다.

ご面倒を おかけしました。
고멘도-오 오까께시마시따

□ 호의에 감사드려요.

ご好意 ありがとう。
고꼬-이 아리가또-

□ 뭐라고 감사의 말씀을 드려야 좋을지 모르겠어요.

何と 御礼を 申したら いいのか わかりません。
난또 오레-오 모-시따라 이-노까 와끼리마셍

□ 아무리 감사드려도 부족할 정도입니다.

いくら 感謝しても しきれない ほどです。
이꾸라 간샤시떼모 시끼레나이 호도데스

□ 마중 나와주셔서 정말로 감사드립니다.

お出迎え いただいて 本当に ありがとう ございます。
오데무까에 이따다이떼 혼또-니 아리가또- 고자이마스

□ 칭찬해주셔서 감사합니다.

誉めて くださいまして ありがとう ございます。
호메떼 구다사이마시떼 아리가또- 고자이마스

□ 이 은혜는 평생 잊지 않겠어요.

ご恩恵は 一生忘れません。
고옹께-와 잇쇼-와스레마셍

□ 천만에 말씀입니다.

どういたしまして。
도-이따시마시떼

□ 저야말로 고맙습니다.

こちらこそ どうも ありがとう。
고찌라꼬소 도-무 아리가또-

□ 천만에요. 감사할 것까지는 없어요.

どういたしまして。礼には およびません。
도-이따시마시떼. 레-니와 오요비마셍

□ 당신에게 반했어요.

あなたに 惚れました。
아나따니 호레마시따

□ 당신과 사귀고 싶어요.

あなたと 付き合い たいんです。
아나따또 츠끼아이 따인데스

□ 당신만을 사랑해요.

あなただけ 愛しています。
아나따다께 아이시떼 이마스

□ 내 곁에 있어주세요.

私の そばに いて ください。
와따시노 소바니 이떼 구다사이

□ 우리 사랑은 영원할 거예요.

私たちの 愛は 永遠です。
와따시따찌노 아이와 에-엔데스

□ 저를 꼭 안아주세요.

私を ぎゅっと 抱いて ください。
와따시오 굿또 다이떼 구다사이

□ 키스해주세요.

キスして ください。
키스시떼 구다사이

□ 당신이 정말 마음에 들어요.

あなたが 本当に 気に 入ります。
아나따가 혼또-니 끼니 이리마스

□ 당신은 내 인생의 전부예요.

あなたは 私の すべてです。
아나따와 와따시노 스베떼데스

□ 당신을 진심으로 사랑해요.

あなたの ことを 心から 愛しています。
아나따노 고또오 고꼬로까라 아이시떼이마스

□ 죽는 날까지 당신을 사랑할 거예요.

死ぬ日まで あなたを 愛します。
시누히마데 아나따오 아이시마스

□ 당신과 데이트하고 싶어요.

あなたと デート したいんです。
아나따또 데-또 시따인데스

□ 저와 데이트해 주시겠어요?

私と デートして くださいませんか。
와따시또 데-또시떼 구다사이마셍까

□ 당신과 결혼하고 싶어요.

あなたと 結婚したいんです。
아나따또 겟꼰시따인데스

□ 저와 결혼해 주시겠어요?

私と 結婚して くださいませんか。
와따시또 겟꼰시떼 구다사이마셍까

□ 부디 행복하세요.

どうぞ お幸せに。
도-조 오시아와세니

□ 행복을 빌게요.

幸せを 祈ります。
시아와세오 이노리마스

□ 행복하시기를 바랍니다.

幸福を 願います。
고-후꾸오 네가이마스

□ 행운을 빌겠습니다.

幸運を 祈ります。
코-웅오 이노리마스

□ 새해 복 많이 받아요.

新年 おめでとう。
신넹 오메데또-

□ 새해 복 많이 받으십시오.

あけまして おめでとう ございます。
아께마시떼 오메데또- 고자이마스

□ 메리 크리스마스!

メリークリスマス。
메리- 쿠리스마스

□ 발렌타인데이, 축하해요.

　　バレンタインデー、おめでとう。
　　바렌따인데−, 오메데또−

□ 고마워요. 당신도 축하해요.

　　ありがとう。あなたも おめでとう。
　　아리가또−. 아나따모 오메데또−

□ 정말 잘 와주었어요.

　　ようこそ おいで くださいました。
　　요−꼬소 오이데 구다사이마시따

□ 한국에 잘 오셨습니다.

　　ようこそ 韓国へ。
　　요−꼬소 캉꼬꾸에

□ 입사를 환영합니다.

　　入社を 歓迎します。
　　뉴−샤오 강게−시마스

□ 우리 회사 방문을 환영합니다.

　　当社の ご訪問を 歓迎致します。
　　토−샤노 고호−몽오 강게− 이따시마스

□ 저희 집에 잘 오셨습니다.

　　ようこそ 我が家へ。
　　유−꼬소 와가야에

□ 잘 오셨어요. 진심으로 환영합니다.

　　ようこそ。心より 歓迎いたします。
　　요−꼬소. 고꼬로요리 강게− 이따시마스

01_ 사과, 용서 구하기

□ 미안해요.

ごめんなさい。
고멘나사이

□ 미안합니다.

すみません。
스미마셍

□ 늦어서 미안합니다.

遅くなって すみません。
오소꾸낫떼 스미마셍

□ 기다리게 해서 죄송했습니다.

お待たせして すみませんでした。
오마따세시떼 스미마센데시따

□ 약속을 못 지켜서 미안합니다.

約束を 守らないで すみません。
약소꾸오 마모라나이데 스미마셍

□ 폐를 끼쳐드려서 죄송합니다.

ご迷惑を おかけして 申し訳 ありません。
고메-와꾸오 오까께시떼 모-시와께 아미라셍

□ 앞으로는 주의하겠습니다.

今後は 気をつけます。
공고와 기오쯔께마스

□ 제가 잘못했습니다.

私が いけませんでした。
와따시가 이께마센데시따

□ 진심으로 사과드립니다.

おわび 申し 上げます。
오와비 모시- 아게마스

□ 저야말로 잘못했습니다.

私こそ 悪かったんです。
와따시꼬소 와루깟딴데스

□ 제발 용서해 주십시오.

どうか 許して ください。
도-까 유루시떼 구다사이

□ 용서해 주시겠습니까?

許して いただけますか。
유루시떼 이따다께마스까

□ 너무 죄송해요. 그럴 생각이 아니었어요.

どうも すみません。そんな つもりじゃなかったんです。
도-모 스미마셍 손나 쯔모리쟈 나깟딴데스

□ 뭐라고 사죄를 드려야 할지 모르겠습니다.

何と お詫びして よいか わかりません。
난또 오와비시떼 요이까 와까리마셍

□ 너무 긴장했어요.

緊張しすぎて いたんです。
긴쵸-시스기떼 이딴데스

□ 소용없게 됐어요.

無駄に なりました。
무다니 나리마시따

□ 후회스럽습니다.

後悔して います。
코-까이시떼 이마스

□ 내가 한 일을 후회하고 있어요.

自分のした ことを 後悔しています。
지분노 시따 고또오 고-까이시떼이마스

□ 언젠가 후회할 거야.

いつか 後悔するぞ。
이쯔까 고-까이스루조

□ 좀더 공부해 두었으면 좋았을 텐데.

もっと 勉強して おけば よかった。
못또 벵꼬-시떼 오께바 요깟따

□ 좀더 노력했더라면 좋았을 텐데.

もっと がんばったら よかったのに。
못또 감밧따라 요깟따노니

□ 그에게 물어보았으면 좋았을 텐데.

彼に 聞いておけば よかった。
가레니 기이떼 오께바 요깟따

□ 저런 말을 하지 않았으면 좋았을 텐데.

あんな こと 言わなければ よかった。
안나 고또 이와나께레바 요깟따

□ 이 얼마나 돈과 시간 낭비하는 거야.

なんて お金と 時間の むだなんだ。
난떼 오까네또 지깐노 무다난다

□ 바보 같은 짓을 하고 말았어.

ばかな ことを してしまった。
바까나 고또오 시떼시맛따

□ 그런 짓을 하다니 나도 경솔했어.

そんな ことを するなんて 私も 軽率だった。
손나 고또오 스루난떼 와따시모 게-소쯔닷따

□ 후회하지 말아요.

後悔しないで ください。
코-까이 시나이데 구다사이

□ 실망하지 말아요

がっかり しないでよ。
각까리 시나이데유

□ 좋은 액땜이에요.

いい 厄介払いです。
이- 약까이바라이데스

01_ 요청, 부탁할 때

□ 부탁이 있는데요.

お願いが あるんですが。
오네가이가 아룬데스가

□ 꼭 부탁드릴 게 있어요.

ぜひ、お願いしたい ことが あるんです。
제히, 오네가이 시따이 고또가 아룬데스

□ 부탁해도 되나요?

お願いしても いい。
오네가이 시떼모 이-

□ 부탁 좀 들어주시겠어요?

ちょっと お願いできますか。
촛또 오네가이 데끼마스까

□ 제가 부탁 좀 해도 될까요?

私が ちょっと お願いしても いいですか。
와따시가 촛또 오네가이 시떼모 이-데스까

□ 무슨 일이신가요?

何でしょうか。
난데쇼-까

□ 무슨 문제라도 있나요?

何か 問題でも。
나니까 몬다이데모

□ 좀 거들어 주지 않겠어요?

ちょっと 手伝って くれませんか。
춋또 데쯔닷떼 구레마셍까

□ 펜을 빌려주지 않겠어요?

ペンを 貸して いただけませんか。
펭오 가시떼 이따다께마셍까

□ 주문을 취소하고 싶은데요.

注文を キャンセル したいのですが。
츄–몽오 칸세루 시따이노데스가

□ 그런 거는 간단해요.

そんなの 簡単ですよ。
손나노 간딴데스요

□ 미안해요. 다른 용무가 있어서요.

すみません。ほかに 用事が あるので。
스미마셍. 호까니 요–지가 아루노데

□ 죄송하지만, 저는 도움이 못 되겠군요.

すみませんが、私は 力に なれません。
스미마셍가, 와따시와 치까라니 나레마셍

□ 거절하지 마세요.

断らないで ください。
고또와라나이데 구다사이

☐ 실례합니다. 들어가도 되나요?

すみません。入^{はい}っても いいですか。
스미마셍. 하잇떼모 이-데스까

☐ 여기에 앉아도 되나요?

ここに 座^{すわ}っても いいですか。
고꼬니 스왓떼모 이-데스까

☐ 창문을 열어도 되나요?

窓^{まど}を 開^あけても いいですか。
마도오 아께떼모 이-데스까

☐ 전화를 빌려도 될까요?

電話^{でんわ}を 借^かりても いいですか。
뎅와오 가리떼모 이-데스까

☐ 여기서 담배를 피워도 되나요?

ここで タバコを 吸^すっても いいですか。
고꼬데 다바꼬오 슷떼모 이-데스까

☐ 화장실을 써도 될까요?

トイレを 借^かりても いいですか。
토이레오 가리떼모 이-데스까

☐ 컴퓨터 좀 사용해도 될까요?

ちょっと パソコンを 使^{つか}っても いいですか。
촛또 파소콘오 츠깟떼모 이-데스까

□ 방해해서 미안합니다.

お邪魔して すみません。
오쟈마시떼 스미마셍

□ 잠깐 실례해요. 지나가도 될까요?

ちょっと すみません。通り抜けても いいでしょうか。
촛또 스미마셍. 도-리누께떼모 이-데쇼-까

□ 잠깐 실례하겠어요. 곧 돌아올게요.

ちょっと 失礼します。すぐ もどります。
촛또 시쯔레-시마스. 스구 모도리마스

□ 네. 그러세요.

はい、どうぞ。
하이, 도-조

□ 네, 좋아요. 하세요.

ええ、いいですよ。どうぞ。
에-, 이-데스요. 도-조

□ 지금은 안 돼요. 나중에요.

今は だめです。あとでね。
이마와 다메데스. 아또데네

□ 여기서는 안 됩니다.

ここでは だめです。
고꼬데와 다메데스

□ 유감스럽지만 안 됩니다.

残念ながら だめです。
잔넨나가라 다메데스

□ 도와드릴까요?

手伝いましょうか。
데쯔다이마쇼–까

□ 도움이 필요하신가요?

お手伝いしましょうか。
오데쯔다이 시마쇼우까

□ 무엇을 도와드릴까요?

何を 手伝いましょうか。
나니오 데쯔다이마쇼–까

□ 제가 무엇을 해 드리면 좋을까요?

私は 何をすれば よろしいですか。
와따시와 나니오 스레바 요로시이데스까

□ 무슨 문제라도?

何か 問題でも。
나니까 몬다이데모

□ 어떻게 된 거에요?

どうしたんですか。
도–시딴데스까

□ 고맙지만 괜찮아요.

いいえ 結構です。
이–에 켁꼬–데스

☐ 저 혼자서 할 수 있어요.

私 一人で できます。
와따시 히또리데 데끼마스

☐ 도움이 필요해요.

あなたの 助けが 必要です。
아나따노 다스께가 히쯔요-데스

☐ 도움을 주실 수 있으신가요?

手伝って いただけますか。
데쯔닷떼 이따다께마스까

☐ 짐을 드는 것을 좀 도와주시겠어요?

荷物を ちょっと 手伝って いただけますか。
니모쯔오 춋또 데쯔닷떼 이따다께마스까

☐ 기꺼이 도울게요.

喜んで 助けますよ。
요로꼰데 다스께마스요

☐ 제가 일을 도와드리겠어요.

私が お仕事を お手伝いします。
와따시가 오시고또오 오데쯔다이시마스

☐ 도움이 필요하시면 언제든지 말씀하세요.

助けが 必要でしたら いつでも どうぞ。
다스께가 히쯔요 데시따라 이쯔데모 도-조

☐ 당신 덕분에 도움이 되었어요.

あなたの おかげで 助かりました。
아나따노 오까게데 다스까리마시따

□ 충고 좀 할까요?

ちょっと 忠告しても いいですか。
촛또 츄-꼬꾸시떼모 이-데스까

□ 그런 말을 하면 안 됩니다.

そんなこと 言っちゃ だめですよ。
손나고또 잇쨔 다메데스요

□ 제멋대로 말하지 마세요.

自分勝手な ことを 言わないで。
지붕갓떼나 고또오 이와나이데

□ 잘 생각하고 행동하세요.

よく 考えて 行動しなさい。
요꾸 강가에떼 고-도- 시나사이

□ 버릇없는 행동을 그만두세요.

行儀の悪い ことを やめなさい。
교-기노 와루이 고또오 야메나사이

□ 장소를 가려서 하세요.

場所柄を わきまえなさい。
바쇼가라오 와끼마에나사이

□ 이래서는 안 돼요.

こうしちゃ だめです。
고-시쨔 다메데스

□ 중도에 포기하지 마.

中途半端で やめるな。
츄–또함빠데 야메루나

□ 겉모양으로 판단해서는 안 됩니다.

外見で 判断しては なりません。
가이껜데 한단시떼와 나리마셍

□ 좀더 노력해야 해요.

もう少し 努力を するべきです。
모– 스꼬시 도료꾸오 스루베끼데스

□ 너, 어떻게 된 거 아니야?

君、 どうか しているよ。
기미 도–까 시떼이루요

□ 스스로 부끄럽지 않나요?

自分で 恥ずかしく ないんですか。
지분데 하즈까시꾸 나인데스까

□ 그것을 하는 것은 너의 의무야.

それを するのが 君の 義務だ。
소레오 스루노가 기미노 기무다

□ 충고를 따르는 것이 좋겠어요.

忠告に 従うのが いいと 思います。
츄 꼬꾸니 시따가우노가 이이또 오모이마스

□ 그 생각을 버려야 해요.

その 考えは 捨てなければ なりません。
소노 강가에와 스떼나께레바 나리마셍

3 | 성격, 태도를 표현하다

적극적이다　積極的だ [섹꾜꾸떼끼다]

소극적이다　消極的だ [쇼−꾜꾸떼끼다]

명랑하다　明るい [아까루이]

제멋대로다　我がままだ [와가마마다]

느긋하다　暢気だ [논끼다]

겁이 많다　臆病だ [오꾸뵤−다]

진지하다　真剣だ [신껜다]

유머가 있다　ユーモアが ある [유−모이가 아루]

친절하다　親切だ [신세쯔다]

정직하다　正直だ [쇼−지끼다]

예의 바르다　礼儀 正しい [레이기 따다시이]

건방지다　生意気だ [나마이끼다]

민첩하다　すばやい [스바야이]

둔하다　鈍い [니부이]

Part 4 만 남

Meeting People

01 약속

02 초대와 방문

03 경조사

01_ 약속 제안

□ 잠깐 만날 수 있나요?

ちょっと お会いできますか。
촛또 오아이데끼마스까

□ 드릴 말씀이 있는데 찾아뵈어도 될까요?

お話ししに うかがっても いいですか。
오하나시시니 우까갓떼모 이-데스까

□ 언제 시간이 되시면 뵙고 싶습니다만.

いつか お時間が あれば お目に かかりたいのですが。
이쯔까 오지깡가 아레바 오메니 가까리따이노데스가

□ 지금 방문해도 될까요?

これから お邪魔しても いいでしょうか。
고레까라 오쟈마시떼모 이-데쇼-까

□ 조금 있다가 뵐 수 있을까요?

のちほど お目に かかれますでしょうか。
노찌호도 오메니 가까레마스데쇼-까

□ 언제 한번 만나요.

いつか 会いましょう。
이쯔까 오아이마쇼-

□ 다른 약속이 있으세요?

他の 約束が ありますか。

호까노 야꾸소꾸가 아리마스까

□ 오늘 약속이 꽉 찼는데요.

今日は 約束が 一杯なんですが。

쿄-와 야꾸소꾸가 입빠이난데스가

□ 미안해요. 아쉽게도 약속이 있어요.

すみません。あいにく 約束が あります。

스미마셍. 아이니꾸 야꾸소꾸가 아리마스

□ 미안하지만, 오늘은 하루 종일 바빠요.

すみませんが、今日は 一日中 忙しいのです。

스미마셍가, 쿄-와 이찌니찌쥬- 이소가시-노데스

□ 오늘 오후는 안 되겠어요.

今日の午後は だめなんです。

쿄-노 고고와 다메난데스

□ 이번 주에는 시간이 없어요.

今週は 時間が ないんです。

곤슈-와 지깡가 나인데스

□ 오늘 스케줄이 꽉 차 있어요.

今日 スケジュールが 一杯です。

쿄- 스케쥬-루가 입빠이데스

□ 어디에서 만날까요?

どこで 会いましょうか。
도꼬데 아이마쇼-까

□ 어디서 만나는 게 가장 좋겠어요?

どこが いちばん 都合が いいですか。
도꼬가 이찌방 쯔고-가 이-데스까

□ 신주쿠 역에서 2시 무렵에 만나기로 해요.

新宿駅で 2時ごろ 待ち合わせましょう。
신쥬꾸 에끼데 니지고로 마찌아와세마쇼-

□ 7시에 사무실 앞에서 만날까요?

7時に 事務所の前で 会いましょうか。
시찌지니 지무쇼노 마에데 아이마쇼-까

□ 당신이 장소를 정하세요.

あなたが 場所を 決めて ください。
아나따가 바쇼오 기메떼 구다사이

□ 저는 어디든지 좋아요.

私は どちらでも 都合が いいですよ。
와따시와 도찌라데모 쯔고-가 이-데스요

□ 알겠어요. 그런데 어디 근처에요?

わかりました。でも どの あたりでしょうか。
와까리마시따. 데모 도노 아따리데쇼-까

☐ 언제 가장 시간이 좋으세요?

いつが いちばん 都合が いいですか。
이쯔가 이찌방 쯔고-가 이-데스까

☐ 몇 시까지 시간이 비어 있나요?

何時まで 時間が あいてますか。
난지마데 지깡가 아이떼마스까

☐ 오늘은 좀 그런데, 내일은 어때요?

今日は まずいけど、明日は どうですか。
쿄-와 마즈이께도, 아시따와 도-데스까

☐ 금요일 오후 5시는 어떠세요?

金曜の午後 5時は どうですか。
깅요-노 고고 고지와 도-데스까

☐ 토요일 밤은 시간이 되세요?

土曜の夜は 都合が いいですか。
도요-노 요루와 쯔고-가 이-데스까

☐ 저도 그 때가 좋겠습니다.

私も それで 都合が いいです。
와따시모 소레데 쯔고-가 이-데스

☐ 좋아요. 그럼 그때 만나요.

いいですよ。じゃ、その時に 会いましょう。
이-데스요. 쟈, 소노 도끼니 아이마쇼-

만
남

약
속

115

□ 미안하지만 안 되겠어요.

すみませんけど できないと 思います。
스미마셍께도 데끼나이또 오모이마스

□ 약속을 깜박했어요.

お約束 うっかりしました。
오야꾸소꾸 웃까리시마시따

□ 유감스럽지만, 급한 일이 생겨서 갈 수 없습니다.

残念ながら、急用が できてしまって 行けません。
잔넨나가라, 큐-요-가 데끼떼 시맛떼 이께마셍

□ 정말로 미안합니다만, 약속을 지킬 수 없습니다.

本当に すみませんが、お約束が 果たせません。
혼또-니 스미마셍가, 오약소꾸가 하따세마셍

□ 약속을 어겨서 미안해요.

お約束 まもらなくて ごめんなさい。
오야꾸소꾸 마모라나꾸떼 고멘나사이

□ 나중에 전화할게요.

あとで 電話しましょう。
아또데 뎅와 시마쇼-

□ 기다리고 있을게요.

お待ちいたします。
오마찌이따시마스

□ 약속을 변경합시다.
約束を 変えましょう。
야꾸소꾸오 가에마쇼-

□ 다음 달까지 연기해 주실 수 없나요?
来月まで 延ばして いただけませんか。
라이게쯔마데 노바시떼 이따다께마셍까

□ 폐가 되지 않다면 괜찮겠습니까?
ご迷惑に ならなければ よろしいのですが。
고메-와꾸니 나라나께레바 요로시-노데스가

□ 미안합니다. 다른 날로 해주실 수 없을까요?
すみません。別の日に していただけないでしょうか。
스미마셍. 베쯔노 히니 시떼 이따다께나이데쇼-까

□ 괜찮아요. 언제든지 좋은 시간에 만나요.
いいんですよ。いつでも お好きな 時に どうぞ。
이인데스요. 이쯔데모 오스끼나 도끼니 도-조

□ 그럼, 그 시간에 기다릴게요.
では、その時間に お待ちします。
데와, 소노 지깐니 오마찌시마스

□ 그럼, 다음에 하죠.
それじゃ、次にしましょう。
소레쟈, 츠기니시마쇼-

□ 우리 집에 오지 않겠어요?

私の 家に 来ませんか。
와따시노 이에니 기마셍까

□ 근간 함께 식사라도 하시지요.

そのうち いっしょに 食事でも いたしましょうね。
소노 우찌 잇쇼니 쇼꾸지데모 이따시마쇼-네

□ 언제 놀러 오세요.

いつか 遊びに 来て ください。
이쯔까 아소비니 기떼 구다사이

□ 언제 함께 식사라도 합시다.

いつか、一緒に 食事でもしましょう。
이쯔까 잇쇼니 쇼꾸지데모 시마쇼-

□ 생일 파티에 오세요.

誕生日の パーティーに 来て ください。
탄죠-비노 파-티-니 기떼 구다사이

□ 오늘밤에 저와 식사하는 건 어때요?

今晩、私と 食事は どうですか。
곰방 와따시또 쇼꾸지와 도-데스까

□ 우리 집에 식사하러 오지 않겠어요?

私の 家に 食事に 来ませんか。
와따시노 이에니 쇼꾸지니 기마셍까

□ 당신을 파티에 초대하고 싶어요.

あなたを パーティーに ご招待したいんです。
아나따오 파-티-니 고쇼-따이시따인데스

□ 오늘 저녁에 초대하고 싶은데요.

今夜 ご招待したいんですが。
공야 고쇼-따이시따인데스가

□ 파티에 참석할 수 있나요?

パーティーに 参加できますか。
파-티-니 상까데끼마스까

□ 파티는 몇 시에 있나요?

パーティーは 何時ですか。
파-티-와 난지데스까

□ 파티 장소는 어디인가요?

パーティーの 場所は どこですか。
파-티-노 바쇼와 도꼬데스까

□ 당신이 오셔야 해요.

あなたは いらっしゃらなければ なりません。
이니띠와 이랏샤라 1께레바 나리마셍

□ 부인도 데려 오세요.

おくさまも お連れに なって ください。
오꾸사마모 오쯔레니 낫떼 구다사이

□ 기꺼이 가겠어요.

喜んで うかがいます。
요로꼰데　우까가이마스

□ 초대해주셔서 감사해요.

ご招待して くださいまして ありがとう ございます。
고쇼–따이시떼 구다사이마시떼 아리가또– 고자이마스

□ 제가 꼭 가겠습니다.

私は ぜひ 行きます。
와따시와 제히 이끼마스

□ 그곳에 몇 시에 가야 하나요?

そこに 何時に いけば いいんですか。
소꼬니 난지니 이께바 이인데스까

□ 유감스럽지만 갈 수 없어요.

残念ながら 行けません。
잔넨나가라 이께마셍

□ 고맙지만 선약이 있습니다.

恐れ入りますが 先約が あるんです。
오소레이리마스가 셍야꾸가 아룬데스

□ 이번에는 어쩔 수 없네요.

今度は しょうがなくて。
곤도와 쇼–가 나꾸떼

□ 기무라씨 댁이 맞나요?

木村さんの お宅は こちらでしょうか。
기무라산노 오따꾸와 고찌라데쇼–까

□ 제가 왔다고 전해주세요.

私が 来たと お伝え ください。
와따시가 기따또 오쓰따에 구다사이

□ 좀 일찍 왔나요?

ちょっと 来るのが 早すぎましたか。
춋또 구루노가 하야스기마시따까

□ 늦어서 죄송해요.

遅くなって すみません。
오소꾸낫떼 스미마셍

□ (선물 등을 내밀면서) 이거 받으세요.

これを どうぞ。
고레오 도–조

□ 밝고 멋진 집이네요.

明るい すてきな お住まいですね。
아까루이 스떼끼나 오스마이데스네

□ 고마워요. 편합니다.

どうも。 くつろいでいます。
도–모. 구쓰로이데이마스

□ 잘 오셨어요.

ようこそ いらっしゃいました。
요-꼬소 이랏샤이마시따

□ 어서 오세요. 무척 기다리고 있었어요.

ようこそ。楽しみに お待ちして いました。
요-꼬소. 다노시미니 오마찌시떼 이마시따

□ 자, 들어오세요.

どうぞ お入り ください。
도-조 오하이리 구다사이

□ 이런 건 안 가지고 오셔도 되는데요. 고마워요.

こんなこと なさらなくても 良かったのに。ありがとう。
곤나꼬또 나사라나꾸떼모 요깟따노니. 아리가또-

□ 저희 집 구경 좀 하시겠어요?

家 見に 行きましょうか。
우찌 미니 이끼마쇼-까

□ 이쪽으로 앉으세요.

こちらへ おかけ ください。
고찌라에 오까께 구다사이

□ 자, 편히 하세요.

どうぞ くつろいで ください。
도-조 구쯔로이데 구다사이

□ 즐거운 시간 되세요.

どうぞ お楽に。
도-조 오라꾸니

□ 자, 마음껏 드세요.

どうぞ ご自由に 召し上がって ください。
도-조 고지유-니 메시아갓떼 구다사이

□ 음식은 어떠셨어요?

お料理は いかがでしたか。
오료-리와 이까가데시따까

□ 이거 맛있네요. 누가 요리하셨어요?

これは おいしい。誰が 料理したんですか。
고레와 오이시-. 다레가 료-리시딴데스까

□ 커피에 설탕과 크림을 넣으세요?

コーヒーに 砂糖と クリームを 入れますか。
코-히-니 사또-또 쿠리-무오 이레마스까

□ 멋진 저녁이었어요.

すばらしい 夕食でした。
스바라시- 유-쇼꾸데시따

□ 와주셔서 저야말로 즐거웠어요.

来て いただいて、こちらこそ 楽しかったです。
기떼 이따다이떼, 고찌라꼬소 다노시깟따데스

□ 언제든지 또 오세요.

いつでも また 来て ください。
이쯔데모 마따 기떼 구다사이

□ 당신이 오니 좋군요.

あなたが いらっしゃって 嬉しいです。
아나따가 이랏샷떼 우레시이데스

□ 즐거운 시간 되세요.

どうぞ 楽しい 時間を。
도–조 다노시이 지깡오

□ 정말 멋진 파티네요.

本当 すごいパーティーですね。
혼또– 스고이 파–티–데스네

□ 우리 춤출까요?

踊りましょうか。
오도리마쇼–까

□ 무엇을 마실래요?

何を お飲みに なりますか。
나니오 오노미니 나리마스까

□ 마실 것 좀 갖다 드릴게요.

飲み物を ちょっと お持ちしますね。
노미모노오 촛또 오모찌시마스네

□ 한 잔 더 갖다드릴까요?

もう 一杯 お持ちしますか。
모– 입빠이 오모찌시마스까

□ 너무 시간이 늦어서요, 슬슬 일어나겠어요

もう 時間が 遅いですから。そろそろ おいとまします。
모- 지깐가 오소이데스까라. 소로소로 오이또마시마스

□ 오늘 매우 즐거웠어요.

今日は とても 楽しかったです。
쿄-와 도떼모 다노시깟따데스

□ 무척 즐거웠어요. 정말로 고마워요.

とても 楽しかったです。本当に ありがとう ございます。
도떼모 다노시깟따데스. 혼또-니 아리가또- 고자이마스

□ 정말로 이야기 즐거웠어요.

本当に 楽しく お話しできました。
혼또-니 다노시꾸 오하나시 데끼마시따

□ 재미있게 보냈어요.

楽しく過ごしました。
다노시꾸 스고시마시따

□ 저희 집에도 꼭 오세요.

私のうちにも ぜひ 来て ください。
와따시노 우찌니모 제히 기떼 구다사이

□ 다시 찾아뵙겠어요.

改めて ご訪問いたします。
아라따메떼 고호-몽 이따시마스

01_ 결혼식

□ 결혼 축하합니다.

ご結婚 おめででとう ございます。
고겟꽁 오메데또- 고자이마스

□ 두 분 행복하기 바랍니다.

二人の 幸せを 願います。
후따리노 시아와세오 네가이마스

□ 두 사람 행복하길 빌어요!

二人の 幸せを 祈ります。
후따리노 시아와세오 이노리마스

□ 신부가 참 아름다워요.

新婦が 本当に きれいですね。
신뿌가 혼또-니 기레이데스네

□ 당신은 정말 행운아예요!

あなたは 本当に 幸せ 者です。
아나따와 혼또-니 시아와세 모노데스

□ 신혼여행은 어디로 간다고 해요?

新婚旅行は どこに 行くと 言っていましたか。
신꼰료-꼬-와 도꼬니 이꾸또 잇떼이마시따까

☐ 정말 어울리는 한 쌍이군요!
本当に お似合いの カップルですね。
혼또-니 오니아이노 캅프루데스네

☐ 행복한 커플을 보니까 기분이 좋아요.
幸せな カップルを 見ていたら うれしいです。
시아와세나 캅프루오 미떼이따라 우레시이데스

☐ 두 사람이 결혼하다니 믿기지가 않아요.
二人が 結婚するなんて 信じられないです。
후따리가 겟꽁스루난떼 신지라레나이데스

☐ 신랑 신부와는 어떻게 아시는 사이세요?
新郎新婦とは どういう 知り合いですか。
신로-신뿌또와 도-이우 시리아이데스까

☐ 두 사람과 같은 대학을 다녔어요.
二人と 同じ 大学に 通っていました。
후따리또 오나지 다이가꾸니 가욧떼이마시따

☐ 정말 아름다운 결혼식이었어요!
本当に すばらしい 結婚式でした。
혼또-니 스바라시- 겟꽁시끼데시따

☐ 결혼식에 참석해 주서서 기뻐요.
結婚式に 出席して 頂き 嬉しいです。
겟꼰시끼니 슛세끼시떼 이따다끼 우레시이데스

☐ 결혼식에 와주셔서 정말 감사합니다.
結婚式に 来て 頂き 本当に ありがとう ございます。
겟꼰시끼니 기떼 이따다끼 혼또-니 아리가또- 고자이마스

□ 삼가 깊은 조의를 표합니다.

この たびは ご愁傷 さまです。
고노 다비와 고슈-쇼- 사마데스

□ 정말 안됐습니다. 마음이 아프군요.

本当に 当念です。胸中 お察し いたします。
혼또-니 잔넹데스. 쿄-츄우 오삿시 이따시마스

□ 진심으로 애도의 뜻을 표하는 바입니다.

心より お悔やみ 申し上げます。
고꼬로요리 오꾸야미 모-시아게마스

□ 힘드시겠지만 용기를 잃지 마세요

どうか お力を 落とされませんように。
도우까 오찌까라오 오또사레마셍요우니

□ 뭐라고 드릴 말씀이 없습니다.

なんと 申し 上げてよいものか…。
난또 모-시 아게떼 요이모노까…

□ 갑작스러운 일이라 믿기질 않네요

あまりにも 突然な ことで 信じられません。
아마리니모 도쯔젠나 고또데 신지라레마셍

□ 위로해 주셔서 감사합니다.

慰めて 下さって ありがとう ございます。
나구사메떼 구다삿떼 아리가또- 고자이마스

□ 이렇게 오셔서 조의를 표해주시니 감사합니다.

この ように 来て 頂いて ありがとう ございます。
고노요우니 기떼 이따다이떼 아리가또– 고자이마스

□ 저는 고인을 잊지 못할 것입니다.

私は 故人を 忘れることが できないです。
와따시와 고징오 와스레루꼬또가 데끼나이데스

□ 고인을 알게 된 것은 영광이었습니다.

故人と 出逢えた ことは 光栄でした。
고징또 데아에따 고또와 코–에이데시따

□ 고인은 우리 마음속에 영원히 살아 있을 것입니다.

故人は 私の 心の中で 永遠に 生き続けると 思います。
고징와 와따시노 고꼬로노 나까데 에이엔니 이끼쯔즈께루또 오모이마스

□ 이제 좀 괜찮으신가요?

今は ちょっと 大丈夫に なりましたか。
이마와 촛또 다이죠–부니 나리마시따까

□ 제가 뭐 도울 일이라도 있을까요?

私が 手伝う こと ありますか。
와따시가 데쯔다우 고또 아리마스까

□ 누군가가 필요하시면 제게 기대세요.

誰かの 力が 必要だったら 私を 頼って ください。
다레까노 치까라가 히쯔요– 닷따라 와따시오 타욧떼 구다사이

□ 기운내세요. 당신에겐 우리가 있잖아요.

元気を だして ください。あなたには 私たちが いるじゃないですか。
겡끼오 다시떼 구다사이. 아나따니와 와따시다찌가 이루쟈 나이데스까

129

4 | 사람을 만나고 관계를 맺다

소개하다　紹介する [쇼-까이스루]

초대하다　招待する [쇼-따이스루]

방문하다　訪問する [호-몽스루]

환영하다　歓迎する [간게이스루]

마중하다　迎える [무까에루]

배웅하다　見送る [미오꾸루]

인사하다　挨拶する [아이사쯔스루]

부탁하다　お願いする [오네가이스루]

거절하다　断る [도꼬와루]

싸움을 하다　喧嘩を する [겡까오 스루]

말싸움을 하다　口喧嘩を する [구찌겡까오 스루]

충고하다　忠告する [츄-꼬꾸스루]

화해하다　仲直りする [나까나오리스루]

약속하다　約束する [야꾸소꾸스루]

상담하다　相談する [소우단스루]

Part 5 화 제

Topics

01_ 시간에 대해

□ 지금 몇 시인가요?

今、何時ですか。
이마 난지데스까

□ 9시 5분입니다.

9時 5分です。
구지 고훈데스

□ 9시 15분이 지났어요.

9時 15分過ぎです。
구지 쥬-고훈 스기데스

□ 제 시계는 11시입니다.

私の 時計では 11時です。
와따시노 도께-데와 쥬-이찌지데스

□ 정각 정오입니다.

ちょうど 正午です。
쵸-도 쇼-고데스

□ 지금은 3시 반이에요.

今は 3時半です。
이마와 산지항데스

□ 지금은 5시 15분전이에요.

今は 5時 15分前です。

이마와 고지 쥬-고훈 마에데스

□ 몇 시에 약속이 있나요?

何時に 約束が ありますか。

난지니 약소꾸가 아리마스까

□ 시간이 없어요. 5시 5분전이에요.

時間が ありませんよ。5時5分前です。

지깡가 아리마셍요. 고지 고훈마에데스

□ 이 시계는 정확한가요?

この 時計は あってますか。

고노 도케-와 앗떼마스까

□ 제 시계는 정확해요.

私の 時計は 正確です。

와따시노 도께-와 세-까꾸데스

□ 당신 시계는 좀 빠른 것 같아요.

あなたのは ちょっと 進んで いると 思います。

아나따노와 촛또 스슨데 이루또 오모이마스

□ 시간이 참 안 가네요.

時間の たつのが 本当に 遅いね。

지깐노 다쯔노가 혼또-니 오소이네

□ 이제 슬슬 밤이 깊어지는군요.

そろそろ 真夜中に なりますよ。

소로소로 마요나까니 나리마스요

□ 오늘은 며칠인가요?

今日は 何日ですか。

쿄-와 난니찌데스까

□ 오늘은 9일입니다.

今日は 9日です。

쿄-와 고꼬노까데스

□ 오늘은 몇 월 며칠인가요?

今日は 何月 何日ですか。

쿄-와 낭가쯔 난니찌데스까

□ 오늘은 12월 2일입니다.

今日は 12月2日です。

쿄-와 쥬-니가쯔 후쯔까데스

□ 오늘은 무슨 요일인가요?

今日は 何曜日ですか。

쿄-와 낭요-비데스까

□ 오늘은 월요일입니다.

今日は 月曜日です。

쿄-와 게쯔요-비데스

□ 몇 월입니까?

何月ですか。

난가쯔데스까

□ 이번 토요일이 며칠인가요?

今度の 土曜日は 何日ですか。
콘도노 도요-비와 난니찌데스까

□ 오늘이 무슨 특별한 날인가요?

今日は 何か 特別な 日ですか。
쿄-와 낭까 토꾸베쯔나 히데스까

□ 당신 생일은 언제인가요?

あなたの お誕生日は いつですか。
아나따노 오탄죠-비와 이쯔데스까

□ 제 생일은 10월 19일입니다.

私の 誕生日は 10月19日です。
와따시노 탄죠-비와 쥬-가쯔 쥬-구니찌데스

□ 지불일은 언제인가요?

支払日は いつですか。
시하라이비와 이쯔데스까

□ 시험은 언제부터인가요?

試験は いつからですか。
시껭와 이쯔까라데스까

□ 마감은 9월말입니다.

締め切りは 9月末です。
시메끼리와 구가쯔마쯔데스

□ 마감일이 매월 15일이에요.

締切日が 毎月 15日です。
시메끼리비가 마이쯔끼 쥬-고니찌데스

□ 오늘 날씨는 어때요?

今日の 天気は どうなんですか。
쿄-노 뎅끼와 도-난데스까

□ 오늘은 따스하군요.

今日は ぽかぽか 暖かいですね。
쿄-와 포까포까 아따따까이데스네

□ 오늘은 상당히 덥군요.

今日は なかなか 暑いですね。
쿄-와 나까나까 아쯔이데스네

□ 날씨가 좋군요.

いい 天気ですね。
이- 텡끼데스네

□ 별로 날씨가 좋지 않아요.

あまり 天気が 良くないですね。
아마리 텡끼가 요꾸나이데스네

□ (비가) 억수같이 쏟아지는군요.

どしゃ降りに なりますね。
도샤부리니 나리마스네

□ 이 무더위는 견딜 수 없어요.

この 暑さには 耐えられません。
고노 아쯔사니와 다에라레마셍

□ 장마가 들었어요.

梅雨に 入っています。
쯔유니 하잇떼 이마스

□ 또 비가 올 것 같아요.

また 雨になりそうですね。
마따 아메니 나리소-데스네

□ 바람이 심하게 불고 있어요.

風が ひどく 吹いていますね。
가제가 히도꾸 후이떼 이마스네

□ 이 좋은 날씨가 언제까지 계속될까요?

この いい天気は いつまで 続くかな。
고노 이- 텡끼와 이쯔마데 쯔즈꾸까나

날씨 관련 표현

무덥군요.　蒸(む)し暑(あつ)いですね。[무시아쯔이데스네]

시원해졌군요.　祺(すず)しくなってきましたね。[스즈시꾸낫떼 기마시다네]

(비가) 심하게 내리는군요.　ひどい 降(ふ)りですね。[히도이 후리데스네]

날씨가 개었어요.　晴(は)れてきましたよ。[하레떼 기마시다요]

쌀쌀하군요.　冷(ひ)え冷(び)えしますね。[히에비에시마스네]

추워졌어요.　寒(さむ)くなりましたね。[사무꾸 나리마시다네]

이거 첫눈이군요.　これは 初雪(はつゆき)ですね。[고레와 하쯔유끼데스네]

☐ 오늘 일기예보 어때요?

今日の 天気予報は。
쿄-노 텡끼요호-와

☐ 기온은 어떻게 되나요?

気温は どうなりますか。
기옹와 도-나리마스까

☐ 일기예보에 의하면 내일은 비가 온다고 해요.

天気予報に よると 明日は 雨だそうです。
텡끼요호-니 요루또 아스와 아메다 소-데스

☐ 만약을 위해 우산을 준비해 가는 게 좋겠어요.

念のため 傘は 持って行く ほうが いいですよ。
넨노다메 카사와 못떼이꾸 호-가 이-데스요

☐ 완전히 봄이네요.

すっかり 春ですね。
슥까리 하루데스네

☐ 이 시기 치고는 제법 따뜻하네요.

この 時期に しては かなり 暖かいですね。
고노 지끼니 시떼와 가나리 아따따까이데스네

☐ 태풍이 다가오고 있어요.

台風が 近づいています。
타이후-가 치까즈이떼 이마스

□ 장마가 개어서 다행이에요.

梅雨が 明けて よかったですね。
쓰유가 아께떼 요깟따데스네

□ 가을이 오는 것 같아요.

秋が 来るようです。
아끼가 구루요-데스

□ 나뭇잎이 모조리 단풍이 들었어요.

木の葉は すっかり 紅葉しました。
고노하와 슥까리 코-요-시마시따

□ 가을 날씨는 변덕스러워요.

秋の天気は 変わりやすいですよ。
아끼노 뎅끼와 가와리야스이데스요

□ 어젯밤에는 서리가 내렸어요.

昨夜は 霜が 降りました。
사꾸야와 시모가 오리마시따

□ 겨울이 되면 추워져요.

冬に なると 寒くなります。
후유니 나루또 사무꾸나리마스

□ 밖에는 눈이 내리고 있어요.

外は 雪が 降っていますよ。
소또와 유끼가 훗떼이마스요

□ 당신이 가장 좋아하는 계절은 뭐예요?

あなたの いちばん 好きな 季節は。
아나따노 이찌방 스끼나 기세쯔와

01_ 가족 관계

□ 가족은 몇 분이나 되세요?

ご家族は 何人ですか。
고카조꾸와 난닌데스까

□ 우리 가족은 네 명입니다.

うちの 家族は 4人です。
우찌노 카조꾸와 요닌데스

□ 부모님과 여동생이 있어요.

両親と 妹が います。
료-신또 이모-또가 이마스

□ 형제자매는 있으신가요?

兄弟姉妹は いますか。
쿄-다이 시마이와 이마스까

□ 형제는 몇 분이나 되세요?

ご兄弟は 何人ですか。
고쿄-다이와 난닌데스까

□ 우리집은 대가족입니다.

うちは 大家族です。
우찌와 다이카조꾸데스

□ 할아버지와 할머니는 건강하신가요?

お祖父さんと お祖母さんは ご健在ですか。

오지-상또 오바-상와 고껜자이데스까

□ 결혼은 하셨어요?

結婚していますか。

겟꽁시떼 이마스까

□ 자녀가 몇 명인가요?

子女は 何人ですか。

시죠와 난닌데스까

□ 결혼한 지 3년 됐어요.

結婚してから 3年に なりました。

겟꽁시떼까라 상넨니 나리마시따

가족 관계

아버지/아빠 お父(とう)さん [오또-상]   父(ちち) [치찌]

어머니/엄마 お母(かあ)さん [오까-상]   母(はは) [하하]

형, 오빠 お兄(にい)さん [오니-상]   兄(あに) [아니]

누나, 언니 お姉(ねえ)さん [오네-상]   姉(あね) [아네]

여동생 妹(いもうと) [이모-또]   남동생 弟(おとうと) [오또-또]

할아버지 お祖父(じい)さん [오지-상]   할머니 お祖母(ばあ)さん [오바-상]

삼촌, 큰아버지 叔父(おじ)さん [오지상]

고모, 이모 叔母(おば)さん [오바상]

남편 主人(しゅじん) [슈징]   아내, 처 妻(つま) [쯔마]

□ 어디 출신이세요?

どこの　お生まれですか。
도꼬노 오우마레데스까

□ 고향은 어디세요?

ふるさとは　どちらですか。
후루사또와 도찌라데스까

□ 일본 어디 출신이에요?

日本の　どこの　生まれですか。
니혼노 도꼬노 우마레데스까

□ 어디에서 자랐어요?

どちらの　お育ちですか。
도찌라노 오소다찌데스까

□ 여기로 오기 전에는 어디서 살았어요?

こちらに　来る前には　どちらに　住みましたか。
고찌라니 구루마에니와 도찌라니 스미마시따까

□ 도쿄입니다.

東京です。
도-꼬-데스

□ 일본에 친척분이라도 계시나요?

日本に　どなたか　親戚の　人が　いらっしゃいますか。
니혼니 도나따까 신세끼노 히또가 이랏샤이마스까

03_ 주거지

어디에 사세요?

どちらに お住まいですか。
도찌라니 오스마이데스까

지금 어디서 살고 있나요?

今は どちらに 住んでいますか。
이마와 도찌라니 슨데이마스까

부모님과 함께 살고 있나요?

ご両親と いっしょに 住んでいるんですか。
고료–신또 잇쇼니 슨데이룬데스까

독신자 아파트에 살고 있어요.

独身者 アパートに 住んでいます。
도꾸신샤 아빠–또니 슨데이마스

우리 집에는 조그만 뒤뜰이 있어요.

私の 家には ささやかな 裏庭が あります。
와따시노 이에니와 사사야까나 우라니와가 아리마스

직장에서 어느 정도 먼가요?

お勤めからは どのくらい 遠いですか。
오쯔또메까라와 두노꾸라이 도–이데스까

이곳에서 얼마나 살았어요?

こちらに どのぐらい 住みましたか。
고찌라니 도노구라이 스미마시따까

☐ 어느 학교에 다니세요?

学校は どちらですか。
각꼬-와 도찌라데스까

☐ 어느 대학을 나왔어요?

どちらの 大学を 出ましたか。
도찌라노 다이가꾸오 데마시다까

☐ 도쿄대학을 나왔습니다.

東京大学の 出身です。
도-꾜-다이가꾸노 슛신데스

☐ 전공은 무엇인가요?

専攻は 何ですか。
셍꼬-와 난데스까

☐ 학창시절에 무슨 동아리에서 활동했어요?

学生時代に 何か クラブ 活動を しましたか。
각세-지다이니 나니까 쿠라부 가쯔도-오 시마시따까

☐ 어느 회사에 근무하세요?

どの 会社に 勤めて いますか。
도노 카이샤니 쯔또메떼 이마스까

☐ 회사는 어디에 있나요?

会社は どこに あるんですか。
카이샤와 도꼬니 아룬데스까

□ 저는 이 회사에서 영업을 하고 있습니다.

私は この 会社で 営業を やっています。
와따시와 고노 카이샤데 에-교-오 얏떼이마스

□ 일은 어때요?

仕事は どうですか。
시고또와 도-데스까

□ 숨쉴 틈도 없이 바빠요.

息を つく 暇も ないんです。
이끼오 츠꾸 히마모 나인데스

□ 이 일은 그다지 힘들지 않아요.

この 仕事は そんなに 大変じゃないですよ。
고노 시고또와 손나니 다이헨쟈 나이데스요

직업명 알기

회사원　会社員(かいしゃいん) [카이샤잉]

은행원　銀行員(ぎんこういん) [깅코-잉]

공무원　公務員(こうむいん) [코-무잉]　　엔지니어　エンジニア [엔지니아]

선생님　先生(せんせい) [센세이]　　변호사　弁護士(べんごし) [벵고시]

의사　医者(いしゃ) [이샤]　　간호사　看護婦(かんごふ) [캉고후]

화가　画家(がか) [가까]　　디자이너　デザイナー [데자이나-]

배우　はいゆう [하이유-]　　운동선수　スポーツ選手(せんしゅ) [스뽀-츠센슈]

□ 키는 어느 정도 되세요?

背は どのくらい ありますか。
세와 도노꾸라이 아리마스까

□ 키는 큰 편이에요.

背は 高い ほうです。
세와 다까이 호-데스

□ 저는 좀 작아요.

私は ちょっと 小さいです。
와따시와 촛또 치이사이데스

□ 체중은 어느 정도인가요?

体重は どのくらいですか。
타이쥬-와 도노꾸라이데스까

□ 약간 체중이 늘었어요.

いくらか 体重が 増えました。
이꾸라까 타이쥬-가 후에마시따

□ 너무 살이 찐 것 같아요.

ちょっと 太りすぎてるようです。
촛또 후또리스기떼루 요-데스

□ 어머니를 닮았나요, 아니면 아버지를 닮았나요?

母親に 似ていますか、それとも 父親ですか。
하하오야니 니떼이마스까, 소레또모 치찌오야데스까

□ 저는 어머니를 많이 닮았어요.

私は 母に よく 似ています。
와따시와 하하니 요꾸 니떼이마스

□ 저는 아무도 닮지 않았어요.

私は 誰にも 似ていません。
와따시와 다레니모 니떼이마셍

□ 그녀의 얼굴은 계란형이에요.

彼女の 顔は 卵型です。
가노죠노 가오와 다마고가따데스

□ 그녀는 키가 크고 날씬해요.

彼女は 背が高く すらっとしています。
가노죠와 세가 다까꾸 스랏또시떼 이마스

외모를 나타내는 표현

그는 미남이에요.　彼(かれ)は ハンサムです。[가레와 한사무데스]
그는 남자다워요.　彼(かれ)は 男(おとこ)らしいです。[가레와 오또꼬라시이데스]
그녀는 매력적이에요.　彼女(かのじょ)は 魅力的(みりょくてき)です。
[가노죠와 미료꾸떼끼데스]

아주 멋쟁이시군요.　とてもおしゃれですね。[토떼모 오샤레데스네]
젊어 보이세요.　若(わか)くみえます。[와까꾸 미에마스]
패션감각이 있어요.　ファッション感覚(かんかく)がありますね。
[팟숀 강까꾸가 아리마스네]

조금 야윈 것 같아요.　少(すこ)し お痩(や)せになりましたね。
[스꼬시 오야세니 나리마시다네]

□ 자신의 성격이 어떻다고 생각하세요?

自分の 性格は どんなだと 思いますか。
지분노 세-까꾸와 돈나다또 오모이마스까

□ 만사가 낙천적이에요.

何事に つけても 楽天的です。
나니고또니 쯔께떼모 라꾸뗀떼끼데스

□ 저는 성격이 급한 편이에요.

私は 気が短い ほうです。
와따시와 기가 미지까이 호-데스

□ 자신이 외향적이라고 생각하세요?

ご自分が 外向的だと 思いますか。
고지붕가 가이꼬-떼끼다또 오모이마스까

□ 친구는 쉽게 사귀는 편인가요?

友達は すぐ できる ほうですか。
도모다찌와 스구 데끼루 호-데스까

□ 내성적이라고 생각해요.

内向的だと 思います。
나이꼬-떼끼다또 오모이마스

□ 그다지 사교적이 아니에요.

あまり 社交的では ありません。
아마리 샤꼬-떼끼데와 아리마셍

친구는 저를 항상 밝다고 말합니다.

友達は 私の ことを いつも 明るいと 言って くれます。

도모다찌와 와따시노 고또오 이쯔모 아까루이또 잇떼 구레마스

저는 누구하고도 협력할 수 있어요.

私は 誰とでも 協力できます。

와따시와 다레또데모 쿄-료꾸 데끼마스

그는 어떤 사람인가요?

彼は どんな 人ですか。

가레와 돈나 히또데스까

무척 근면한 사람이에요.

きわめて 勤勉な 人です。

기와메떼 김벤나 히또데스

성격을 나타내는 표현

그는 장난꾸러기에요. 彼(かれ)は わんぱく坊主(ぼうず)です。[가레와 왐빠꾸보-즈데스]

그녀는 말괄량이에요. 彼女(かのじょ)は おてんばです。[가노죠와 오뗌바데스]

낙천적이에요. 楽天的(らくてんてき)です。[라꾸뗀데끼데스]

활동적이에요. 活動的(かつどうてき)です。[가쯔도-데끼데스]

덜렁댑니다. そそっかしいんです。[소속까시인데스]

소극적인 편이에요. ひっこみ思案(じあん)のほうです。[힉꼬미지안노 호-데스]

저는 성미가 급해요. 私(わたし)は せっかちです。[와따시와 섹까찌데스]

01_ 취미생활

□ 당신의 취미는 무엇인가요?

あなたの 趣味は 何ですか。
아나따노 슈미와 난데스까

□ 특별한 취미가 있으신가요?

特別な 趣味が ありますか。
토꾸베쯔나 슈미가 아리마스까

□ 저의 취미는 기념우표를 모으는 거예요.

私の 趣味は 記念切手を 集める ことです。
와따시노 슈미와 기넹깃떼오 아쯔메루 고또데스

□ 제 취미는 여행이에요.

私の 趣味は 旅行する ことです。
와따시노 슈미와 료꼬－스루 고또데스

□ 제 취미는 음악을 듣는 거예요.

私の 趣味は 音楽を 聞く ことです。
와따시노 슈미와 옹가꾸오 끼꾸 고또데스

□ 제 취미는 바이올린을 켜는 거예요.

私の 趣味は バイオリンを 弾く ことです。
와따시노 슈미와 바이오린오 히꾸 고또데스

□ 재즈 CD를 많이 모았어요.

ジャズの CDを ずいぶん 集めました。
쟈즈노 씨디오 즈이붕 아쯔메마시따

□ 그림 그리는 것을 매우 좋아해요.

絵を 描くのが 大好きです。
에오 가꾸노가 다이스끼데스

□ 좋은 그림을 수집하고 있어요.

すばらしい 絵を 集めています。
스바라시- 에오 아쯔메떼 이마스

□ 미술 감상을 좋아해요.

美術鑑賞が 好きです。
비쥬쯔깐쇼-가 스끼데스

□ 요리는 비교적 잘해요.

料理は わりと 得意です。
료-리와 와리또 도꾸이데스

□ 사진을 찍는 것에 흥미가 있어요

写真を 撮るのに 興味が あります。
샤싱오 도루노니 쿄-미가 아리마스

□ 훌륭한 취미를 가지셨군요.

すばらしい ご趣味を お持ちですね。
스바라시- 고슈미오 오모찌데스네

□ 특별히 취미라고 말할 것은 없어요.

特に 趣味と 言えるのは ありません。
도꾸니 슈미또 이에루노와 아리마셍

□ 여가시간에는 무엇을 하세요?

余暇の 時間には 何をしますか。
요까노 지깐니와 나니오시마스까

□ 여가를 어떻게 보내세요?

余暇を どのように お過ごしですか。
요까오 도노요-니 오스고시데스까

□ 한가한 때는 뭘 하세요?

お暇な 時は 何を なさいますか。
오히마나 도끼와 나니오 나사이마스까

□ 일이 끝난 후에 뭐하고 즐기세요?

仕事の 後は どうやって 楽しんでますか。
시고또노 아또와 도-얏떼 다노신데 마스까

□ 독서가 유일한 즐거움이죠.

読書が 唯一の 楽しみです。
도꾸쇼가 유이-쯔노 타노시미데스

□ 평소에 어떤 책을 읽으세요?

いつも どんな 本を 読みますか。
이쯔모 돈나 홍오 요미마스까

□ 주말에 극장에 가지 않을래요?

週末に 映画館へ 行きませんか。
슈-마쯔니 에-가깡에 이끼마셍까

□ 주말에 어떻게 시간을 보내세요?
しゅうまつ
週末は どのように お過ごしですか。
슈-마쯔와 도노요-니 오스고시데스까

□ 저는 여행을 좋아해요.
わたし りょこう す
私は 旅行が 好きです。
와따시와 료꼬-가 스끼데스

□ 일요일에는 하이킹이나 피크닉을 가요.
にちよう い
日曜には ハイキングか ピクニックに 行きます。
니찌요-니와 하이낑구까 피꾸닉꾸니 이끼마스

□ 가끔 차로 드라이브를 떠나요.
ときどき くるま で
時々 車で ドライブに 出かけます。
도끼도끼 구루마데 도라이부니 데까께마스

□ 미술관에 가끔 가요.
びじゅつかん い
美術館に ちょくちょく 行きます。
비쥬쯔깐니 쵸꾸쵸꾸 이끼마스

□ 저는 주말마다 등산해요.
わたし しゅうまつ とざん
私は 週末ごとに 登山を します。
와따시와 슈-마쯔고또니 토장오 시마스

□ 운동하는 거 좋아하세요?
す
スポーツは お好きですか。
스포-츠와 오스끼데스까

□ 요즘은 운동부족이에요.
うんどうぶそく
この ところ 運動不足です。
고노 도꼬로 운도-부소꾸데스

□ 텔레비전 자주 보세요?

テレビは 良く 見ますか。
테레비와 요꾸 미마스까

□ 여기서는 어떤 채널을 볼 수 있나요?

ここでは どんな チャンネルが 見られますか。
고꼬데와 돈나 챤네루가 미라레마스까

□ 어떤 프로그램을 제일 좋아하세요?

どんな プログラムが 一番好きですか。
돈나 프로그라무가 이찌방 스끼데스까

□ TV에서 지금 무엇을 하고 있나요?

テレビで 今 何を やってますか。
테레비데 이마 나니오 얏떼마스까

□ 이 드라마는 여성에게 인기가 있어요.

この ドラマは 女性に 人気が あるんですよ。
고노 도라마와 죠세-니 닝끼가 아룬데스요

□ 지난주 그 드라마는 보셨어요?

先週 そのドラマを 見ましたか。
센슈- 소노 도라마오 미마시따까

□ 지금 영화를 하고 있어요.

今 映画を やっています。
이마 에-가오 얏떼 이마스

□ 저 배우는 연기를 잘해요.

あの 俳優は 演技が うまいです。
아노 하이유-와 엥기가 우마이데스

□ 저는 공상과학 영화에 빠져 있어요.

私は SF映画に はまっています。
와따시와 에스에후 에-가니 하맛떼 이마스

□ 가끔 비디오가게에서 빌려오는 경우도 있어요.

時々レンタルビデオの 店から 借りてくる ことも あります。
도끼도끼 렌따루 비데오노 미세까라 가리떼구루 고또모 아리마스

□ 좋아하는 남자 배우는 누구예요?

好きな 俳優は 誰ですか。
스끼나 하이유-와 다레데스까

□ 저 가수는 정말 노래를 잘해요.

あの 歌手は 本当に 歌が 上手です。
아노 가슈와 혼또-니 우따가 죠-즈데스

□ 저는 버라이어티 쇼는 잘 보지 않아요.

私は バラエティーショーは あまり 見ません。
와따시와 바라에띠-쇼-와 아마리 미마셍

□ 소리를 줄여주세요.

ボリュームを 下げて ください。
보류-무오 시게떼 구다사이

□ 채널을 바꾸지 마세요.

チャンネルを 変えないで ください。
챤네루오 가에나이데 구다사이

5 | 외모를 표현하다

키가 크다　背が高い [세가 다까이]

키가 작다　背が低い [세가 히꾸이]

뚱뚱하다　太っている [후돗떼이루]

날씬하다　すらりとしている [스라리또시떼이루]

마르다　痩せている [야셋떼이루]

예쁘다, 아름답다　きれいだ [기레이다]

못생겼다　ブスだ [부쓰다]

귀엽다　かわいい [가와이이]

멋있다　素敵だ [스떼끼다]

매력적이다　魅力的だ [미료꾸떼끼다]

얼굴이 둥글다　顔が丸い [가오가 마루이]

코가 높다　鼻が高い [하나가 다까이]

입이 크다　口が大きい [구찌가 오-끼이]

어깨가 넓다　肩が広い [카따가 히로이]

Part 6 일상의 장소
Everyday Life Place

01_ 일반 우편물

□ 이 근처에 우체국이 있습니까?

この 辺に 郵便局は ありますか。
고노 헨니 유-빙꾜꾸와 아리마스까

□ 우체국은 어디에 있나요?

郵便局は どこに ありますか。
유-빙꾜꾸와 도꼬니 아리마스까

□ 우편엽서 한 장 주세요.

郵便葉書 一枚 ください。
유-빙 하가끼 이찌마이 구다사이

□ 우표를 사고 싶어요.

切手を 買いたいんです。
깃떼오 가이따인데스

□ 우표 10장 주세요.

切手を 10枚 ください。
깃떼오 쥬-마이 구다사이

□ 보통우편으로 보내주세요.

普通郵便にして 送って ください。
후쯔-유-빈니 시떼 오꿋떼 구다사이

□ 더 빠른 방법으로 보내고 싶은데요.

もっと 速い 方法で 送りたいんですが。
못또 하야이 호-호-데 오꾸리따인데스가

□ 우편 요금은 얼마인가요?

郵便料金は いくらですか。
유-빈료-낑와 이꾸라데스까

□ 발신인 이름과 주소를 어디에 쓰나요?

発信人と 名前と 住所は どこに 書いたら いいですか。
핫신닌또 나마에또 쥬-쇼와 도꼬니 가이따라 이-데스까

□ 항공우편으로 부탁해요.

航空便で お願いします。
고-꾸-빈데 오네가이시마스

□ 항공편으로 하면 얼마나 들어요?

航空便だと いくら かかりますか。
고-꾸-빈다또 이꾸라 가까리마스까

□ 편지를 한국으로 보내고 싶어요.

手紙を 韓国へ 出したいのですが。
테가미오 캉꼬꾸에 다시따이노데스가

□ 우표를 얼마나 붙여야 하나요?

いくらぐらいの 切手を 貼ればいいんですか。
이꾸라구라이노 싯떼오 하레바이-인데스까

□ 한국에 도착하는 데 며칠이나 걸리나요?

韓国に 着くまでは 何日 かかりますか。
캉꼬꾸니 쯔꾸마데와 난니찌 가까리마스까

□ 이 편지를 등기로 부쳐주세요.

この 手紙を 書留で おくって ください。

고노 테가미오 가끼또메데 오쿳떼 구다사이

□ 속달로 부탁해요.

速達で お願いします。

소꾸따쯔데 오네가이시마스

□ 이 안에 무엇이 들어 있나요?

この 中に 何が 入ってますか。

고노 나까니 나니가 하잇떼마스까

□ 전보요금은 얼마인가요?

電報料金は いくらですか。

뎀뽀- 료-낑와 이꾸라데스까

□ 한 글자 초과할 때마다 얼마나 늘어나나요?

超過 1字 ごとに いくら 増しになりますか。

쵸-가 이찌지 고또니 이꾸라 마시니 나리마스까

□ 여기서 소포 우편물 취급하나요?

ここで 小包を 扱いますか。

고꼬데 고즈쯔미오 아쯔까이마스까

□ 이 소포를 한국에 보내고 싶어요.

この 小包を 韓国に 送りたいんです。

고노 고즈쯔미오 캉꼬꾸니 오꾸리따인데스

□ 소포용 상자가 있나요?

　　こづつみよう
　　小包用の はこが ありますか。
　　고즈쯔미요-노 하꼬가 아리마스까

□ 소포에 무엇이 들어있습니까?

　　こづつみ　　なに　　はい
　　小包に 何が 入ってますか。
　　고즈쯔미니 나니가 하잇떼마스까

□ 깨질 만한 것은 없나요?

　　わ
　　割れそうな ものは ありませんか。
　　와레소-나 모노와 아리마셍까

□ 무게를 달아보겠어요.

　　おも　　　　はか
　　重さを 量って みます。
　　오모사오 하깟떼 미마스

통신 관련 표현

통신　通信(つうしん) [츠-싱]　　우편　郵便(ゆうびん) [유-빙]

편지　手紙(てがみ) [데가미]　　우표　切手(きって) [깃떼]

엽서　葉書(はがき) [하가끼]　　등기　書留(かきとめ) [가끼도메]

소포　小包(こづつみ) [고즈쯔미]

택배　宅急便(たっきゅうびん) [탓뀨-빙]

집배원　郵便屋(ゆうびんや) [유빙야]

편지봉투　封筒(ふうとう) [후-또-]

우편번호　郵便番号(ゆうびんばんごう) [유빙방고]

01_ 입출금, 예금거래

□ 은행은 어디에 있나요?
銀行は どこに ありますか。
깅꼬-와 도꼬니 아리마스까

□ 1만 엔을 찾고 싶어요.
1万円を 引き出したいんですが。
이치망엥오 히끼다시따인데스가

□ 잔돈도 섞어서 주세요.
小銭も 混ぜて ください。
고제니모 마제떼 구다사이

□ 예금하고 싶은데요.
預金したいのですが。
요낑 시따이노데스가

□ 구좌를 개설하고 싶은데요.
口座を 設けたいのですが。
코-자오 모-께따이노데스가

□ 통장을 개설하고 싶어요.
通帳を 開設したいんです。
츠-쵸-오 가이세쯔시따인데스

□ 어떤 예금을 원하세요?
どんな 預金を お望みですか。
돈나 요낑오 오노조미데스까

□ 1년짜리 정기예금이에요.
一年 ぐらいの 定期預金です。
이찌넹구라이노 테이끼요낀데스

□ 이자율이 어떻게 되나요?
利子率は どうなりますか。
리시리쯔와 도- 나리마스까

□ 보통예금 계좌로 해주세요.
普通預金口座に して ください。
후츠-요낑 고-자니 시떼 구다사이

□ 당좌예금 계좌를 개설하고 싶어요.
当座預金の 口座を 設けたいんです。
토-자요낑노 고-자오 모-께따인데스

□ 투자신탁은 취급하나요?
投資信託は 扱って いますか。
토-시신따꾸와 아쯔깟떼 이마스까

□ 계좌를 해지하고 싶어요.
口座を 取消し したいんです。
코-자오 도리께시 시따인데스

□ 현금자동인출기는 어디에 있나요?
現金自動支払機は どこに ありますか。
겡낀 지도-시하라이끼와 도꼬니 아리마스까

□ 대출계가 어디인가요?

貸付係は どこですか。
가시쯔께가까리와 도꼬데스까

□ 융자를 상의하고 싶어요.

ローンを 相談したいんです。
롱-오 소-단시따인데스

□ 대출을 받고 싶어요.

借り 入れ したいんですが。
가리이레 시따인데스가

□ 현금서비스를 받을 수 있나요?

現金サービス して いただけますか。
겡낀 사-비스 시떼 이따다께마스까

□ 주택 융자를 받을 수 있을까요?

住宅ローンを 受けられますか。
쥬-따꾸롱-오 우께라레마스까

□ 대출 신청을 하고 싶어요.

借り入れを 申し 申みたいんです。
가리이레오 모-시 고미따인데스

□ 대출 받는 데 얼마나 걸릴까요?

借り入れするのに どのくらい かかりそうですか。
가리이레스루노니 도노꾸라이 가까리소-데스까

□ 지폐 좀 바꿔주시겠어요?

ちょっと この 札を かえて くださいますか。
좃또 고노 사쯔오 가에떼 구다사이마스까

□ 수표를 현금으로 바꾸고 싶어요.

小切手を 現金に 替えたいんです。
코깃떼오 겡낀니 가에따인데스

□ 달러를 엔화로 바꾸고 싶어요.

ドルを 円に 替えて いただけますか。
도루오 엔니 가에떼 이따다께마스까

□ 이 여행자수표를 엔화로 바꿔주세요.

この トラベラーズチェックを 円に して ください。
고노 토라베라ー즈첵꾸오 엔니 시떼 구다사이

□ 이 한국 돈을 엔화로 바꾸고 싶어요.

この 韓国ウォンを 日本円に 替えたいんです。
고노 캉꼬꾸웡오 니홍엔니 가에따인데스

□ 수수료는 얼마인가요?

手数料は いくらですか。
테스ー료ー와 이꾸라데스까

□ 오늘의 환율은 얼마인가요?

今日の かわせレートは いくらですか。
쿄ー노 카와세레ー토와 이꾸라데스까

01_ 수선할 때

□ 양복 찾으러 왔어요.

洋服取りに きました。
요-후꾸 도리니 기마시따

□ 수선도 가능한가요?

お直しも して くれるんですか。
오나오시모 시떼 구레룬데스까

□ 이 바지를 수선해주세요.

この ズボンを お直し して ください。
고노 즈봉오 오나오시 시떼 구다사이

□ 바지 좀 줄여주세요.

ズボンを ちょっと 小さく して ください。
즈봉오 촛또 치이사꾸 시떼 구다사이

□ 언제 되는데요?

いつ 仕上がりますか。
이쯔 시아가리마스까

□ 금요일까지 끝내 놓을게요.

金曜日まで 終わらせます。
킹요-비마데 오와라세마스

☐ 코트를 드라이클리닝하고 싶어요.

コートを ドライクリーニング したいんです。
코-토오 도라이쿠리-닝구 시따인데스

☐ 와이셔츠 2장과 바지를 다려주셨으면 해요.

ワイシャツ 2枚と ズボンを プレス して もらい たいんですが。
와아샤쯔 니마이또 즈봉오 푸레스 시떼 모라이 따인데스가

☐ 이 얼룩 좀 빼주세요.

この シミを 取って ください。
고노 시미오 톳떼 구다사이

☐ 언제 찾아갈 수 있나요?

いつ 取りに 来れば いいですか。
이쯔 토리니 쿠레바 이-데스까

☐ 가능한 한 빨리 찾고 싶어요.

できるだけ 早く して ください。
데끼루다께 하야꾸 시떼 구다사이

☐ 제 세탁물 다 됐어요?

私の 洗濯物は できましたか。
와따시노 센따꾸모노와 데끼마시따까

☐ 그 얼룩은 지워지지 않아요.

その シミは とれないんです。
소노 시미와 토레나인데스

일
상
장
소

세
탁
소

01_ 헤어스타일, 미용

□ 헤어스타일을 바꾸고 싶어요.

ヘアスタイルを 変えたいんです。
헤아스타이루오 가에따인데스

□ 머리를 드라이해 주세요.

髪に ドライヤーを かけてください。
카미니 도라이야ー오 가께떼 구다사이

□ 찾는 미용사가 있으세요?

お探しの 美容師が いますか。
오사가시노 비요ー시가 이마스까

□ 헤어스타일이 마음에 드실 거예요.

ヘアスタイルが 気に 入ると 思います。
헤아스타이루가 기니 이루또 오모이마스

□ 손톱 손질 되나요?

お爪 みがかれますか。
오쯔메 미가까레마스까

□ 마사지 예약을 하고 싶군요.

マッサージの 予約を したいんですが。
맛사ー지노 요야꾸오 시따인데스가

□ 커트해 주세요.

カット して ください。
캇또 시떼 구다사이

□ 어떻게 잘라 드릴까요?

どのように 切りますか。
도노요-니 기리마스까

□ 너무 짧게 하지는 마세요.

短すぎないように して ください。
미지까스기나이요-니 시떼 구다사이

□ 다듬기만 해주세요.

整える だけで いいです。
도또노에루 다께데 이-데스

□ 끝을 다듬어주세요.

髪先を 整えて ください。
가미사끼오 도또노에떼 구다사이

□ 짧게 자르고 싶어요.

短く 切りたいです。
미지가꾸 기리따이데스

□ 좀더 짧게 해주세요.

もっと 短く して ください。
못또 미지까꾸 시떼 구다사이

일상장소

미용실

□ 파마를 해주세요.

パーマを かけて ください。
파-마오 가께떼 구다사이

□ 어떤 파마를 원하세요?

どんな パーマが かけたいんですか。
돈나 파-마가 가께따인데스까

□ 어떤 스타일을 좋아하세요?

どんな スタイルが 好きですか。
돈나 스타이루가 스끼데스까

□ 자연스럽게 해주세요.

ナチュラルに して ください。
나츄라루니 시떼 구다사이

□ 매직이요.

マジックです。
마직쿠데스

□ 이 헤어스타일로 해주세요.

この ヘアスタイルに して ください。
고노 헤아스타이루니 시떼 구다사이

□ 유행하는 헤어스타일로 해주세요.

流行りの ヘアスタイルに して ください。
하야리노 헤아스타이루니 시떼 구다사이

□ 가르마는 어느 쪽으로 해드릴까요?

分け目は どちらに いたしましょうか。
와께메와 도찌라니 이따시마쇼–까

□ 머리를 염색하고 싶어요.

髪を 染めたいです。
카미오 소메 따이데스

□ 어떤 색으로 염색하시겠어요?

どんな 色に 染めますか。
돈나 이로니 소메마스까

□ 갈색으로 염색해 주세요.

茶色に 染めて ください。
챠이로니 소메떼 구다사이

미용 관련 표현

파마하다 パーマを かける [파-마오 가께루]

머리를 자르다 髪(かみ)を 切(き)る [가미오 기루]

머리를 염색하다 髪(かみ)を 染(そ)める [가미오 소메루]

유행하다 流行(はや)る [하야루]

거울 鏡(かがみ) [가가미]

화장 化粧(けしょう) [케쇼–]

립스틱 口紅(くちべに) [구찌베니]

샴푸 シャンプー [샴뿌–]　　　린스 リンス [린스]

머리핀 ヘアピン [헤아핀]　　　머리띠 ヘアバンド [헤아반도]

01_ 집을 구할 때

☐ 임대할 집을 찾고 있어요.

借りる家を 探しています。
가리루 우치오 사가시떼 이마스

☐ 어느 정도의 집을 찾으세요?

どれくらいの 家を 探していますか。
도레꾸라이노 이에오 사가시떼 이마스까

☐ 학교에서 가까운 곳을 원해요.

学校から 近い ところを 望んでいます。
각꼬-까라 치까이 도꼬로오 노존데 이마스

☐ 방이 두 개인 아파트를 찾고 있어요.

部屋が 二つの アパートを 探しています。
헤야가 후따쯔노 아파-토오 사가시떼 이마스

☐ 얼마나 오래 사실 거예요?

どのくらい 長く 住む予定ですか。
도노꾸라이 나가꾸 스무요떼-데스까

☐ 이 아파트는 방이 몇 개인가요?

この アパートは 部屋が いくつですか。
고노 아파-토와 헤야가 이꾸쯔데스까

□ 이 지역의 집값은 어떻게 되나요?

この 地域の 家賃は どのくらいですか。
고노 치이끼노 야칭와 도노구라이데스까

□ 교통은 어때요?

交通は どうですか。
고-쯔-와 도-데스까

□ 시설은 어때요?

施設は どうですか。
시세쯔와 도-데스까

□ 아파트에 언제 입주하고 싶으세요?

アパートに いつ 入居したいんですか。
아파-토니 이쯔 뉴-쿄시따인데스까

주택 관련 표현

방 部屋(へや) [헤야]　　거실 居間(いま) [이마]

현관 玄関(げんかん) [겐깡]　　베란다 ベランダ [베란다]

주방 台所(だいどころ) [다이도꼬로]　　욕실 風呂場(ふろば) [후로바]

화장실 お手洗(てあら)い [오테아라이]

응접실 応接間(おうせつま) [오-세쯔미]

지하실 地下室(ちかしつ) [치까시쯔]　　정원, 뜰 庭(にわ) [니와]

마루 床(ゆか) [유까]　　계단 階段(かいだん) [가이당]

지붕 屋根(やね) [야네]　　옥상 屋上(おくじょう) [오꾸죠-]

□ 지금 집을 볼 수 있나요?

今 家を 見れますか。
이마 이에오 미레마스까

□ 아파트 좀 보여주시겠습니까?

アパート ちょっと 見せて いただけませんか。
아파-토 춋또 미세떼 이따다께마셍까

□ 집을 보여드릴게요.

家を お見せします。
이에오 오미세시마스

□ 언제 이사올 수 있어요?

いつ 引っ越し できますか。
이쯔 힛꼬시데끼마스까

□ 월세는 얼마인가요?

月の 家賃は いくらですか。
츠끼노 야칭와 이꾸라데스까

□ 임대료는 얼마인가요?

賃貸料は いくらですか。
친따이료-와 이꾸라데스까

□ 월세는 어떻게 내나요?

家賃の 払い方は 何ですか。
야칭노 하라이 가따와 난데스까

□ 계약 기간은 얼마인가요?

契約期間は どのくらいですか。
케-야꾸끼깡와 도노꾸라이데스까

□ 이 아파트를 임대하겠어요.

この アパートを 借ります。
고노 아파-토오 가리마스

□ 임대청약서를 주시겠어요?

賃貸誓約書を くださいませんか。
친따이세-야꾸쇼오 구다사이마셍까

생생
Point

이사 관련 표현

부동산 不動産(ふどうさん) [후-도상]

거주하다, 살다 住(す)む [스무]

이사하다 引(ひ)っ越(こ)す [힛꼬스]

집을 비움 留守(るす) [루스]

선불 계약금 頭金(あたまきん) [아타마킹]

아파트 アパート [아파-토]

맨션 マンション [만숀]

단독 주택 一戸建(いっこだ)て [잇꼬다테]

집주인 大家(おおや) [오-야]

집세 家賃(やちん) [야찡]

보증금 敷金(しききん) [시키킹]

01_ 관공서 이용

□ 어느 분이 이 업무를 담당하세요?

どの 方が これを 担当して いますか。
도노 카따가 고레오 탄또– 시떼 이마스까

□ 담당 부서를 가르쳐 주시겠어요?

担当の部署を 教えて いただけますか。
탄또–노 부쇼오 오시에떼 이따다께마스까

□ 우선 신청부터 하셔야 해요.

まず 申し込んで ください。
마즈 모–시꼰데 구다사이

□ 신청서를 먼저 작성하세요.

申込書を まず 作成して ください。
모–시꼬미쇼오 마즈 사꾸세– 시떼 구다사이

□ 서면으로 작성해야 합니다.

書面で 作成しなければ なりません。
쇼멘데 사꾸세– 시나께레바 나리마셍

□ 작성해야 할 서류가 무엇인가요?

作成するべき 書類は 何ですか。
사꾸세– 수루베끼 쇼루이와 난데스까

□ 이 서류에 기입해 주세요.

この 書類に 記入して ください。
고노 쇼루이니 기뉴-시떼 구다사이

□ 얼마나 걸릴 것 같은가요?

何日くらい かかり そうですか。
난니찌 꾸라이 가까리 소-데스까

□ 번호를 받고, 부를 때까지 기다리세요.

番号を もらって、お呼び出しするまで お待ち ください。
방고-오 모랏떼, 오요비다시스루마데 오마찌 구다사이

□ 어디에 서명하나요?

どこに 署名しますか。
도꼬니 쇼메-시마스까

□ 늦으면 벌금이 있나요?

遅れたら 罰金が ありますか。
오꾸레따라 박낑가 아리마스까

공공 장소

학교　学校(がっこう) [각꼬-]　　도서관　図書館(としょかん) [도쇼깡]

파출소　交番(こうばん) [고-방]　　은행　銀行(ぎんこう) [깅꼬-]

병원　病院(びょういん) [뵤-잉]　　신사　神社(じんじゃ) [진쟈]

교회　教会(きょうかい) [교-카이]

우체국　郵便局(ゆうびんきょく) [유-빙교꾸]

□ 도서관은 몇 시에 문을 닫습니까?

図書館は 何時に 閉まりますか。

도쇼깡와 난지니 시마리마스까

□ 한 번에 몇 권 빌릴 수 있나요?

一回に 何冊 借りれますか。

익까이니 난사쯔 가리레마스까

□ 이 책이 있는지 확인해주세요.

この 本が あるか 確認 して ください。

고노 홍가 아루가 가꾸닝 시떼 구다사이

□ 이 책들을 대출하고 싶어요.

この 本を 貸し出したいんです。

고노 홍오 가시다시따인데스

□ 대출 기간은 며칠인가요?

貸し出しの 期間は 何日ですか。

가시다시노 기깡와 난니찌데스까

□ 늦으면 벌금이 있어요?

遅れたら 罰金が ありますか。

오꾸레따라 박낑가 아리마스까

□ 도서관에서는 조용히 하세요.

図書館では 静かに しなさい。

도쇼깡데와 시즈까니 시나사이

□ 이웃집에 강도가 들었어요.

となりに 強盗が 入りました。
도나리니 고-또-가 하이리마시따

□ 차에 치였어요.

車に はねられました。
구루마니 하네라레마시따

□ 어제 제 차를 도난 당했어요.

昨日 私の 車が 盗まれました。
기노- 와따시노 구루마가 누스마레마시따

□ 술 마시고 운전하지 마세요.

お酒を 飲んで 運転しないで ください。
오사께오 논데 운뗀시나이데 구다사이

□ 요즘 절도 사건이 빈번해요.

このごろ 窃盗事件が 頻繁に 起ります。
고노 고로 셋또-지껭가 힘판니 오꼬리마스

□ 불이 켜진 곳으로만 다녀야 해요.

電気が ついて いる 所だけ 通って ください。
뎅끼가 츠이떼 이루 도꼬로다께 도옷떼 구다사이

□ 범죄 신고는 경찰에 하세요.

犯罪申告は 警察に して ください。
한자이싱꼬꾸와 게-사쯔니 시떼 구다사이

01_ 영화, 공연 관람

☐ 연극 보러 가는 거 어떠세요?

演劇を 見に行くのは どうですか。
엔게끼오 미니 이꾸노와 도-데스까

☐ 지금 어떤 영화를 하나요?

今 どんな 映画を やってますか。
이마 돈나 에-가오 얏떼마스까

☐ 그 영화의 주연은 누군가요?

その映画の 主演は 誰ですか。
소노 에-가노 슈엥와 다레데스까

☐ 입장료는 얼마인가요?

入場料は いくらですか。
뉴-죠-료-와 이꾸라데스까

☐ 오늘 표는 아직 남아 있나요?

今日の 切符は まだ ありますか。
쿄-노 깁뿌와 마다 아리마스까

☐ 상영 기간은 언제까지인가요?

上映期間は いつまでですか。
죠-에이기깡와 이쯔마데데스까

□ 우리 콘서트 보러 갈까요?

コンサートに 行きましょうか。
콘사-토니 이끼마쇼-까

□ 콘서트 입장권 2장 있는데 보러 가지 않을래요?

コンサートの 切符が 2枚ありますが 行って みませんか。
콘사-토노 깁뿌가 니마이 아리마스가 잇떼 미마셍까

□ 영화는 어땠어요?

映画は どうだった。
에-가와 도-닷따

□ 연극 재미있게 보셨어요?

演劇 おもしろかったですか。
엔게끼 오모시로갓따데스까

상상 Point

연극, 영화 관련 표현

영화관　映画館(えいがかん) [에-가깐]　　극장　劇場(げきじょう) [게끼죠-]
액션영화　アクション映画(えいが) [아쿠숑 에-가]
공상과학영화　SF映画 [에스에후 에-가]
스릴러영화　スリルのある映画 [스리루노 아루 에-가]
예술　芸術(げいじゅつ) [게이쥬쯔]
관객　観客(かんきゃく) [간캬꾸]　　앙코르　アンコール [앙코-루]
감독　監督(かんとく) [간또꾸]　　배우　俳優(はいゆう) [하이유-]
각본, 시나리오　シナリオ [시나리오]　　대사　台詞(せりふ) [세리후]
리허설　リハーサル [리하-사루]　　무대　舞台(ぶたい) [부따이]
연예인　芸能人(げいのうじん) [게이노-징]　　스타　スター [스타-]

□ 어떤 음악을 좋아하세요?

どんな 音楽が 好きですか。
돈나 옹가꾸가 스끼데스까

□ 클래식음악 좋아해요.

クラシック 音楽が 好きです。
쿠라식쿠 옹가꾸가 스끼데스

□ 어떤 악기를 연주할 수 있나요?

どんな 楽器の 演奏が できますか。
돈나 각끼노 엔소-가 데끼마스까

□ 피아노를 연주해요.

ピアノを ひきます。
피아노오 히끼마스

□ 무슨 음악을 틀까요?

何か 音楽を かけましょうか。
나니까 옹가꾸오 가께마쇼-까

□ 당신이 좋아하는 가수는 누구예요?

あなたが 好きな 歌手は だれですか。
아나따가 스끼나 카슈와 다레데스까

□ 비틀즈 노래를 매우 좋아해요.

ビートルズの 歌が 大好きです。
비-또루즈노 우따가 다이스끼데스

□ 미술관에 자주 가세요?

美術館に よく 行きますか。
비쥬쯔깐니 요꾸 이끼마스까

□ 다음 주는 무슨 좋은 전시회를 하나요?

来週は 何か いい展示会を やってますか。
라이슈-와 나니까 이- 뗀지까이오 얏떼마스까

□ 이건 누구 작품인가요?

これは だれの 作品ですか。
고레와 다레노 사꾸힌데스까

□ 정말 훌륭한 작품이군요!

本当に すばらしい 作品ですね。
혼또-니 스바라시- 사꾸힌데스네

음악 관련 표현

음악회　音楽会(おんがくかい) [옹가꾸까이]

콘서트　コンサート [콘사-또]

악보　楽譜(がくふ) [가꾸후]

연주　演奏(えんそう) [엔소-]

재즈　ジャズ [쟈스]

일본대중음악　J-POP(ジェ：ポップ) [제이-폿뽀]

로큰롤　ロック [롯쿠]

클래식　クラシック [쿠라식쿠]

01_ 스포츠 즐길 때

□ 무슨 스포츠를 잘 하세요?

どんな スポーツが とくいですか。
돈나 스포-츠가 토꾸이데스까

□ 골프와 야구를 즐겨요.

ゴルフと 野球を やります。
고루후또 야큐-오 야리마스

□ 사이클링과 승마를 좋아해요.

サイクリングと 乗馬が 好きです。
사이쿠링구또 죠-바가 스끼데스

□ 탁구는 아주 재미있어요.

卓球は とても おもしろいです。
탓큐-와 도떼모 오모시로이데스

□ 최근에 스쿼시를 시작했어요.

最近 スカッシュを 始めました。
사이낀 스캇슈오 하지메마시따

□ 수영할 줄 아세요?

水泳できますか。
스이에이 데끼마스까

☐ 네, 수영 잘해요.

はい、上手です。
하이, 죠-즈데스

☐ 겨울에는 스키나 스케이트를 타러 가요.

冬は スキーや スケートに 行きます。
후유와 스키-야 스께-또니 이끼마스

☐ 이 근처에서 스키를 탈 수 있나요?

この あたりで スキーが できますか。
고노 아따리데 스카-가 데끼마스까

☐ 스노우보드를 빌려주세요.

スノーボードを かして ください。
스노-보-도오 카시떼 구다사이

스포츠 관련 표현

월드컵　ワールドカップ [와-르도캅프]　　올림픽　オリンピック [오린픽쿠]

시합　試合(しあい) [시아이]　　결승　決勝(けっしょう) [겟쇼-]

축구　サッカー [삿카-]　　농구　バスケットボール [바스켓또보-루]

배구　バレーボール [바레-보-루]　　태권도　テコンドー [테콘도-]

유도　柔道(じゅうどう) [쥬-도-]　　스모　相撲(すもう) [스모-]

마라톤　マラソン [마라손]　　레슬링　レスリング [레스링그]

테니스　テニス [테니스]　　배드민턴　バトミントン [바토밍톤]

체조　体操(たいそう) [타이소-]　　당구　ビリヤード [비리야-도]

□ 스포츠 관람 좋아하세요?

スポーツ観戦は お好きですか。
스포-츠 간센와 오스끼데스까

□ 어느 팀을 응원하고 있나요?

どちらの チームを 応援していますか。
도찌라노 치-무오 오-엔시떼 이마스까

□ 지금 득점은 몇 점인가요?

今 得点は 何点ですか。
이마 도꾸뗑와 난뗀데스까

□ 타자는 누구인가요?

バッターは 誰ですか。
바따-와 다레데스까

□ 1번 타자는 삼진이군요.

トップバッターは 三振ですね。
톱뿌바따-와 산신데스네

□ 9회 말이 되었어요.

9回の裏に なりました。
큐-까이노 우라니 나리마시따

□ 지금은 만루입니다.

今は 満塁です。
이마와 만루이데스

□ 이거 재미있어지는데요.

これは 面白くなって きましたね。
고레와 오모시로꾸낫떼 기마시따네

□ 어느 편이 이겼어요?

どちらの 方が かちましたか。
도찌라노 호-가 가찌마시따까

□ 3대 3으로 비겼어요.

3対3で 引分けました。
산따이산데 히끼와께마시따

□ 대단한 접전이었어요.

とても 接戦でしたね。
도떼모 셋센데시다네

□ 경기는 막상막하였어요.

競技は ごかくでした。
교-기와 고까꾸데시따

□ 스모 대회가 도쿄에서 열렸어요.

相撲大会が 東京で 開かれました。
스모-다이까이가 도-꾜-데 히라까레마시따

□ 스모를 보신 적 있으세요?

相撲を ご覧になった ことが ありますか。
스모-오 고란니낫따 고또가 아리마스까

□ 저것은 요코즈나가 등판하는 거예요.

あれは 横綱の 土俵入りです。
아레와 요꼬즈나노 도효-이리데스

□ 상당히 근육질이군요.

すごい 筋肉質ですね。
스고이 긴니꾸시쯔데스네

□ 체격이 참 좋으시네요.

体格が 本当に 良いですね。
타이까꾸가 혼또-니 이이데스네

□ 그 동안 헬스를 열심히 하셨나 봐요.

その 間 筋トレを 頑張って した みたいですね。
소노 아이다 킨또레오 간밧떼 시따 미따이데스네

□ 매일 운동을 해서 그래요.

毎日 運動を して こうなりました。
마이니찌 운도-오 시떼 고-나리마시따

□ 저는 살을 좀 빼야겠어요.

私は ちょっと 体重を 減らさないと。
와따시와 춋또 타이쥬-오 헤라사나이또

□ 저는 몸매를 좀 가꾸려고 해요.

私は いい体を 作ろうと しています。
와따시와 이이까라다오 쯔꾸로우또 시떼이마스

□ 몸에 신경 좀 써야겠어요.

体に ちょっと 神経を 使った 方が いいです。
가라다니 춋또 신께이오 쯔깟따 호-가 이-데스

188

□ 저는 헬스클럽에 다닐 거예요.

私は フィットネスクラブに 通うつもりです。
와따시와 휫또네스쿠라부니 가요우 쯔모리데스

□ 운동하기 전에 준비운동 하는 거 잊지 마세요.

運動する前に 準備運動するのを 忘れないで ください。
운도-스루마에니 준비운도-스루노오 와스레나이데 구다사이

□ 어떤 근력운동을 더 해야 합니까?

どんな 筋トレを もっと すれば いいですか。
돈나 킨또레오 못또 스레바 이-데스까

□ 이 역기를 몇 번이나 들어야 하나요?

この ダンベルを 何回 持ち上げれば いいですか。
고노 담베루오 난까이 모찌아게레바 이-데스까

□ 너무 무리하지 마세요.

あんまり 無理しないで ください。
안마리 무리시나이데 구다사이

□ 이두박근 운동 중이에요.

二頭膊筋の 運動中です。
니또-학킹노 운도-츄-데스

□ 가슴운동에 집중하고 있어요.

胸の 運動に 集中して います。
무네노 운도-니 슈-츄-시떼 이마스

□ 샤워하는 곳은 어디인가요?

シャワー室は どこですか。
샤와싯쯔와 도꼬데스까

6 | 일상을 말하다

일어나다 起きる [오끼루]

잠을 깨다 目を 覚ます [메오 사마스]

이를 닦다 歯を 磨く [하오 미가꾸]

세수를 하다 顔を 洗う [가오오 아라우]

밥을 먹다 ご飯を 食べる [고항오 다베루]

신문을 보다 新聞を 見る [신붕오 미루]

출근하다 出勤する [슛낑스루]

일하다 働く [하따라꾸]

퇴근하다 退勤する [타이낑스루]

쉬다 休む [야스무]

외출하다 出かける [데까께루]

일기를 쓰다 日記を つける [닉끼오 쯔께루]

잠자다 寝る [네루]

꿈을 꾸다 夢を 見る [유메오 미루]

Part 7 건 강

Health

01_ 건강 체크

□ 건강은 어떠신가요?

けんこう
健康は いかがですか。
겡꼬-와 이까가데스까

□ 저는 건강해요.

わたし　けんこう
私は 健康です。
와따시와 겡꼬-데스

□ 아무데도 이상 없어요.

どこも おかしく ありません。
도꼬모 오까시꾸 아리마셍

□ 안색이 안 좋은 것 같아요.

かおいろ
顔色が すぐれない ようですね。
가오이로가 스구레나이 요-데스네

□ 기운이 없어 보이네요.

げ ん き
元気が ないようですね。
겡끼가 나이요-데스네

□ 식욕이 없어요.

しょくよく
食欲が ありません。
쇼꾸요꾸가 아리마셍

□ 살이 빠져요.

痩せて きて います。
야세떼 기떼 이마스

□ 어디 아프신가요?

どこが 悪いんですか。
도꼬가 와루인데스까

□ 어디 편찮으신가요?

ご気分でも 悪いんですか。
고끼분데모 와루인데스까

□ 몸이 안 좋아요.

気分が 悪いんです。
기붕가 와루인데스

□ 소화불량으로 힘들어하고 있어요.

消化不良に 悩んで います。
쇼-까후료-니 나얀데 이마스

□ 항상 얼굴이 부어요.

いつも 顔が むくんで います。
이쯔모 가오가 무꾼데 이마스

□ 피로감을 느끼고 잠도 잘 못 자요.

疲れている 感じで よく 眠れません。
츠까레떼이루 간지데 요꾸 네무레마셍

□ 늘 불면증에 고생하고 있어요.

いつも 不眠症に 悩んで います。
이쯔모 후민쇼-니 나얀데 이마스

□ 건강 관리는 어떻게 하세요?

健康管理は どうなさいますか。
겡꼬-깐리와 도-나사이마스까

□ 건강 유지를 위해 뭘 하세요?

健康維持の ため 何を しますか。
겡꼬-이지노 따메 나니오 시마스까

□ 저는 일찍 자고 일찍 일어나는 게 건강의 비결이에요.

私は 早寝早起きが 健康の 元です。
와따시와 하야네 하야오끼가 겡꼬-노 모또데스

□ 저는 규칙적으로 운동을 해요.

私は 規則的に 運動します。
와따시와 기소꾸떼끼니 운도-시마스

□ 운동은 건강과 장수의 관건이에요.

運動は 健康と 長生きの 鍵です。
운도-와 겡꼬-또 나가이끼노 가기데스

□ 저는 건강 상태가 매우 좋지 않아요.

私は 健康状態が よく ないんです。
와따시와 겡꼬-죠-따이가 요꾸 나인데스

□ 올해 들어서는 건강진단을 받지 않았어요.

今年に なってからは 健康診断を 受けて いません。
고또시니 낫떼까라와 겡꼬-신당오 우께떼 이마셍

194

□ 수술은 한 번도 받은 적이 없어요.

手術は 一度も 受けた ことが ありません。
슈쥬쯔와 이찌도모 우께따 고또가 아리마셍

□ 의사에게 진찰을 받도록 할까요?

医者に 診て もらうように しましょうか。
이샤니 미떼 모라우요-니 시마쇼-까

□ 진찰을 받는 게 좋을 것 같아요.

診て もらった ほうが いいと 思います。
미떼 모랏따 호-가 이-또 오모이마스

□ 저는 정기 검진 환자예요.

私は 定期健診の 患者です。
와따시와 데-끼껜신노 간쟈데스

건강 관련 표현

건강 健康(けんこう) [겐꼬-]　　체력 体力(たいりょく) [타이료꾸]
질병, 병 病気(びょうき) [뵤-끼]　　검사 検査(けんさ) [겐사]
건강진단 健康診断(けんこうしんだん) [겡꼬-신단]
예방하다 予防(よぼう)する [요보-스루]
병에 걸리다 病気(びょうき)に かかる [뵤-끼니 가까무]
병이 낫다 病気(びょうき)が 治(なお)る [뵤-끼가 나오루]
아프다 痛(いた)い [이따이]　　스트레스 ストレス [스토레스]
알레르기 アレルギー [아레루기-]　　상처 傷口(きずぐち) [기즈구찌]

195

01_ 진료 예약, 진찰

□ 외래 입구는 어디인가요?

外来の 入口は どこでしょうか。
가이라이노 이리구찌와 도꼬데쇼-까

□ 진찰 받으러 왔어요.

診察して いただきたいんですが。
신사쯔시떼 이따다기따인데스가

□ 접수는 어디에서 하나요?

受付は どちらでしょうか。
우께쯔께와 도찌라데쇼-까

□ 병원은 몇 시부터 몇 시까지인가요?

病院は 何時から 何時までですか。
뵤-잉와 난지까라 난지마데데스까

□ 몇 시에 선생님에게 진찰받을 수 있나요?

何時に 先生に 診ていただけますか。
난지니 센세-니 미떼 이따다께마스까

□ 저는 10시에 진찰 예약이 되어 있어요.

私は 10時に 診て いただく 予約を して あります。
와따시와 쥬-지니 미떼 이따다꾸 요야꾸오 시떼 아리마스

□ 진찰실은 어디인가요?

診察室は どこですか。
신사쯔시쯔와 도꼬데스까

□ 어디가 아프신가요?

どこが 痛みますか。
도꼬가 이따미마스까

□ 여기가 아파요.

ここが 痛いのです。
고꼬가 이따이노데스

□ 언제부터 아프기 시작하셨나요?

いつから 痛み 始めましたか。
이쯔까라 이따미 하지메마시따까

□ 3일 전부터 아팠어요.

3日前から 痛くなりました。
믹까 마에까라 이따꾸나리마시따

□ 다른 증상이 있나요?

他の 症状が ありますか。
호까노 쇼-죠-가 아리마스까

□ 혈압이 오른 것 같은데요.

血圧が 上がっていると 思いますが。
게쯔아쯔가 아갓떼이루또 오모이마스가

□ 체온을 잴게요.

体温を 測ります。
다이옹오 하까리마스

□ 머리가 지끈지끈 아파요.

頭が がんがん 痛みます。
아따마가 강강 이따미마스

□ 배탈이 났어요.

お腹を 壊しました。
오나까오 코와시마시따

□ 아랫배가 살살 아파요.

下腹が しくしく 痛みます。
시땃파라가 시꾸시꾸 이따미마스

□ 설사가 심해요.

げりが ひどいのです。
게리가 히도이노데스

□ 감기에 걸렸어요.

風邪を ひいてしまいました。
카제오 히이떼시마이마시따

□ 계속 콧물이 나요.

ずっと 鼻水が 出るんです。
줏또 하나미즈가 데룬데스

□ 가슴이 답답해요.

胸苦しいです。
무나구루시이데스

□ 숨이 차요.

息切れがします。
이끼기레가시마스

□ 토할 것 같아요.

吐気がします。
하끼께가시마스

□ 식중독 같은데요.

食中毒の ようです。
쇼꾸쥬–도꾸노 요–데스

□ 변비가 있어요.

便秘して います。
벰삐시떼 이마스

□ 머리가 깨지듯이 아파요.

頭が 割れるように 痛みます。
아따마가 와레루요–니 이따미마스

□ 몸살이 났어요.

体中が 痛みます。
가라다쥬–가 이따미마스

□ 감기 기운이 있어요.

かぜぎみです。
가제기미데스

□ 독감인 것 같은데요.

インフルエンザの ようですね。
인후루엔자노 요–데스네

□ 운동하다 다쳤어요.

運動していて 怪我したんです。

운도-시떼이떼 케가시딴데스

□ 스키를 타다가 발을 삐었어요.

スキーをしていて 足を くじきました。

스키-오 시떼이떼 아시오 구지끼마시따

□ 미끄러져 넘어졌어요.

滑って 倒れたんです。

스벳떼 타오레딴데스

□ 부딪친 곳이 아직 아파요.

打った所が まだ 痛いんです。

웃따 도꼬로가 마다 이따인데스

□ 허리를 삐었어요.

腰を 抜かしました。

고시오 누까시마시따

□ 허리가 아파서 움직일 수 없어요.

腰が 痛くて 動けません。

고시가 이따꾸떼 우고께마셍

□ 팔이 부러졌어요.

腕の 骨を 折りました。

우데노 호네오 오리마시따

□ 아이가 계속 기침을 하네요.

子供が ずっと 咳を するんです。

고도모가 즛또 세끼오 스룬데스

□ 열이 많이 나네요.

高熱を 出しました。

고ー네쯔오 다시마시따

□ 경기가 있어요.

引き付けが あるんです。

히끼쯔께가 아룬데스

□ 밤새 잠을 못 자요.

一晩中 眠らないんです。

히또방쥬ー 네무라나인데스

□ 아이의 땀띠가 심해요.

子供の あせもが ひどいのです。

고도모노 아세모가 히도이노데스

□ 아이가 먹으면 토해요.

子供が 食べたら 吐きます。

고도모가 디베따라 하끼마스

□ 아이의 변이 되요.

子供の 便が 硬いです。

고도모노 벵가 가따이데스

☐ 눈곱이 끼네요.

目脂が たまります。
메야니가 다마리마스

☐ 눈이 가려워요.

目が かゆいです。
메가 가유이데스

☐ 눈이 부셔요.

目が ちかちかします。
메가 찌까찌까 시마스

☐ 시력이 떨어진 것 같아요.

視力が 落ちた ようです。
시료꾸가 오찌따 요-데스

☐ 오른쪽 눈이 따끔따끔 아파요.

右の 目が ちくちく 痛みます。
미기노 메가 찌꾸찌꾸 이따미마스

☐ 눈이 아파서 눈물이 나와요.

目が 痛くて 涙が 出てきます。
메가 이따꾸떼 나미다가 데떼기마스

☐ 눈이 충혈되어 있어요.

目が 充血して います。
메가 쥬-께쯔시떼 이마스

□ 잇몸에서 피가 나요.

歯茎から 血が 出るんです。
하구끼까라 치가 데룬데스

□ 이를 때운 것이 빠졌어요.

歯の 詰め物が とれて しまいました。
하노 츠메모노가 도레떼 시마이마시따

□ 충치가 생긴 것 같아요.

虫歯が 出たようです。
무시바가 데따요-데스

□ 통증이 심해서 잠을 자지 못해요.

痛みが 激しくて 眠れません。
이따미가 하게시꾸떼 네무레마셍

□ 음식물이 이에 잘 껴요.

食べ物が よく 歯に 挟まります。
다베모노가 요꾸 하니 하사마리마스

□ 스케일링하러 왔어요.

スケーリングしに 来ました。
스케-링구시니 기미시따

□ 어떤 칫솔을 사용하면 좋을까요?

どんな 歯ブラシを 使うと いいでしょうか。
돈나 하부라시오 쯔까우또 이-데쇼-까

건강

병원

□ 몸이 가려워요.

体が 痒いんです。
からだ　かゆ

가라다가 가유인데스

□ 가려움이 멈추지 않아요.

痒みが 止まりません。
かゆ　　　と

가유미가 도마리마셍

□ 얼굴에 여드름이 났어요.

顔に にきびが 出ました。
かお　　　　　　で

가오니 니끼비가 데마시따

□ 두드러기가 심해요.

蕁麻疹が ひどいのです。
じんましん

짐마싱가 히도이노데스

□ 해수욕으로 피부가 심하게 그을렸어요.

海水浴で ひどい 日焼けを しました。
かいすいよく　　　　　ひ や

가이스이요꾸데 히도이 히야께오 시마시따

□ 엉덩이에 종기가 생겼어요.

お尻に おできが できました。
しり

오시리니 오데끼가 데끼마시따

□ 무좀이 심해요

水虫が ひどいのです。
みずむし

미즈무시가 히도이노데스

□ 꽃가루 알레르기가 있어요.

花粉 アレルギーが あります。
가훙 아레루기-가 아리마스

□ 코감기에 걸렸어요.

鼻風邪を 引いて います。
하나가제오 히이떼 이마스

□ 목이 아파요.

喉が 痛いんです。
노도가 이따인데스

□ 침을 삼키는 것도 힘들어요.

唾を 飲むのも 苦しいのです。
츠바오 노무노모 구루시-노데스

□ 귀에 물이 들어갔어요.

耳に 水が 入ったんです。
미미니 미즈가 하잇딴데스

□ 왼쪽 귀가 울려요.

左の 耳が 耳鳴り します。
히다리노 미미가 미미나리 시마스

□ 귀에서 고름이 나와요.

耳垂れが 出ます。
미미다레가 데마스

☐ 검사결과를 알려주시겠어요?

検査の結果を 教えて いただけますか。

겐사노 겟까오 오시에떼 이따다께마스까

☐ 저는 어디가 안 좋은가요?

私は どこが 悪いのでしょうか。

와따시와 도꼬가 와루이노데쇼-까

☐ 치료는 어떻게 하면 되나요?

治療は どうしたら いいですか。

치료-와 도-시따라 이-데스까

☐ 며칠 정도면 다 낫겠어요?

何日 ぐらい 経つと 完治しますか。

난니찌구라이 타쯔또 칸치시마스까

☐ 약만 받을 수 있나요?

薬だけ いただけますか。

구스리다께 이따다께마스까

☐ 진통제는 들어 있나요?

痛み止めは 入って いますか。

이따미도메와 하잇떼 이마스까

☐ 입원을 하셔야겠는데요.

入院した 方が いいですね。

뉴-잉시따 호-가 이-데스네

□ 입원에는 어떤 수속이 필요한가요?

入院には どんな 手続きが 必要でしょうか。

뉴-인니와 돈나 데쯔즈끼가 히쯔요-데쇼-까

□ 입원도 보험이 되나요?

入院にも 保険が きくでしょうか。

뉴-인니모 호껭가 기꾸데쇼-까

□ 퇴원은 언제 되나요?

退院は いつに なりますか。

다이잉와 이쯔니 나리마스까

□ 내일 또 와야 하나요?

明日、また 来なければ なりませんか。

아시따, 마따 고나께레바 나리마셍까

□ 다음에는 언제 오면 될까요?

今度は いつ 来たら いいでしょうか。

곤도와 이쯔 기따라 이-데쇼-까

□ 여행을 계속해도 되나요?

旅行を 続けても よろしい ですか。

료꼬-오 쯔즈께떼모 요로시- 데스까

□ 진찰해 주서서 감사합니다.

ご診察 ありがとう ございます。

고신사쯔 아리가또 고자이마스

□ 지시하신 대로 꼭 따를게요.

ご指示には きちんと 従います。

고시지니와 기찐또 시따가이마스

□ 입원환자 병동은 어디에 있나요?

入院患者病棟は どこでしょうか。
뉴–잉 깐쟈 뵤–또–와 도꼬데쇼–까

□ 면회시간을 알고 싶은데요.

面会時間を 知りたいのですが。
멩까이 지깡오 시리따이노데스가

□ 환자에게 뭘 갖다 주면 될까요?

患者に 何を 持って いけば いいですか。
간쟈니 나니오 못떼 이께바 이–데스까

□ 오늘 기분은 어떤가요?

今日の ご気分は。
쿄–노 고끼붕와

□ 오늘은 좀 어떠세요?

今日は ちょっと いかがですか。
쿄–와 촛또 이까가데스까

□ 괜찮아요. 걱정하지 마세요.

大丈夫です。 ご心配なく。
다이죠–부데스. 고심빠이나꾸

□ 덕분에 이제 꽤 좋아졌어요.

おかげさまで、 もう だいぶ 良く なりました。
오까게사마데, 모– 다이부 요꾸 나리마시따

□ 생각보다 훨씬 건강해 보여요.

思った より ずっと 元気そうですね。
오못따요리 즛또 겡끼소-데스네

□ 컨디션은 좋아요.

体調は いいです。
다이쵸-와 이-데스

□ 완전히 회복됐어요.

すっかり 回復 しました。
슥까리 가이후꾸 시마시따

□ 곧 건강해질 거예요.

すぐ 元気に なりますよ。
스구 겡끼니 나리마스요

□ 빨리 나으면 좋겠군요.

早く 良く なると いいですね。
하야꾸 요꾸 나루또 이-데스네

□ 부디 몸조리 잘 하세요.

くれぐれも お大事に。
구레구레모 오다이지니

□ 굳게 마음먹고 병과 싸워 이기세요.

しっかりして 病気に 負けないで ください。
식까리시떼 뵤-끼니 마께나이데 구다사이

□ 와주셔서 고맙습니다.

来て くれて ありがとう。
기떼 구레떼 아리가또-

01_ 약을 살 때

□ 처방전을 가지고 약국에 가세요.

処方箋を 持って 薬局に 行って ください。

쇼호우셍오 못떼 약꾜꾸니 잇떼 구다사이

□ 약국은 어디에 있나요?

薬局は どこに ありますか。

약꾜꾸와 도꼬니 아리마스까

□ 여기서 조제해 주나요?

こちらで 調剤して もらえますか。

고찌라데 쵸–자이시떼 모라에마스까

□ 이 처방전대로 약을 지어주세요.

この 処方箋で 薬を ください。

고노 쇼호–셍데 구스리오 구다사이

□ 감기약 주세요.

風邪 薬を ください。

가제 구스리오 구다사이

□ 진통제 주세요.

鎮痛剤を ください。

찐쯔–자이오 구다사이

□ 차멀미인 것 같아요.

車酔いの ようです。
구루마요이노 요-데스

□ 안약이 필요한데요.

目薬が ほしいのですが。
메구스리가 호시-노데스가

□ 이 약으로 통증이 가라앉을까요?

この 薬で 痛みが とれますか。
고노 구스리데 이따미가 도레마스까

□ 변비에는 무엇이 좋을까요?

便秘には 何が いいでしょうか。
벰삐니와 나니가 이-데쇼-까

□ 거즈와 반창고를 주세요.

ガーゼと 絆創膏を ください。
가-제또 반소-꼬-오 구다사이

□ 소형 구급상자를 주세요.

小型の 救急箱を ください。
고가따노 규-뀨-바꼬오 구다사이

□ 붕대와 탈지면을 주세요.

包帯と 脱脂綿を ください。
호-띠이또 닷시멘오 구다사이

□ 처방전 없이는 약을 살 수 없어요.

処方せんなしには 薬は 買えません。
쇼호-센나시니와 구스리와 가에마셍

□ 약은 몇 번 먹나요?

薬は 何回のみますか。
くすり なんかい

구스리와 낭까이노미마스까

□ 한 번에 몇 알 먹으면 되나요?

一回に 何錠 飲めば いいですか。
いっかい なんじょう の

익까이니 난죠- 노메바 이-데스까

□ 어느 정도 복용하면 되나요?

どのくらい 服用したら いいですか。
ふくよう

도노꾸라이 후꾸요-시따라 이-데스까

□ 하루에 몇 번 먹으면 되나요?

1日に 何回飲んだら いいですか。
いちにち なんかいの

이찌니찌니 낭까이논다라 이-데스까

□ 하루 두 번 복용하세요.

1日に 2回 服用して ください。
いちにち にかい ふくよう

이찌니찌니 니까이 후꾸요-시떼 구다사이

□ 언제 먹으면 되나요?

いつ 飲んだら いいですか。
の

이쯔 논다라 이-데스까

□ 하루에 세 번 식후 30분에 드세요.

1日 3食後 30分に 飲んで ください。
いちにち さんしょくご さんじゅうぶん の

이찌니찌 산쇼꾸고 산줍뿐니 논데 구다사이

□ 식간에 드세요.

しょくじ　　しょくじ　　あいだ　　の
食事と 食事の 間に 飲んで ください。
쇼꾸지또 쇼꾸지노 아이다니 논데 구다사이

□ 바르는 약은 4시간 간격으로 바르세요.

ぬ　くすり　　　よじかん　　　　ぬ
塗り薬は 4時間 おきに 塗って ください。
누리구스리와 요지깡 오끼니 눗떼 구다사이

□ 무슨 약을 주실래요?

なに　　くすり
何か 薬を いただけますか。
나니까 구스리오 이따다께마스까

□ 부작용은 없나요?

ふくさよう
副作用は ありませんか。
후꾸사요-와 아리마셍까

병원, 약국 관련 표현

병원　病院(びょういん) [뵤-잉]　　　의사　医者(いしゃ) [이샤]

간호사　看護婦(かんごふ) [강고후]　　　환자　患者(かんじゃ) [간쟈]

내과　内科(ないか) [나이까]　　　외과　外科(げか) [게까]

치과　歯科(しか) [시까]　　　이비인후과　耳鼻科(じびか) [지비까]

주사를 놓다(맞다)　注射(ちゅうしゃ)を 打(う)つ [슈-샤오 우쯔]

약국　薬屋(くすりや) [구스리야]

물약　水薬(みずぐすり) [미즈구스리]　　　가루약　粉薬(こなぐすり) [고나구스리]

약을 먹다　薬(くすり)を 飲(の)む [구스리오 노무]

7 | 아픈 증상을 말하다

열이 나다 熱が 出る [네쯔가 데루]

머리가 아프다 頭が 痛い [아따마가 이따이]

어지럽다 目眩が する [메마이가 스루]

기침하다 咳を する [세끼오 스루]

목이 붓다 のどが 腫れる [노도가 하레루]

콧물이 나다 鼻水が 出る [하나미즈가 데루]

감기에 걸리다 風邪を 引く [가제오 히꾸]

몸이 나른하다 体が だるい [카라다가 다루이]

배가 아프다 お腹が 痛い [오나까가 이따이]

설사하다 下痢を する [게리오 스루]

구토가 나다 吐気が する [하끼께가 스루]

이가 아프다 歯が 痛い [하가 이따이]

코피가 나다 鼻血が 出る [하나지가 데루]

주사를 놓다(맞다) 注射を 打つ [츄-샤오 우쯔]

약을 먹다 薬を 飲む [구스리오 노무]

Part 8 전 화

01 전화 통화

02 전화 관련 표현

01_ 전화 받을 때

□ 전화 좀 받으실래요?

電話に ちょっと 出てくれますか。
뎅와니 촛또 데떼 꾸레마스까

□ 제가 전화를 받을게요.

私が 電話に 出ましょう。
와따시가 뎅와니 데마쇼-

□ 당신에게 전화가 왔네요.

あなたに お電話です。
아나따니 오뎅와데스

□ 누구를 바꿔드릴까요?

だれに お代わり 致しましょうか。
다레니 오카와리 이따시마쇼-까

□ 어디로 연결해 드릴까요?

どちらへ お繋ぎ 致しましょうか。
도찌라에 오쯔나기 이따시마쇼-까

□ 전화 거시는 분은 누구신가요?

電話かけている 方は どなたさまでしょうか。
뎅와 가께떼 이루 가따와 도나따사마데쇼-까

□ 잠시 기다려 주세요.
少々 お待ち ください。
쇼-쇼- 오마찌 구다사이

□ 통화가 끝나는 대로 연결해 드릴게요.
通話が すみ次第 お繋ぎ 致します。
츠-와가 스미시다이 오쯔나기 이따시마스

□ 담당 부서로 연결해 드릴게요.
担当の 部署に お繋ぎ 致します。
단또-노 부쇼니 오쯔나기 이따시마스

□ 잠깐 기다리세요. 그녀를 불러올게요.
ちょっと 待って ください。彼女を 呼んで きます。
춋또 맛떼 구다사이. 가노죠오 욘데 기마스

□ 곧 기무라씨를 바꿔드리겠어요.
ただいま 木村さんと 代わります。
다다이마 기무라산또 가와리마스

□ 기무라 씨, 다나카 씨에게 전화입니다.
木村さん、田中さんから お電話です。
기무라상, 다나까산까라 오뎅와데스

□ 접니다만, 누구십니까?
私ですが、どちら様でしょうか。
와따시데스가, 도찌라사마데쇼-까

□ 기다리게 해서 죄송해요. 무슨 용건이신가요?
お待たせして すみません。どんな ご用件でしょうか。
오마따세시떼 스미마셍. 돈나 고요-껜데쇼-까

□ 여보세요, 다나카씨 부탁해요.

もしもし、田中さんを お願いします。
모시모시, 다나까상오 오네가이시마스

□ 다나카 씨 좀 바꿔주세요.

田中さん ちょっと お願いします。
다나까상 춋또 오네가이시마스

□ 여보세요, 요시다씨 댁인가요?

もしもし、吉田さんの お宅ですか。
모시모시, 요시다산노 오따꾸데스까

□ 여보세요, 기무라씨와 통화하고 싶은데요.

もしもし、木村さんと お話ししたいんですが。
모시모시, 기무라산또 오하나시 시따인데스가

□ 아까 전화한 다나카입니다.

さっき 電話した 田中です。
삭끼 뎅와시따 다나까데스

□ 기무라 선생님은 계신가요?

木村 先生は おられますか。
기무라 센세-와 오라레마스까

□ 교환을 통해야 하나요?

交換台を 通さないと いけませんか。
코-깐다이오 도-사나이또 이께마셍까

□ 전화 받으시는 분은 누구신가요?

お電話に 出てる 方は どちらさまですか。
오뎅와니 데떼루 가따와 도찌라사마데스까

□ 내선 5번을 부탁해요.

内線の 5番を お願いします。
나이센노 고방오 오네가이시마스

□ 경리부에 있는 아무 분과 통화하고 싶은데요.

経理部の どなたかと お話し したいんですが。
게-리부노 도나따까또 오하나시 시따인데스가

□ 총무부로 연결해 주시겠어요?

総務部へ つないで いただけませんか。
소-무부에 츠나이데 이따다께마셍까

□ 다나카 씨는 점심 드시고 돌아오셨을까요?

田中さんは 昼食から 戻られたでしょうか。
다나까상와 츄-쇼꾸까라 모도라레따데쇼-까

□ 끊어졌는데, 다시 한번 연결해주세요.

切ってしまったので、もう 一度 つないで ください。
깃떼 시맛따노데, 모- 이찌도 쯔나이데 구다사이

□ 바쁘신 것 같은데 이만 끊을게요.

忙しそうなので これで 切ります。
이소가시소-나노데 고레데 키리마스

□ 제 휴대전화 번호예요. 아무 때나 전화하세요.

私の 携帯番号です。 いつでも お電話 ください。
와따시노 케-따이 방고-데스. 이쯔데모 오뎅와 구다사이

□ 다나카 씨는 지금 다른 전화를 받고 있어요.

田中さんは 今 別の 電話に 出ております。
다나까상와 이마 베쯔노 뎅와니 데떼 오리마스

□ 나중에 다시 걸어주시겠어요?

あとで かけなおして いただけますか。
아또떼 가께나오시떼 이따다께마스까

□ 5분 후에 다시 걸게요.

5分後に かけ直します。
고훙 아또니 가께나오시마스

□ 잠깐 자리를 비웠어요.

ちょっと 席を はずしております。
춋또 세끼오 하즈시떼 오리마스

□ 방금 점심을 먹으러 나갔어요.

ただいま 昼食に 出ておりますが。
다다이마 쥬―쇼꾸니 데떼 오리마스가

□ 잠깐 나가셨어요. 곧 돌아오실 거예요.

ちょっと 出かけ ましたが。すぐ 戻ると 思います。
춋또 데까께 마시따가. 스구 모도루또 오모이마스

□ 미안합니다. 지금 회의중이세요.

すみません。ただいま 会議中です。
스미마셍. 다다이마 가이기쮸―데스

□ 기다리시겠어요, 다시 거시겠어요?

お待ちに なりますか、また かけなおしますか。
오마찌니 나리마스까, 마따 가께나오시마스까

□ 나중에 다시 한번 걸게요.

あとで もう 一度 かけなおします。
아또데 모- 이찌도 가께나오시마스

□ 그는 아직 출근하지 않았어요.

彼は まだ 出社して おりません。
가레와 마다 슛샤시떼 오리마셍

□ 죄송합니다. 오늘 안 나오셨어요.

すみません。今日出て ないんです。
스미마셍. 쿄-데떼나인데스

□ 그는 퇴근했어요.

彼は 退勤致しました。
가레와 다이낑 이따 시마시따

□ 지금은 출장 중이세요.

今 出張中です。
이마 슛쵸-쮸-데스

□ 그녀는 지금 휴가 중이에요.

彼女は 今 休暇中です。
기노죠와 이마 규-까쮸-데스

□ 언제 돌아오시나요?

いつ お戻りに なりますか。
이쯔 오모도리니 나리마스까

□ 전하실 말씀이 있으세요?

伝言がありますか。
뎅공가 아리마스까

□ 30분 후에 다시 걸어주시겠어요?

30分後に かけなおして いただけますか。
산줍뿡고니 가께나오시떼 이따다께마스까

□ 메시지를 남겨도 되나요?

メッセージを 残しても いいですか。
멧세-지오 노꼬시떼모 이-데스까

□ 돌아오면 전화드리라고 할까요?

帰ったら 電話する ように 言いましょうか。
가엣따라 뎅와스루 요-니 이-마쇼-까

□ 메시지를 전해 드릴까요?

伝言を お伝えしましょうか。
뎅공오 오쯔따에 시마쇼-까

□ 전화 왔다고 전해주세요.

電話が あったと お伝え ください。
뎅와가 앗따또 오쯔따에 구다사이

□ 저한테 전화하라고 말해주세요.

私に 電話を くれるように 言って ください。
와따시니 뎅와오 구레루 요-니 잇떼 구다사이

□ 그에게 메시지를 전해주시겠어요?

彼に メッセージを お伝え くださいませんか。

가레니 멧세-지오 오쯔따에 구다사이마셍까

□ 기무라 씨에게 말씀을 전하겠어요.

木村さんに 伝言を お伝えします。

기무라상니 뎅공오 오쯔따에 시마스

□ 그렇게 전할게요.

そう お伝えします。

소- 오쯔따에시마스

□ 알겠습니다. 메시지를 전해 드리겠어요.

わかりました。伝言を お伝え して おきます。

와까리마시다. 뎅공오 오쯔따에 시떼 오끼마스

□ 무슨 연락할 방법은 없나요?

何とか 連絡する 方法は ありませんか。

난또까 렌라꾸스루 호-호-와 아리마셍까

□ 전화번호가 어떻게 되세요?

電話番号が どうなりますか。

뎅와방고-가 도- 나리마스까

□ 이 번호는 밤에 연락이 가능해요.

この 番号で 夜に 連絡できます。

고노 방고-네 요루니 렌리꾸데끼마스

□ 메모 좀 할게요.

ちょっと メモを 取ります。

촛또 메모오 도리마스

01_ 전화기 사용

□ 근처에 공중전화가 있나요?

近くに 公衆電話が ありますか。

치까꾸니 고-슈-뎅와가 아리마스까

□ 공중전화가 어디에 있는지 아시나요?

公衆電話が どこに あるか 知ってますか。

고-슈-뎅와가 도꼬니 아루까 싯떼마스까

□ 전화카드 파는 곳이 어디인가요?

電話カードを 売る 所は どこですか。

뎅와 카-도오 우루 도꼬로와 도꼬데스까

□ 전화를 빌릴 수 있나요?

電話を お借り できますか。

뎅와오 오까리 데끼마스까

□ 실례합니다. 전화를 사용해도 될까요?

失礼します。お電話 お使い できますか。

시쯔레-시마스. 오뎅와 오쯔까이 데끼마스까

□ 전화번호 안내는 몇 번인가요?

電話番号の 案内は 何番ですか。

뎅와방고-노 안나이와 남반데스까

□ 번호가 틀린 것 같습니다만.

番号を お間違えの ようですが。
방고-오 오마찌가에노 요-데스가

□ 몇 번에 거셨어요?

何番へ おかけですか。
남방에 오가께데스까

□ 전화번호를 다시 한번 확인해 보십시오.

電話番号を もう 一度 お確かめ ください。
뎅와방고-오 모- 이찌도 오따시까메 구다사이

□ 성함을 말씀해주세요.

お名前を お願いします。
오나마에오 오네가이시마스

□ 미안합니다만, 여기는 그런 분은 없어요.

すみませんが、ここには そういう 方は いません。
스미마셍가, 고꼬니와 소-유- 가따와 이마셍

□ 전화 잘못 거신 것 같군요.

お電話間違えて かけたようです。
오뎅와 마찌가에떼 가께따요-데스

□ 미안합니다. 번호를 잘못 걸었습니다.

すみません。番号を かけ間違えました。
스미마셍. 방고-오 가께마찌가에마시따

□ 잘 안 들리네요.

よく 聞こえません。
요꾸 기꼬에마셍

□ 실례했습니다. 끊어져 버렸어요.

失礼しました。切れて しまいました。
시쯔레-시마시따. 기레떼 시마이마시따

□ 전화가 끊겼어요.

電話が 切れました。
뎅와가 기레마시따

□ 전화가 혼선이 됐나봐요.

電話が 混線かも 知れません。
뎅와가 곤셍까모 시레마셍

□ 매우 죄송합니다만, 접속이 불량합니다.

大変申し 訳 ありませんが、接続が 悪いのです。
다이헨 모-시와께 아리마셍가, 세쯔조꾸가 와루이노데스

□ 전화가 불통이에요.

電話が 不通です。
뎅와가 후쯔-데스

□ 전화가 계속 끊깁니다.

電話が よく 切れます。
뎅와가 요꾸 기레마스

□ 교환입니다. 무엇을 도와드릴까요?

オペレーターです。どんな ご用件ですか。
오페레-타-데스. 돈나 고요-껜데스까

□ 한국 서울로 전화를 하고 싶은데요.

韓国の ソウルに 電話 したいのですが。
캉꼬꾸노 소우루니 뎅와 시따이노데스가

□ 콜렉트 콜로 해 주시겠어요?

コレクト コールに して くれますか。
코레꾸또 코-루니 시떼 구레마스까

□ 수화기를 내려놓고 기다려주십시오.

受話器を おいて お待ち ください。
쥬와끼오 오이떼 오마찌 구다사이

□ 전화가 연결되었습니다.

電話が 繋がりました。
뎅와가 츠나가리마시따

□ 통화 시간과 요금을 알려주실래요?

かかった 時間と 料金を 教えて くれませんか。
가깟따 지깐또 료-낑오 오시에떼 구레마셍까

□ 통화를 취소해주세요.

通話を 取消しして ください。
츠-와오 도리께시시떼 구다사이

8 | 연애와 결혼을 말하다

연애　恋愛 [렝아이]

남자친구　彼氏 [가레시] / ボーイフレンド [보-이후렌도]

여자친구　彼女 [가노죠] / ガールフレンド [가-루후렌도]

짝사랑　片思い [가따오모이]

첫사랑　初恋 [하쯔꼬이]

사귀다　付き合う [쯔끼아우]

만날 약속을 하다　待ち合わせ [마찌아와세]

러브레터　ラブレター [라브레타-]

양다리 걸치다　二股を かける [후따마따오 가께루]

결혼하다　結婚する [겟꼰스루]

임신하다　妊娠する [닌신스루]

바람 피우다　浮気する [우와끼스루]

실연　失恋 [시쯔렌]

헤어지다　別れる [와까레루]

이혼하다　離婚する [리꼰스루]

Part 9 교 통

Transportation

01 길 찾기

02 자동차 이용

03 대중교통

01_ 길 물어보기

□ 길을 잃어버렸어요.

私は 道に 迷って しまいました。
와따시와 미찌니 마욧떼 시마이마시따

□ 길을 잘못 들었어요. 여기는 어디인가요?

道を 間違えました。 ここは どこですか。
미치오 마찌가에마시따. 고꼬와 도꼬데스까

□ 현재 위치를 가르쳐주세요.

現在の 位置を 教えて ください。
겡자이노 이찌오 오시에떼 구다사이

□ 이 거리를 뭐라고 부르나요?

この 通りは 何と いいますか。
고노 토―리와 난또 이―마스까

□ 저것은 무슨 건물인가요?

あの 建物は 何ですか。
아노 다떼모노와 난데스까

□ 팔레스 호텔로 가는 길을 가르쳐주시겠어요?

パレスホテルへ 行く 道を 教えて くれますか。
파레스호떼루에 이꾸 미찌오 오시에떼 구레마스까

□ 우에노 공원은 이 길로 가면 되나요?

上野公園は この 道で いいんでしょうか。
우에노 코-엥와 고노 미찌데 이인데쇼-까

□ 그곳에 가는 가장 빠른 길은 뭔가요?

そこに 行く 一番 早い 道は どこですか。
소꼬니 이꾸 이찌방 하야이 미찌와 도꼬데스까

□ 버스는 어디에서 타나요?

バスは どこで 乗りますか。
바스와 도꼬데 노리마스까

□ 역으로 가는 길을 가르쳐주세요.

駅へ 行く 道を 教えて ください。
에끼에 이꾸 미찌오 오시에떼 구다사이

□ 미안해요, 역은 어떻게 가면 좋을까요?

すみません、駅へは どう 行ったら よいでしょうか。
스미마셍, 에끼에와 도- 잇따라 요이데쇼-까

□ 여기서 얼마나 먼가요?

ここから どのぐらい かかりますか。
고꼬까라 도노구라이 가까리마스까

□ 실례지만, 제가 지금 있는 곳이 어디인가요?

すみませんが、私が 今いる 所は どこですか。
스미마셍가, 와따시가 이마 이루 도꼬로와 도꼬데스까

□ 여기에 약도를 그려주실래요?

ここに 略図を 書いて ください。
고꼬니 랴꾸즈오 가이떼 구다사이

□ 어디 가세요?

どこへ いらっしゃるのですか。
도꼬에 이랏샤루노데스까

□ 집 주소를 보여주실래요?

おうちの 住所を 見せてもらえますか。
오우찌노 쥬—소오 미세떼 모라에마스까

□ 지도를 가지고 있나요?

地図を 持っていますか。
치즈오 못떼 이마스까

□ 길을 건너세요.

道を 渡って ください。
미찌오 와닷떼 구다사이

□ 이 길로 곧장 가세요.

この道を 真っ直ぐ 行って ください。
고노 미찌오 맛스구 잇떼 구다사이

□ 여기서 가까워요.

ここから 近いです。
고꼬까라 치까이데스

□ 여기서 걸어서 약5분 정도 걸려요.

ここから 歩いて ほんの 5分ほどです。
고꼬까라 아루이떼 혼노 고훈 호도데스

□ 찾기 쉬워요. 여기서 모퉁이를 돌면 있어요

見つけやすいです。ここから 角を 曲がると あります。
미쯔께야스이데스. 고꼬까라 가도오 마가루또 아리마스

□ 당신은 반대로 가고 있어요.

あなたは 反対に 行っています。
아나따와 한따이니 잇떼이마스

□ 잘못 돌았습니다. 되돌아가세요.

間違って 曲がりました。戻って ください。
마찌갓떼 마가리마시따. 모돗떼 구다사이

□ 첫 번째 모퉁이에서 왼쪽으로 도세요.

1つ目の 角を 左に 曲がりなさい。
히또쯔메노 가도오 히다리니 마가리나사이

□ 제가 약도를 그려드릴게요.

私が 略図を 書いてあげます。
와따시가 랴꾸즈오 가이떼 아게마스

□ 저도 그쪽으로 가니 따라오세요.

私も そちらの 方向へ 行きますから お連れしましょう。
와따시모 소찌라노 호-꼬-에 이끼마스까라 오쯔레시마쇼-

□ 미안합니다. 잘 모르겠어요.

すみません。よく わかりません。
스미마셍. 요꾸 와까리마셍

□ 다른 사람에게 물어보세요.

だれか ほかの人に 聞いて ください。
다레까 호까노 히또니 기이떼 구다사이

01_ 운전할 때

☐ 저는 초보운전자입니다.

私は 初歩 ドライバーです。
와따시와 쇼호 도라이바-데스

☐ 속도를 줄이세요.

スピードを 落して ください。
스피-도오 오또시떼 구다사이

☐ 타세요. 댁까지 모셔다드릴게요.

乗って ください。お宅まで お供いたします。
놋떼 구다사이. 오따꾸마데 오또모이따시마스

☐ 안전벨트를 매세요.

シートベルトを 締めて ください。
시-토베루토오 시메떼 구다사이

☐ 여기에 주차해도 되나요?

ここに 車を 駐車しても いいですか。
고꼬니 구루마오 츄-샤시떼모 이-데스까

☐ 이 주변에 주차장이 있나요?

この 辺に 駐車場は ありますか。
고노 헨니 츄-샤죠-와 아리마스까

02_ 교통사고

□ 교통사고를 당했어요.

こうつうじこ
交通事故に あいました。
고-쯔-지꼬니 아이마시따

□ 차가 고속도로에서 고장났어요.

くるま　こうそくどうろ　　こしょう
車が 高速道路で 故障したんです。
쿠루마가 코-소꾸도-로데 코쇼-시딴데스

□ 충돌사고예요. 경찰 좀 불러주세요.

しょうとつじこ　　けいさつ　ひと　　よ
衝突事故です。警察の 人を 呼んで ください。
쇼-또쯔 지꼬데스. 게-사쯔노 히또오 욘데 구다사이

□ 제 과실이 아니예요.

わたし　かしつ
私の 過失じゃ ありません。
와따시노 카시쯔쟈 아리마셍

□ 상대 차가 신호를 무시했어요.

あいて　　くるま　しんごう　　むし
相手の 車が 信号を 無視したんです。
아이떼노 구루마가 싱고-오 무시시딴데스

□ 저 사람이 갑자기 길로 뛰어들었어요.

ひと　　　　　　みち　と　だ
あの 人が いきなり 道に 飛び出したんです。
아노 히또가 이끼나리 미찌니 도비다시딴데스

□ 보험처리가 되나요?

ほけんしょり
保険処理が できますか。
호껜쇼리가 데끼마스까

□ 기름이 떨어져가네요.

ガソリンが 切れかかってます。
가소린가 기레까갓떼마스

□ 이 근처에 주유소가 있나요?

この 近くに ガソリンスタンドは ありますか。
고노 치까꾸니 가소린스딴도와 아리마스까

□ 주유소까지는 약 2, 3킬로예요.

ガソリンスタンドまで ほんの 2, 3キロです。
가소린스딴도마데 혼노 니, 상 키로데스

□ 얼마나 넣어드릴까요?

どのくらい 入れますか。
도노꾸라이 이레마스까

□ 가득 채워주세요.

満タンに して ください。
만딴니 시떼 구다사이

□ 제 차가 고장 났어요. 견인하러 오세요.

私の 車が 故障です。取りに 来て ください。
와따시노 구루마가 고쇼-데스. 도리니 기떼 구다사이

□ 브레이크가 말을 안 들어요.

ブレーキが 利かないんです。
브레-키가 기까나인데스

□ 엔진오일을 점검해주세요.

エンジンオイルを 点検して ください。
엔진오이루오 뎅껜시떼 구다사이

□ 시동이 안 걸려요.

エンジンが かからないんです。
엔징가 가까라나인데스

□ 타이어에 바람을 넣어주세요.

タイヤに 空気を 入れて ください。
타이야니 꾸―끼오 이레떼 구다사이

□ 타이어가 펑크 났는데 수리해 주세요.

タイヤが パンクしたので、修理して ください。
타이야가 팡꾸시따노데, 슈―리시떼 구다사이

□ 차에 어디가 이상이 있나요?

車の どこかに 異常が ありますか。
쿠루마노 도꼬까니 이죠―가 아리마스까

□ 수리 견적을 내주세요.

修理 見積もりを 出して ください。
슈―리 미쯔모리오 다시떼 구다사이

□ 수리하는 데 얼마나 걸리나요?

修理するのに どのくらい かかりますか。
슈―리스루노니 도노꾸라이 가까리마스까

□ 제 차는 언제 찾아갈 수 있나요?

私の 車は いつ 持って 行けますか。
와따시노 구루마와 이쯔 못떼 이께마스까

□ 여기서 렌터카를 예약할 수 있나요?

ここで レンタカーの 予約が できますか。
고꼬데 렌따카ー노 요야꾸가 데끼마스까

□ 차를 3일간 빌리고 싶어요.

車を 3日間 借りたいです。
구루마오 믹까깡 가리따이데스

□ 면허증을 좀 보여주시겠어요?

免許証を 見せて いただけますか。
멩꾜쇼ー오 미세떼 이따다께마스까

□ 여기 있어요. 제 국제운전면허증이에요.

はい、どうぞ。私の 国際運転免許証です。
하이 도ー조. 와따시노 고꾸사이 운뗌 멩꾜쇼ー데스

□ 오토매틱밖에 운전하지 못해요.

オートマチックしか 運転できません。
오ー또마칙꾸시까 운뗀 데끼마셍

□ 렌터카 목록을 보여 주시겠어요?

レンタカーリストを 見せて もらえますか。
렌따카ー 리스또오 미세떼 모라에마스까

□ 1주간 요금은 얼마인가요?

1週間の 料金は いくらですか。
잇슈ー깐노 료ー낑와 이꾸라데스까

□ 1일 요금은 얼마인가요?

1日の 料金は いくらですか。
이찌니찌노 료–낑와 이꾸라데스까

□ 보험은 종합보험으로 하겠어요.

保険は 総合保険を かけたいんです。
호껭와 소–고–호껭오 가께따인데스

□ 도로지도를 주실래요?

道路地図を いただけますか。
도–로찌즈오 이따다께마스까

□ 사용한 후에는 어떻게 돌려드리나요?

使った 後は どう 返しますか。
츠깟따 아또와 도– 까에시마스까

교통 관련 표현

주차장 駐車場(ちゅうしゃじょう) [츄–샤죠–]

주차금지 駐車禁止(ちゅうしゃきんし) [츄–샤킨시]

정차금지 停車禁止(ていしゃきんし) [테이샤킨시]

일방통행 一方通行(いっぽうつうこう) [잇뽀우쯔–꼬우]

통행금지 通行禁止(つうこうきんし) [쯔–꼬우킨시]

건너지 마시오 渡(わた)るな [와타루나]   건너시오 渡(わた)りなさい [와타리나사이]

입구 入口(いりぐち) [이리구찌]   출구 出口(でぐち) [데구찌]

차를 타다 車(くるま)に 乗(の)る [구루마니 노루]

차에서 내리다 車(くるま)から 降(お)りる [구루마카라 오리루]

차를 멈추다 車(くるま)を 止(と)める [구루마오 도메루]

추월하다 追(お)い越(こ)す [오이코스]

01_ 버스

□ 버스정류장은 어디인가요?

バス停は どこですか。

바스떼-와 도꼬데스까

□ 직행버스 터미널은 어디에 있나요?

直通バスターミナルは どこに ありますか。

쵸꾸쯔- 바스따-미나루와 도꼬니 아리마스까

□ 어느 버스를 타면 되나요?

どの バスに 乗れば いいですか。

도노 바스니 노레바 이-데스까

□ 몇 번 버스를 타면 되나요?

何番 バスに 乗れば いいですか。

난방 바스니 노레바 이-데스까

□ 거기에 가는 직행버스는 있나요?

そこへ 行く 直通バスは ありますか。

소꼬에 이꾸 쵸꾸쯔-바스와 아리마스까

□ 시내로 가려면 어느 버스를 타야 하나요?

市内に 行くには どの バスに 乗りますか。

시나이니 이꾸니와 도노 바스니 노리마스까

□ 이 버스는 공항에 가나요?

このバスは 空港へ 行きますか。
고노 바스와 구-꼬-에 이끼마스까

□ 호텔까지 데리러 와 주나요?

ホテルまで 迎えに 来て くれるのですか。
호떼루마데 무까에니 기떼 구레루노데스까

□ 버스 요금은 얼마인가요?

バスの 料金は いくらですか。
바스노 료-낑와 이꾸라데스까

□ 이 버스는 몇 시에 출발하나요?

このバスは 何時に 出発しますか。
고노 바스와 난지니 슛빠쯔시마스까

□ 다음 버스는 몇 시인가요?

次の バスは 何時に なりますか。
쯔기노 바스와 난지니 나리마스까

□ 여기가 내려야 할 곳인가요?

ここが 降りる ところですか。
고꼬가 오리루 도꼬로데스까

□ 여기서 내려주세요.

ここで 降ろして ください。
고꼬데 오로시떼 구다사이

□ 도착하면 알려주세요.

着いたら 教えて ください。
쯔이따라 오시에떼 구다사이

☐ 택시 타는 곳은 어디에 있나요?

タクシー乗り場は どこですか。
타꾸시-노리바와 도꼬데스까

☐ 어디서 택시를 잡을 수 있습니까?

どこで タクシーが 拾えますか。
도꼬데 타꾸시-가 히로에마스까

☐ (주소를 보여주며) 여기로 가 주세요.

ここへ 行って ください。
고꼬에 잇떼 구다사이

☐ 공항까지 요금이 얼마나 나와요?

空港まで 料金はいくらですか。
쿠-꼬-마데 료-낑와 이꾸라데스까

☐ 힐튼 호텔로 가주세요.

ヒルトンホテルまで お願いします。
히루톤 호테루마데 오네가이시마스

☐ 뒤 트렁크를 열어주실래요?

うしろの トランクを 開けて ください。
우시로노 토랑꾸오 아께떼 구다사이

☐ 택시를 불러주실래요?

タクシーを 呼んで くれますか。
타꾸시-오 욘데 구레마스까

□ 얼마나 걸려요?

どのくらい かかりますか。
도노꾸라이 가까리마스까

□ 조금 서둘러주세요.

少し いそいで ください。
스꼬시 이소이데 구다사이

□ 좀더 천천히 가주세요.

もっと ゆっくり 走って ください。
못또 육꾸리 하싯떼 구다사이

□ 여기서 기다려 주실래요?

ここで 待って もらえませんか。
고꼬데 맛떼 모라에마셍까

□ 여기서 세워주세요.

ここで 止めて ください。
고꼬데 도메떼 구다사이

□ 좀더 앞까지 가주세요.

もう少し 先まで 行って ください。
모– 스꼬시 사끼마데 잇떼 구다사이

□ 얼마 나왔어요?

おいくらですか。
오이꾸라데스까

□ 요금이 미터기와 다르군요.

料金が メーターと 違います。
료–낑가 메–따–또 치가이마스

□ 지하철 역은 어디인가요?

地下鉄の 駅は どこですか。
치까떼쯔노 에끼와 도꼬데스까

□ 가까운 전철역은 어디인가요?

近い 駅は どこですか。
치까이 에끼와 도꼬데스까

□ 전철 노선도를 주시겠어요?

電車の 路線図を ください。
덴샤노 로센즈오 구다사이

□ 표는 어디서 사나요?

切符は どこで 買いますか。
깁뿌와 도꼬데 가이마스까

□ 자동판매기에서 사면 됩니다.

自動販売機で 買って ください。
지도우함바이끼데 캇떼 구다사이

□ 매표기는 어디에 있나요?

切符販売機は どこですか。
깁뿌함바이끼와 도꼬데스까

□ 우에노로 가는 것은 어느 선인가요?

上野へ 行くのは どの 線ですか。
우에노에 이꾸노와 도노 센데스까

□ 긴자에는 어떻게 가야 하나요?

銀座へは どうやって 行きますか。
긴자에와 도우얏떼 이끼마스까

□ 신주쿠에 가려면 무슨 선을 타면 되나요?

新宿に 行くには 何線に 乗れば いいのですか。
신쥬꾸니 이꾸니와 나니센니 노레바 이-노데스까

□ 5번 출구가 어디인가요?

5番の 出口は どこですか。
고방노 데구찌와 도꼬데스까

□ 어디서 갈아타나요?

どこで 乗り換えるのですか。
도꼬데 노리까에루노데스까

□ 몇 번 홈에서 타면 되나요?

何番 ホームで 乗れば いいですか。
난방 호-무데 노레바 이-데스까

□ 다음 역은 어디인가요?

次の 駅は どこですか。
쯔기노 에끼와 도꼬데스까

□ 마지막 전철은 몇 시입니까?

終電は 何時でしょうか。
슈-뎅와 난지데쇼-까

□ 미안합니다. 표를 잃어버렸어요.

すみません。切符を なくしました。
스미마셍. 깁뿌오 나꾸시마시따

□ 매표소는 어디인가요?

切符売り場は どこですか。
깁뿌우리바와 도꼬데스까

□ 예약 창구는 어디인가요?

予約の 窓口は どこですか。
요야꾸노 마도구찌와 도꼬데스까

□ 교토까지 편도로 2장 주세요.

京都まで 片道 2枚 お願いします。
교-또마데 가따미찌 니마이 오네가이시마스

□ 1등석으로 주세요.

一等席を ください。
잇또-세끼오 구다사이

□ 급행열차가 있나요?

急行列車が ありますか。
큐-꼬-렛샤가 아리마스까

□ 2시 열차에 빈자리가 있나요?

2時の 列車に 空席は ありますか。
니지노 렛샤니 구-세끼와 아리마스까

□ 내일 아침 동경행 표가 있나요?

明日の 朝の 東京行きの 切符は ありますか。
아시따노 아사노 도-꾜-유끼노 깁뿌와 아리마스까

□ 교토에는 몇 시에 도착하나요?

京都には 何時に 着きますか。

교-또니와 난지니 츠끼마스까

□ 도중에 하차할 수 있나요?

途中下車は できますか。

도쮸-게샤와 데끼마스까

□ 5번 홈은 어디인가요?

5番ホームは どこですか。

고방 호-무와 도꼬데스까

□ 거기는 제 자리인데요.

そこは 私の 席です。

소꼬와 와따시노 세끼데스

□ 식당차는 어디인가요?

食堂車は どこですか。

쇼꾸도-샤와 도꼬데스까

□ 열차를 놓쳤어요.

乗り遅れて しまいました。

노리오꾸레떼 시마이마시따

□ 오늘 막차는 몇 시에 있나요?

今日の 終電は 何時でしょうか。

쿄-노 슈-덴와 난지데쇼우까

□ 다음 열차는 몇 시인가요?

次の 列車は 何時ですか。

쯔기노 렛샤와 난지데스까

9 | 행동을 표현하다

오다 来る [구루] / 가다 行く [이꾸]

앉다 座る [스와루] / 서다 立つ [타쯔]

읽다 読む [요무] / 쓰다 書く [가꾸]

듣다 聞く [기꾸] / 말하다 言う [이우]

웃다 笑う [와라우] / 울다 泣く [나꾸]

나오다 出る [데루] / 들어가다 入る [하이루]

걷다 歩く [아루꾸] / 달리다 走る [하시루]

놀다 遊ぶ [아소부] / 일하다 働く [하따라꾸]

마시다 飲む [노무] / 먹다 食べる [다베루]

던지다 投げる [나게루] / 잡다 握る [니기루]

보다 見る [미루] / 말하다 言う [이우]

보이다 見える [미에루] / 바라보다 眺める [나가메루]

멈추다 止まる [도마루] / 움직이다 動く [우고꾸]

드러눕다 横になる [요꼬니나루] / 날다 飛ぶ [도부]

질문하다 質問する [시쯔몽스루] / 대답하다 答える [고따에루]

Part 10 쇼 핑

Shopping

01 쇼핑 장소

02 물건 고르기

03 계산하기

01_ 상가, 매장 찾기

□ 쇼핑센터는 어디에 있나요?

ショッピングセンターは どこに ありますか。
숍핑구 센따–와 도꼬니 아리마스까

□ 이 주변에 백화점이 있나요?

この 辺りに デパートは ありますか。
고노 아따리니 데빠–또와 아리마스까

□ 면세점은 있나요?

免税店は ありますか。
멘제–뗑와 아리마스까

□ 기념품은 어디에서 파나요?

記念品は どこで 売って いますか。
기넹힝와 도꼬데 웃떼 이마스까

□ 이 도시의 특산물은 무엇인가요?

この 町の 特産物は 何ですか。
고노 마찌노 토꾸산부쯔와 난데스까

□ 편의점을 찾고 있어요.

コンビニを 探して います。
콤비니오 사가시떼 이마스

□ 그 가게는 오늘 문을 열었나요?

その 店は 今日 開いて いますか。

소노 미세와 쿄- 아이떼 이마스까

□ 몇 시에 문을 닫나요?

何時に 閉店ですか。

난지니 헤-뗀데스까

□ 영업시간은 몇 시부터 몇 시까지인가요?

営業時間は 何時から 何時まで ですか。

에-교-지깡와 난지까라 난지마데 데스까

□ 세일은 언제 하나요?

バーゲンセールは いつ 行いますか。

바-겐세-루와 이쯔 오꼬나이마스까

□ 이건 세일하는 중인가요?

これは セール中ですか。

고레와 세-루쮸 데스까

□ 20% 할인해 드리고 있어요.

20％ 割引させて いただきます。

니쥽빠-센또 와리비끼사세떼 이따다끼마스

□ 세일은 얼마 동안 해요?

バーゲンセールの 期間は どのぐらいですか。

바-겐세-루노 끼깡와 도노구라이데스까

01_ 상점 안에서

□ 무엇을 찾으세요?

何か お探しですか。
나니까 오사가시데스까

□ 아니요, 그냥 둘러보고 있어요.

いいえ、ただ 見回して います。
이이에, 타다 미마와시떼 이마스

□ 구경만 하고 있어요.

見てる だけです。
미떼루 다께데스

□ 여기 잠깐 봐주실래요?

ちょっと よろしいですか。
춋또 요로시-데스까

□ 이것과 같은 것은 있나요?

これと 同じものは ありますか。
고레또 오나지 모노와 아리마스까

□ 어느 분이 사용하실 거예요?

どなたが お使いに なりますか。
도나따가 오쯔까이니 나리마스까

□ 특별히 마음에 두신 게 있으세요?

特別に 気に 入った物が ありますか。
도꾸베쯔니 기니 잇따모노가 아리마스까

□ 친구에게 줄 선물을 사고 싶어요.

友達への お土産を 買いたいんですが。
도모다찌에노 오미야게오 가이따인데스가

□ 아이들에게 줄 선물을 사고 싶어요.

子供への おみやげを 買いたいんですが。
코도모에노 오미야게오 가이따인데스가

□ 다른 디자인은 있나요?

他の デザインは ありますか。
호까노 데자잉와 아리마스까

□ 이 상품이 가장 잘 나가요.

この 商品が 一番売れてます。
고노 쇼-힝가 이찌방 우레떼마스

쇼핑 매장 찾기

기념품 記念品(きねんひん) [기넹힝]   귀금속 貴金属(ききんぞく) [키낀조꾸]

특산물 特産物(とくさんぶつ) [토꾸산부쯔]   일본옷 和服(わふく) [와후꾸]

도자기 陶磁器(とうじき) [도-지끼]   토산품 お土産(みやげ) [오미야게]

면세품 免税品(めんぜいひん) [멘제-힝]   슈퍼마켓 スーパー [스-빠-]

상점 商店(しょうてん) [쇼-뗀]   백화점 デパート [데빠-또]

쇼핑 센터 ショッピングセンター [숏핑구센타-]   편의점 コンビニ [콘비니]

□ 천천히 골라보세요.

ごゆっくり ご遠慮無く どうぞ。
고육꾸리 고엔료나꾸 도―조

□ 몇 가지 보여주세요.

いくつか 見せて ください。
이꾸쓰까 미세떼 구다사이

□ 저걸 보여주세요.

あれを 見せて ください。
아레오 미세떼 구다사이

□ 이 가방을 보여주시겠어요?

この バッグを 見せて もらえますか。
고노 박구오 미세떼 모라에마스까

□ 무슨 색이 있나요?

何色が ありますか。
나니이로가 아리마스까

□ 이건 무슨 향인가요?

これは 何の 香りですか。
고레와 난노 가오리데스까

□ 입어봐도 될까요?

着てみても いいですか。
기떼미떼모 이―데스까

□ 물세탁이 가능한가요?

水で 洗濯 できますか。
미즈데 센따꾸 데끼마스까

□ 더 큰 게 있나요?

もっと 大きいのは ありますか。
못또 오-까-노와 아리마스까

□ 더 작은 게 있나요?

もっと 小さいのは ありますか。
못또 치-사이노와 아리마스까

□ 사이즈를 재주시겠어요?

サイズを 測って いただけますか。
사이즈오 하깟떼 이따다께마스까

□ 당신에게 잘 어울려요.

あなたに よく 似合います。
아나따니 요꾸 니아이마스

□ 그 상품은 다 팔렸어요.

その 商品は 売り切れに なりました。
소노 쇼-힝와 우리끼레니 나리마시따

□ 다른 것을 보여주실래요?

別の ものを 見せて いただけますか。
베쯔노 모노오 미세떼 이따다께마스까

□ 다른 디자인은 있나요?

他の デザインは ありますか。
호까노 데자잉와 아리마스까

고르기

01_ 가격 흥정

□ 하나에 얼마인가요?

ひとつ いくらですか。
히또쯔 이꾸라데스까

□ 더 싼 것은 없나요?

もっと 安い物は ありませんか。
못또 야스이 모노와 아리마셍까

□ 너무 비싸요. 깎아주실래요?

高すぎます。負けて くれますか。
다까스기마스. 마께떼 구레마스까

□ 더 싸게 해 주실래요?

もっと 安くして くれませんか。
못또 야스꾸시떼 구레마셍까

□ 현금으로 지불하면 더 싸게 해주시나요?

現金払いなら 安く なりますか。
겡낑바라이나라 야스꾸 나리마스까

□ 이걸로 하겠어요. 20개 주세요.

これに します。20個 ください。
고레니 시마스. 니죽꼬 구다사이

□ 계산은 어디서 해요?

会計は どちらですか。
카이께-와 도찌라데스까

□ 전부해서 얼마입니까?

全部で いくらに なりますか。
젬부데 이꾸라니 나리마스까

□ 이것도 계산에 넣어주세요.

これも 計算に 入れて ください。
고레모 게-산니 이레떼 구다사이

□ 카드도 되나요?

カードで 支払い できますか。
카-도데 시하라이 데끼마스까

□ 여행자수표도 받나요?

トラベラーズチェックで 支払い できますか。
토라베라-즈첵꾸데 시하라이 데끼마스까

□ 영수증을 주세요.

レシートを ください。
레시-토오 구다사이

□ 계산이 잘못 된 것 같은데요.

計算が 間違って いるようです。
게-산가 마찌갓떼 이루요우데스

쇼
핑

계
산

☐ 포장해 주시겠어요?

包装して ください ますか。
호-소-시떼 구다사이마스까

☐ 이걸 선물용으로 포장해 주실래요?

これを ギフト用に 包んでもらえますか。
고레오 기후또요-니 쯔즌데 모라에마스까

☐ 따로따로 포장해 주세요.

別々に 包んで ください。
베쯔베쯔니 쯔즌데 구다사이

☐ 집까지 배달되나요?

家まで 配達できますか。
이에마데 하이따쯔 데끼마스까

☐ 따로따로 배달되나요?

別々に 配達できますか。
베쯔베쯔니 하이따쯔 데끼마스까

☐ 언제 배송해줄 수 있나요?

いつ 配送して もらえますか。
이쯔 하이소-시떼 모라에마스까

☐ 원하시는 배송 날짜가 있으세요?

希望する 配送の 日が ありますか。
기보-스루 하이소-노히가 아리마스까

□ 교환처는 어디에 있나요?

交換 カウンターは どこですか。
고-깐 카운따-와 도꼬데스까

□ 다른 것으로 바꿔주실래요?

別の物と 取り替えて いただけますか。
베쯔노 모노또 도리까에떼 이따다께마스까

□ 여기에 얼룩이 있어요.

ここに シミが 付いています。
고꼬니 시미가 쯔이떼 이마스

□ 이것을 교환하고 싶어요.

これを 交換したいんですが。
고레오 코-깐시따인데스가

□ 이것을 다른 물건으로 교환해 주세요.

これを 他の 品に 交換して ください。
고레오 호까노 시나니 고-깐시떼 구다사이

□ 사이즈가 맞지 않았어요.

サイズが 合いませんでした。
사이즈가 아이마센데시따

□ 새 것으로 바꿔드리겠습니다.

新しい ものと お取り替えします。
아따라시- 모노또 오또리까에 시마스

쇼핑

계산

□ 반품하고 싶은데요.

返品したいのですが。
헴삔시따이노데스가

□ 어디로 가면 되나요?

どこに 行けば いいのですか。
도꼬니 이께바 이-노데스까

□ 환불해 주실래요?

返金してもらえますか。
헨낀시떼 모라에마스까

□ 수리해 주든지, 환불해 주시겠어요?

修理するか、お金を 返していただけますか。
슈-리스루까, 오까네오 가에시떼 이따다께마스까

□ 원래 이곳에 흠집이 있었어요.

もともと ここに 傷が ありました。
모또모또 고꼬니 기즈가 아리마시따

□ 샀을 때는 몰랐어요.

買った ときには 気が つきませんでした。
갓따 도끼니와 끼가 쯔끼마센데시따

□ 이것을 언제 사셨어요?

これを いつ 買われましたか。
고레오 이쯔 가와레마시따까

□ 어제 샀어요.
昨日 買いました。
기노- 가이마시따

□ 대금은 이미 지불했어요.
代金は もう 払いました。
다이낑와 모- 하라이마시따

□ 영수증 여기 있어요.
領収書は これです。
료-슈-쇼와 고레데스

쇼핑 관련 표현

가게　店(みせ) [미세]
점원　店員(てんいん) [텐인]
손님　お客(きゃく)さん [오갸쿠상]
상품　商品(しょうひん) [쇼-힝]
가격　値段(ねだん) [네당]
할인　割引(わりびき) [와리비끼]
거스름돈　おつり [오쯔리]
잔돈　小銭(こぜに) [고제니]
현금　現金(げんきん) [겡낑]
신용카드　クレジットカード [크레짓또카-도]
싸다　安(やす)い [야스이]
비싸다　高(たか)い [다까이]
물건을 포장하다　品(しな)を 包(つつ)む [시나오 쯔쯔무]
돈을 지불하다　お金(かね)を 払(はら)う [오까네오 하라우]

261

10 | 날씨, 기후를 표현하다

따뜻하다　暖かい [아다따까이]

시원하다　涼しい [스즈시이]

덥다　暑い [아쯔이]

무덥다　蒸し暑い [무시아쯔이]

춥다　寒い [사무이]

맑다　晴れる [하레루]

흐리다　雲る [꾸모루]

건조하다　乾燥している [간소-시떼이루]

습기가 많다　湿気が 多い [싯께가 오-이]

비가 내리다　雨が 降る [아메가 후루]

천둥이 치다　雷が 鳴る [가미나리가 나루]

소나기　夕立 [유-다찌] / 장마　梅雨 [쯔유]

바람이 불다　風が 吹く [가제가 후꾸]

눈이 내리다　雪が 降る [유끼가 후루]

Part 11 식 사

Eating

01_ 예약할 때

☐ 맛있는 집을 소개해주세요.

何か おいしいものを 紹介して ください。
나니까 오이시-모노오 쇼-까이시떼 구다사이

☐ 어디 좋은 데 없나요?

どこか いい ところは ありませんか。
도꼬까 이- 도꼬로와 아리마셍까

☐ 특별히 정해 둔 식당이라도 있나요?

特別に 決めてある 食堂でも ありますか。
도꾸베쯔니 기메떼아루 쇼꾸도-데모 아리마스까

☐ 그곳은 예약이 필요한가요?

そこに いくには 予約が 必要ですか。
소꼬니 이꾸니와 요야꾸가 히쯔요-데스까

☐ 여기서 예약할 수 있나요?

ここで 予約できますか。
고꼬데 요야꾸 데끼마스까

☐ 오늘밤 예약하고 싶은데요.

今晩 席を 予約したいのです。
곰방 세끼오 요야꾸 시따이노데스

□ 7시에 4명 자리를 부탁해요.

7時に 4人の席を お願いします。
시찌지니 요닌노 세끼오 오네가이시마스

□ 일본요리가 먹고 싶어요.

日本料理が 食べたいですね。
니혼료-리가 다베따이데스네

□ 맛있는 일본요리집이 있나요?

おいしい 日本料理屋が ありますか。
오이시- 니혼료-리야가 아리마스까

□ 이곳에 한국 식당 있나요?

この 町に 韓国レストランは ありますか。
고노 마찌니 캉꼬꾸 레스또랑와 아리마스까

□ 이 근처에 맛있게 하는 음식점은 없습니까?

この 近くに おいしい レストランは ありませんか。
고노 치까꾸니 오이시- 레스또랑와 아리마셍까

□ 이곳 사람들이 많이 가는 레스토랑이 있나요?

地元の人が よく 行く レストランは ありますか。
지모또노 히또가 요꾸 이꾸 레스또랑와 아리마스까

□ 그다지 비싸지 않은 레스토랑이 좋아요.

あまり 高くない レストランが いいです。
아마리 타까꾸나이 레스또랑가 이-데스

□ 미안합니다. 예약을 취소하고 싶어요.

すみません。予約を 取り消したいのです。
스미마셍. 요야꾸오 도리께시따이노데스

□ 안녕하세요. 예약하셨나요?

こんばんは。ご予約は いただいていますか。
곰방와. 고요야꾸와 이따다이떼 이마스까

□ 저는 예약해 둔 기무라인데요.

私は 予約して おいた 木村ですが。
와따시와 요야꾸시떼 오이따 기무라데스가

□ 어서 오세요. 몇 분이신가요?

いらっしゃいませ。何名様でしょうか。
이랏샤이마세. 남메-사마데쇼-까

□ 몇 분이십니까?

何名様ですか。
남메-사마데스까

□ 창가 쪽 자리가 좋아요.

窓際の 席が いいのですが。
마도기와노 세끼가 이-노데스가

□ 창가 쪽 테이블로 부탁해요.

窓際の テーブルで おねがいします。
마도기와노 테-부루데 오네가이시마스

□ 조용한 안쪽 자리로 부탁해요.

静かな 奥の 席に お願いします。
시즈까나 오꾸노 세끼니 오네가이시마스

□ 흡연석으로 부탁해요.

喫煙席に お願いします。
기쯔엔세끼니 오네가이시마스

□ 좌석까지 안내해 주실래요?

席まで 案内して いただけますか。
세끼마데 안나이시떼 이따다께마스까

□ 안내해드릴 때까지 기다려주세요.

ご案内するまで お待ち ください。
고안나이 스루마데 오마찌 구다사이

□ 이쪽으로 오세요.

こちらへ どうぞ。
꼬찌라에 도-조

□ 예약하지 않았는데요.

予約は しておりません。
요야꾸와 시떼 오리마셍

□ 다섯 사람 앉을 자리가 있나요?

5人の 席が ありますか。
고닌노 세끼가 아리마스까

□ 몇 시 정도에 자리가 납니까?

何時なら 席を とれますか。
난지나라 세끼오 도레마스까

□ 동석해도 괜찮을까요?

相席しても いいでしょうか。
아이세끼시떼모 이-데쇼-까

01_ 음식 주문

□ 메뉴 좀 보여주세요.

メニューを 見せて ください。
메뉴-오 미세떼 구다사이

□ 추천요리는 무엇인가요?

おすすめは 何ですか。
오스스메와 난데스까

□ 이 가게에서 잘하는 요리는 뭔기요?

この 店の 自慢料理は 何ですか。
고노 미세노 지만료-리와 난데스까

□ 이곳의 이름난 요리는 뭔가요?

この 土地の 名物料理は 何ですか。
고노 토찌노 메이부쯔료-리와 난데스까

□ 이것은 무슨 요리인가요?

これは どういう 料理ですか。
고레와 도-이우 료-리데스까

□ 오늘의 특별요리가 있나요?

本日の 特別料理は ありますか。
혼지쯔노 토꾸베쯔료-리와 아리마스까

☐ (종업원을 부르며) 주문 좀 받으세요.

注文を したいのですが。
츄-몽오 시따이노데스가

☐ (메뉴를 가리키며) 이것과 이것으로 주세요.

これと これを お願いします。
고레또 고레오 오네가이시마스

☐ 저도 같은 것으로 주세요.

私にも 同じ物を お願いします。
와따시니모 오나지모노오 오네가이시마스

☐ 먼저 마실 것을 주문하고 싶은데요.

先ず 飲物を 注文 したいのですが。
마즈 노미모노오 츄-몬 시따이노데스가

☐ 가볍게 식사를 하고 싶어요.

軽い 食事を したいのです。
가루이 쇼꾸지오 시따이노데스

생생
Point

일본에서 맛보는 음식

우동집 うどん屋(や) [우동야]　　라면집 ラーメン屋(や) [라-멩야]

초밥집 寿司屋(すしや) [스시야]　　생선초밥 寿司(すし) [스시]

김밥 のりまき [노리마끼]　　생선구이 焼(や)き魚(ざかな) [야끼자까나]

튀김덮밥 天丼(てんどん) [덴동]　　굴(해산물) かき [가끼]

닭꼬치 焼(や)き鳥(とり) [야끼도리]　　덮밥 丼(どん)ぶり [돔부리]

야키소바 焼(や)きそば [야끼소바]　　불고기 焼(や)き肉(にく) [야끼니꾸]

일본주 日本酒(にほんしゅ) [니혼슈]　　생맥주 生(なま)ビール [나마비-루]

□ 주문한 음식이 아직 안 나왔어요.

注文した ものが 来ていません。

츄-몬시따 모노가 기떼 이마셍

□ 얼마 정도 기다려야 하나요?

どのくらい 待ちますか。

도노꾸라이 마찌마스까

□ 주문을 확인해 주실래요?

注文を 確かめて ください。

츄-몽오 다시까메떼 구다사이

□ 이건 주문하지 않았는데요.

これは 注文していませんが。

고레와 츄-몬시떼 이마셍가

□ 여기요, 물 한 잔 더 주세요.

すみません、お水 もう一杯 お願いします。

스미마셍, 오미즈 모- 입빠이 오네가이시마스

□ 빵을 좀 더 주세요.

もう少し パンを ください。

모- 스꼬시 팡오 구다사이

□ 고기가 충분히 익지 않았는데요.

お肉が 十分に 火が 通って ないんですが。

오니꾸가 쥬-분니 히가 도옷떼 나인데스가

□ 이 요리를 데워주세요.

この 料理を 温めて ください。
고노 료-리오 아따따메떼 구다사이

□ 이건 어떻게 먹으면 되나요?

これは どうやって 食べたら いいですか。
고레와 도-얏떼 다베따라 이-데스까

□ 소금 좀 갖다 주시겠어요?

塩を いただけますか。
시오오 이따다께마스까

□ 젓가락을 떨어뜨렸어요.

箸を 落として しまいました。
하시오 오또시떼 시마이마시따

□ 음식에 무언가 들어 있어요.

料理に 何か 入ってますけど。
료-리니 낭까 하잇떼 마스께도

□ 새 것으로 바꿔주세요.

新しいのと 取り替えて ください。
아따라시-노또 도리까에떼 구다사이

□ 미안합니다. 이걸 치워주시겠어요?

すみません。これを 下げて ください。
스미마셍. 고레오 사게떼 구다사이

□ 디저트는 어떻게 하시겠어요?

デザートは いかが なさいますか。
데자-또와 이까가 나사이마스까

식당

□ 맛은 어때요?

味は どうですか。
아지와 도-데스까

□ 이 요리 맛있네요.

この 料理 おいしいですね。
고노 료-리 오이시-데스네

□ 많이 집으세요.

たくさん 取って くださいね。
닥상 돗떼 구다사이네

□ 어떤 음식을 좋아하세요?

どんな 食べ物が お好みですか。
돈나 다베모노가 오꼬노미데스까

□ 일본요리 중에서 어느 것을 좋아하세요?

日本料理の中で どれが お好きですか。
니혼 료-리노 나까데 도레가 오스끼데스까

□ 무엇이든 잘 먹어요. 음식은 까다롭지 않아요.

何でも 食べます。食べ物には うるさくないんです。
난데모 다베마스. 다베모노니와 우루사꾸나인데스

□ 저는 식성이 매우 까다로워요.

私は 食べ物に 好き嫌いが 激しいです。
와따시와 타베모노니 스끼끼라이가 하게시이데스

272

□ 유감스럽지만 입에 맞지 않는군요.

残念ながら 口に 合いません。
잔넨나가라 구찌니 아이마셍

□ 싫으면 남기셔도 됩니다.

お嫌いでしたら 残しても いいんですよ。
오끼라이데시따라 노꼬시떼모 이인데스요

□ 따뜻할 때 드세요.

温かいうちに召し上がって ください。
아따따까이 우찌니 메시아갓떼 구다사이

□ 고기가 연하네요. 아주 맛있어요.

肉が やわらかいです。とても おいしいです。
니꾸가 야와라까이데스. 도떼모 오이시이데스

□ 모두 정말 맛있게 먹었어요.

何もかも 実に おいしく いただきました。
나니모까모 지쯔니 오이시꾸 이따다끼마시따

□ 커피 한 잔 마실까요?

コーヒーを 一杯 飲みましょうか。
코-히-오 입빠이 노미마쇼-까

□ 홍차나 커피는 하루에 몇 잔 정도 드세요?

紅茶や コーヒーを １日何杯くらい 飲みますか。
고-쨔야 코-히-오 이찌니찌 남바이 구라이 노미마스까

□ 항상 그렇게 빨리 드세요?

いつも そんなに 早く 食べるんですか。
이쯔모 손나니 하야꾸 타베룬데스까

식
당

□ 어디서 지불하나요?

どこで 払うのですか。
도꼬데 하라우노데스까

□ 계산해 주세요.

お勘定 お願いします。
오깐죠- 오네가이시마스

□ 전부해서 얼마인가요?

全部で おいくらですか。
젬부데 오이꾸라데스까

□ 봉사료는 포함되어 있나요?

サービス料は 入っていますか。
사-비스료-와 하잇떼 이마스까

□ 따로따로 지불하고 싶은데요.

別々に 支払いを したいのですが。
베쯔베쯔니 시하라이오 시따이노데스가

□ 제 것은 제가 낼게요.

私の 分は 私が 払います。
와따시노 붕와 와따시가 하라이마스

□ 제가 모두 내겠어요.

私が まとめて 払います。
와따시가 마또메떼 하라이마스

□ 오늘 저녁은 제가 낼게요.

今夜は 私の おごりです。
공야와 와따시노 오고리데스

□ 신용카드도 받나요?

クレジットカードで 支払えますか。
쿠레짓또카ー도데 시하라에마스까

□ 현금으로 계산할게요.

現金で 払います。
겡낀데 하라이마스

□ 이 요금은 뭔가요?

この 料金は 何ですか。
고노 료ー낑와 난데스까

□ 계산서를 나눠주실래요?

計算書は 分けて いただけますか。
게ー산쇼와 와께떼 이따다께마스까

□ 계산이 틀린 것 같아요.

計算が 違っている ようです。
게ー상가 치갓떼이루 요ー데스

□ 거스름돈이 틀린 것 같은데요.

おつりが 違っている ようですが。
오쯔리가 치갓떼이루 요ー데스가

□ 영수증 주세요.

領収書を ください。
료ー슈ー쇼오 구다사이

01_ 가정에서

□ 우리 오늘 저녁 메뉴는 뭐예요?

今日の 晩御飯の メニューは 何ですか。
쿄-노 반고항노 메뉴-와 난데스까

□ 샐러드는 내가 만들게요.

サラダは 私が 作ります。
사라다와 와따시가 쯔꾸리마스

□ 냉장고에 남은 음식이 있어요.

冷蔵庫に 残った 食べ物が あります。
레이조-꼬니 노꼿따 다베모노가 아리마스

□ 배고파 죽겠어요.

お腹が すいて 死にそうです。
오나까가 스이떼 시니소우데스

□ 밥 언제 먹어요?

いつ ご飯を 食べますか。
이쯔 고항오 다베마스까

□ 저녁준비 거의 됐어요.

晩御飯の 準備は ほとんど できました。
반고항노 쥰비와 호돈도 데끼마시따

□ 저녁상 다 차렸어요.

晩御飯の 用意が できました。
반고항노 요-이가 데끼마시따

□ 밥 좀 더 주세요.

ご飯を もう ちょっと ください。
고항오 모- 촛또 구다사이

□ 국 한 그릇 더 주세요.

味噌汁を もう ちょっと ください。
미소시루오 모- 촛또 구다사이

□ 맛있게 잘 먹었습니다.

おいしく いただきました。
오이시꾸 이따다끼마시따

□ 중국요리 시켜 먹어요.

中華料理を 出前 しましょう。
츄-카료-리오 데마에 시마쇼-

□ 여기로 배달되나요?

ここに 出前 できますか。
고꼬니 데마에 데끼마스까

□ 지금 주문하면 언제 배달되나요?

今 注文したら いつ 届きますか。
이마 츄몽시따라 이쯔 도도끼마스까

□ 20분 정도 걸립니다.

20分 ぐらい かかります。
니쥽뿡 구라이 가까리마스

□ 세트 메뉴는 뭐가 있어요?

セットメニューは 何が ありますか。
셋또메뉴-와 나니가 아리마스까

□ 3번 세트 메뉴 주세요.

3番の セットメニューを ください。
산방노 셋또메뉴-오 구다사이

□ 치즈버거 주실래요?

チーズバーガーを ください。
치-즈바-가-오 구다사이

□ 보통 사이즈로 드릴까요, 큰 사이즈로 드릴까요?

普通サイズに しますか、大きいサイズに しますか。
후쯔-사이즈니 시마스까, 오-끼이사이즈니 시마스까

□ 음료수는 어떤 사이즈로 드릴까요?

飲み物は 何 サイズに しますか。
노미모노와 나니 사이즈니 시마스까

□ 빅맥 하나와 콜라 보통으로 주세요.

ビッグマック 一つと コーラ 普通サイズを ください。
빅꾸막꾸 히도쯔또 코-라 후쯔-사이즈오 구다사이

□ 콘샐러드 주세요.

コーンサラダを ください。
콘사라다오 구다사이

☐ 감자튀김 주세요.

ポテトを ください。
포테또오 구다사이

☐ 더 필요한 건 없으세요?

ほかに 必要な ものは ないですか。
호까니 히쯔요-나 모노와 나이데스까

☐ 케첩을 좀 더 주세요.

ケチャップを もう ちょっと ください。
케찹푸오 모- 촛또 구다사이

☐ 이제 주문 다 하셨어요?

もう 注文は 終わりましたか。
모- 츄-몽와 오와리 마시따까

☐ 여기서 드시겠어요, 아니면 가져가시겠어요?

ここで 召し上がりますか、それとも お持ち 帰りですか。
고꼬데 메시아가리마스까, 소레도모 오모찌 가에리데스까

☐ 포장해 주세요.

持ち帰りに して ください。
모찌가에리니 시떼 구다사이

☐ 음료 리필은 무료인가요?

飲み物の お代わりは 無料ですか。
노미모노노 오까와리와 무료-데스까

☐ 리필은 저쪽에서 하세요.

お代わりは あちらで して ください。
오까와리와 아찌라데 시떼 구다사이

□ 오늘밤 한 잔 하러 가지 않을래요?

今晩、飲みに 行きませんか。

곰반, 노미니 이끼마셍까

□ 어디서 한 잔 하는 건 어때요?

どこかで 一杯 やるのは どう。

도꼬까데 입빠이 야루노와 도―

□ 한잔 하러 가요.

飲みに 行きましょう。

노미니 이끼마쇼―

□ 술 한잔 하실래요?

お酒 一杯 いかがですか。

오사께 입빠이 이까가데스까

□ 제가 한 잔 사겠어요.

私が 一杯 奢ります。

와따시가 입빠이 오고리마스

□ 우리 집에 가서 한 잔 해요.

家に 行って 一杯飲みましょう。

우찌니 잇떼 입빠이 노미마쇼―

□ 선술집에 들러 잠깐 한 잔 합시다.

居酒屋へ 寄って ちょっと 一杯飲みましょう。

이자까야에 욧떼 촛또 입빠이 노미마쇼―

□ 맥주 한 잔 받아요.

ビールを 一杯 どうぞ。
비-루오 입빠이 도-조

□ 제가 한 잔 따르겠어요.

私が 一杯注ぎます。
와따시가 입빠이 쯔기마스

□ 소주는 어때요?

焼酎は どうですか。
쇼-쮸-와 도-데스까

□ 저는 위스키로 주세요.

私は ウイスキーを ください。
와따시와 위스키-오 구다사이

□ 이 술은 독한가요?

この お酒は 強いですか。
고노 오사께와 츠요이데스까

□ 한잔 합시다. 건배!

一杯 飲みましょう。乾杯。
입빠이 노미마쇼- 감빠이

□ 건강을 위하여, 건배!

ご健康を 祈って、乾杯。
고껭꼬-오 이놋떼, 감빠이

식
사

식
사
관
련

281

□ 한잔 더 하실래요?

もう一杯 飲みましょうか。
모- 입빠이 노미마쇼-까

□ 와인 맛이 어때요?

ワインの 味は どうですか。
와인노 아지와 도-데스까

□ 와인 한 잔 더 하실래요?

ワイン もう一杯 いかがですか。
와인 모-입빠이 이까가데스까

□ 어느 정도 술을 마시나요?

どのくらい 酒を 飲みますか。
도노구라이 사께오 노미마스까

□ 저는 술을 못하는 편이에요.

私は どちらかと 言うと 下戸です。
와따시와 도찌라까또 이우또 게꼬데스

□ 저는 술을 끊으려고 해요.

私は お酒を やめようと 思っています。
와따시와 오사께오 야메요-또 오못떼이마스

□ 저 사람은 술꾼이야.

あいつは 大酒飲みだ。
아이쯔와 오-자께노미다

□ 2차 가요!

2次会に 行きましょう。
니지까이니 이끼마쇼-

식사 관련 표현

식당 食堂(しょくどう) [쇼꾸도-]

레스토랑 レストラン [레스또랑]

패밀리 레스토랑 ファミリーレストラン [파미리-레스또랑]

커피숍 コーヒーショップ [코-히-숍뿌]

메뉴 献立(こんだて)／メニュー [곤다테/메뉴-]

추천요리 おすすめ料理(りょうり) [오스스메료-리]

주문 注文(ちゅうもん) [쥬몽]

셀프서비스 セルフサービス [세르후 사-비스]

계산 勘定(かんじょう) [간죠-]

지불하다 支払(しはら)う [시하라우]

더치페이 わりかん [와리깡]

팁 チップ [칩프]

맛있는 요리법

삶다 煮(に)る [니루]

데치다 ゆでる [유데루]

끓이다 沸(わ)かす [와까스]

(불에) 굽다 焼(や)く [야꾸]

(기름에) 볶다 炒(いた)める [이따메루]

(기름에) 튀기다 揚(あ)げる [아게루]

(기름에) 지지다 煎(い)る [이루]

찌나 蒸(む)す [부스]

자르다 切(き)る [기루]

(밥을) 짓다 炊(た)く [따꾸]

데우다 温(あたた)める [아따따메루]

11 | 음식 맛을 표현하다

달다, 달콤하다　甘い [아마이]

쓰다　苦い [니가이]

짜다　塩辛い [시오까라이]

싱겁다　薄い [우스이]

시다　すっぱい [슷빠이]

맵다　辛い [가라이]

떫다　しぶい [시부이]

고소하다　香ばしい [꼬-바시-]

담백하다　さっぱりする [삿빠리스루]

기름지다　油っこい [아부랏꼬이]

비릿하다　生臭い [나마꾸사이]

(맛이) 진하다　濃い [코이]

맛있다　おいしい [오이시-]

맛없다　まずい [마즈이]

Part 12 해외여행

공항에서

01_ 체크인, 탑승문의

□ 항공권 예약을 확인하고 싶은데요.

航空券の 予約を 確認したいのですが。

코-꾸-껜노 요야꾸오 가꾸닌 시따이노데스가

□ 예약이 확인되었습니다.

予約 確認できました。

요야꾸 가꾸닌 데끼마시따

□ 탑승수속은 어디서 하나요?

搭乗手続きは どこで するのですか。

도-죠-떼쯔즈끼와 도꼬데 스루노데스까

□ 일본 항공 카운터는 어디인가요?

日本航空の カウンターは どこですか。

니홍코-꾸-노 카운따-와 도꼬데스까

□ 통로 쪽 좌석으로 부탁해요.

通路側の 席を お願いします。

츠-로가와노 세끼오 오네가이시마스

□ 창 쪽 좌석으로 부탁해요.

窓側の 席を お願いします。

마도가와노 세끼오 오네가이시마스

□ 짐은 이게 다입니까?

お荷物は これだけですか。

오니모쯔와 고레다께데스까

□ 맡기실 짐은 있으십니까?

お預けになる 荷物は ありますか。

오아즈께니나루 니모쯔와 아리마스까

□ 탑승 게이트는 몇 번인가요?

搭乗ゲートは 何番ですか。

도-죠 게-또와 남반데스까

□ 3번 게이트는 어느 쪽인가요?

3番ゲートは どちらでしょうか。

삼반게-또와 도찌라데쇼-까

□ 탑승권을 보여주세요.

搭乗券を 見せて ください。

도-죠-껭오 미세떼 구다사이

□ 탑승 시간은 언제인가요?

搭乗時間は いつですか。

도-죠-지깡와 이쯔데스까

□ 탑승 시간에 늦지 않도록 조심하세요.

搭乗時間に 遅れないように 気を つけて ください。

도-죠-지깐니 오꾸레나이요-니 기오 쯔께떼 구다사이

□ 왜 출발이 늦는 거예요?

なぜ 出発が 遅れて いるのですか。

나제 슛빠쯔가 오꾸레떼 이루노데스까

□ 여권을 보여 주십시오.

パスポートを 見せて ください。
파스뽀-또오 미세떼 구다사이

□ 입국 목적은 무엇인가요?

入国の 目的は 何ですか。
뉴-꼬꾸노 목떼끼와 난데스까

□ 관광으로 왔어요.   / 비즈니스입니다.

観光に 来ました。 / ビジネスです。
캉꼬우니 기마시따   / 비지네스데스

□ 친구를 만나러 왔어요.

友達に 会いに 来ました。
토모다찌니 아이니 기마시따

□ 한국의 서울에서 왔어요.

韓国の ソウルから 来ました。
캉꼬꾸노 소우루까라 기마시따

□ 일본은 처음이신가요?

日本は 初めてですか。
니홍와 하지메떼데스까

□ 네, 처음입니다.

はい、初めてです。
하이, 하지메떼데스

□ 일본에 며칠 간 계실 건가요?

日本に 何日間 滞在する 予定ですか。
니혼니 난니찌깐 타이자이스루 요떼-데스까

□ 1주일 예정입니다.

1週間の 予定です。
잇슈-깐노 요떼-데스

□ 어디에서 숙박하실 예정인가요?

どこに お泊まりの 予定ですか。
도-꾜-니 오또마리노 요떼이데스까

□ 도쿄 신주쿠 호텔이에요.

東京の 新宿 ホテルです。
도-꾜-노 신주쿠 호테루데스

□ 돌아갈 항공권을 갖고 계시나요?

お帰りの チケットは お持ちですか。
오까에리노 치켓또와 오모찌데스까

□ 신고할 게 있으세요?

申告する ものは ありますか。
싱꼬꾸스루 모노와 아리마스까

□ 아무것도 없어요. 이건 친구에게 줄 선물이에요

何も ありません。これは 友達への お土産です。
나니모 아리마셍. 고레와 도모다찌에노 오미야게데스

□ 이것은 개인적인 소지품일 뿐이에요.

これは 個人の 持ち物 だけです。
고레와 고진노 모찌모노 다께데스

□ 짐은 어디서 찾나요?

手荷物は どこで 受け取りますか。
테니모쯔와 도꼬데 우께도리마스까

□ 714편 짐은 나왔나요?

７１４便の 手荷物は もう 出てきましたか。
나나햐꾸 쥬–욘빈노 테니모쯔와 모– 데떼 끼마시다까

□ 수하물 찾는 곳은 저쪽입니다.

お手荷物の 引取り さきは あそこです。
오테니모쯔노 히끼또리 사끼와 아소꼬데스

□ 제 짐은 세 개에요.

私の 手荷物は 3個です。
와따시노 테니모쯔와 상꼬데스

□ 카트는 어디에 있나요?

カートは どこに ありますか。
카–또와 도꼬니 아리마스까

□ 짐을 호텔로 보내 주세요.

手荷物を ホテルに 届けて ください。
테니모쯔오 호떼루니 토도께떼 구다사이

□ 이 짐을 택시 승차장까지 부탁해요.

この 荷物を タクシー 乗り場まで お願いします。
고노 니모쯔오 타꾸시– 노리바마데 오네가이시마스

□ 깨지기 쉬운 물건이니까, 주의해 주세요.

壊れやすい 物だから、注意して ください。
고와레야스이 모노다까라, 츄-이시떼 구다사이

□ 이 짐을 맡아주실 수 있나요?

この 手荷物を 預かって もらえますか。
고노 테니모쯔오 아즈깟떼 모라에마스까

□ 제 짐이 안 나왔어요.

私の 手荷物が 出てきませんでした。
와따시노 테니모쯔가 데떼끼마센데시따

□ 짐을 잃어버렸어요.

手荷物を なくしてしまいました。
테니모쯔오 나꾸시떼시마이마시따

□ 이게 수화물인환증이에요.

これが 手荷物引換証です。
고레가 테니모쯔 히끼까에쇼-데스

□ 어느 정도의 크기인가요?

どのくらいの 大きさですか。
도노꾸라이노 오-끼사데스까

□ 무엇이 들어있나요?

何が 入って いましたか。
나니가 하잇떼 이마시다까

□ 찾으면 연락하겠습니다.

見つかったら 連絡します。
미쯔깟따라 렌라꾸시마스

□ 예약을 재확인하고 싶은데요.

リコンファームを　したいのですが。
리콩화-무오 시따이노데스가

□ 성함과 편명을 말씀하세요.

お名前と　便名を　どうぞ。
오나마에또 빔메-오 도-조

□ 비행편을 변경할 수 있나요?

便の変更を　お願いできますか。
빈노 헹꼬-오 오네가이 데끼마스까

□ 8월 10일로 변경하고 싶어요.

8月10日に　変更したいのです。
하찌가쯔 도-까니 헹꼬-시따이노데스

□ 가능한 한 빠른 편이 좋겠군요.

できるだけ　速い　便の　方が　いいですね。
데끼루다께 하야이 빈노 호-가 이-데스네

□ 예약을 취소하고 싶은데요.

予約を　取り消したいのですが。
요야꾸오 도리께시따이노데스가

□ 다른 항공사의 비행기를 확인해 주세요.

他の　会社の　便を　調べて　ください。
호까노 카이샤노 빙오 시라베떼 구다사이

□ 인천행 탑승 게이트는 여기인가요?

インチョン行きの 搭乗ゲートは ここですか。
인천유끼노 토-죠-게-또와 고꼬데스까

□ 대한항공 카운터로 짐을 운반해 주세요.

大韓航空の カウンターに 荷物を 運んで ください。
다이깡꼬-꾸-노 카운타-니 니모쯔오 하꼰데 구다사이

□ 초과요금이 얼마인가요?

超過料金は いくらですか。
쵸-카료낑와 이꾸라데스까

□ 여행은 즐거웠나요?

旅行は 楽しかったですか。
료코-와 다노시깟따데스까

□ 덕분에 즐거웠어요.

おかげ様で 楽しかったです。
오까게사마데 다노시깟따데스

□ 한국에도 놀러오세요.

韓国にも 遊びに 来て ください。
캉꼬꾸니모 아소비니 기떼 구다사이

□ 한국여행은 제게 맡기세요.

韓国旅行は 私に 任せて ください。
캉꼬꾸 료꼬우와 와따시니 마까세떼 구다사이

□ 그럼 건강하세요. 정말 신세 많았어요.

では、お元気で。大変お世話に なりました。
데와 오겡끼데. 타이헨 오세와니 나리마시따

01_ 문의 사항

□ 이 번호의 좌석은 어디에 있나요?

この 座席番号は どのへんですか。
고노 자세끼방고와 도노헨데스까

□ 탑승권 좀 보여주시겠습니까?

搭乗券 ちょっと 見せて くださいませんか。
도－죠－껜 촛또 미세떼 구다사이마셍까

□ 의자는 어떻게 젖히나요?

椅子は どうやって 倒しますか。
이스와 도우얏떼 타오시마스까

□ 자리를 바꿔도 될까요?

席を かわっても いいですか。
세끼오 가왓떼모 이－데스까

□ 미안하지만, 화장실은 어디인가요?

すみませんが、トイレは どこですか。
스미마셍가, 토이레와 도꼬데스까

□ 비행은 예정대로 하나요?

フライトは 時間どおりですか。
후라이또와 지깐 도－리데스까

□ 베개와 모포를 주세요.

枕と 毛布を ください。
마꾸라또 모-후오 구다사이

□ 한국신문 한 부 주세요.

韓国の 新聞を 一部 ください。
캉꼬꾸노 심붕오 이찌부 구다사이

□ 에어컨을 끄고 싶어요.

エアコンを 止めたいのですが。
에아꼰오 도메따이노데스가

□ 헤드폰 상태가 안 좋아요.

ヘッドホンの 調子が 悪いです。
헷도혼노 쵸-시가 와루이데스

□ 죄송하지만, 자리 좀 바꿔주실래요?

すみませんが、ちょっと お席変えて いただけませんか。
스미마셍가, 촛또 오세끼 가에떼 이따다께마셍까

□ 비행기 멀미약 있나요?

飛行機酔いの 薬は ありますか。
히꼬-끼요이노 구스리와 아리마스까

□ 머리가 아픈데, 약이 있나요?

頭が 痛いんですが、薬は ありますか。
아따마가 이따인데스가, 구스리와 아리마스까

□ 마실 것을 드릴까요?

飲み物は いかがですか。
노미모노와 이까가데스까

□ 어떤 음료가 있나요?

どんな 飲み物が ありますか。
돈나 노미모노가 아리마스까

□ 따뜻한 물을 마시고 싶은데요.

お湯が 飲みたいんですが。
오유가 노미따인데스가

□ 그럼, 커피를 주세요.

では、コーヒーを ください。
데와, 코-히-오 구다사이

□ 여보세요, 주스 하나 더 주세요.

すみません、ジュース もう 一杯 ください。
스미마셍, 쥬-스 모- 입빠이 구다사이

□ 맥주를 부탁해요.

ビールを お願いします。
비-루오 오네가이시마스

□ 식사는 필요 없어요.

食事は 要りません。
쇼꾸지와 이리마셍

□ 기내에서 면세품을 판매하나요?

免税品を 機内販売して いますか。
멘제-힝오 기나이 함바이 시떼 이마스까

□ 곧 면세품 판매를 합니다.

直ぐ 免税品を 販売いたします。
스구 멘제-힝오 함바이 이따시마스

□ 이것은 입국카드인가요?

これは 入国カードですか。
고레와 뉴-꼬꾸 카-도데스까

□ 신고서 작성을 도와주시겠어요?

申告書の 作成を 手伝って くださいませんか。
싱꼬꾸쇼노 사꾸세-오 데쯔닷떼 구다사이마셍까

항공 관련 표현

공항 空港(くうこう) [구-꼬-]   항공권 航空券(こうくうけん) [고-꾸-껜]

조종사, 파일럿 パイロット [파이롯또]

스튜어디스 スチュワーデス [스츄와-데스]

왕복 往復(おうふく) [오-후꾸]   편도 片道(かたみち) [가따미찌]

일반석 一般席(いっぱんせき) [입빤세끼]

비즈니스석 ビジネス席(せき) [비즈네스세끼]

멀미약 酔(よ)い止(ど)め [요이도메]

호출버튼 呼(よ)び出(だ)しボタン [요비다시보딴]

안전벨트 シートベルト [시-또베루또]

화장실 トイレ [토이레]   사용중 使用中(しようちゅう) [시요-쮸-]

01_ 예약, 체크인

□ 예약을 하고 싶은데요.

予約を したいのですが。
요야꾸오 시따이노데스가

□ 오늘 밤, 빈 방 있나요?

今晩、空いてる ルーム ありますか。
곰방, 아이떼루 루-무 아리마스까

□ 어떤 방을 원하세요?

どんな ルームが いいですか。
돈나 루-무가 이이데스까

□ 전망이 좋은 방으로 부탁해요.

眺めの いい 部屋を お願いします。
나가메노 이- 헤야오 오네가이 시마스

□ 1박에 방값은 얼마인가요?

一泊、ルームの お値段は いくらですか。
입빠꾸, 루-무노 오네당와 이꾸라데스까

□ 더 싼 방은 없습니까?

もっと 安い 部屋は ありませんか。
못또 야스이 헤야와 아리마셍까

□ 방을 보여 주세요.

部屋を 見せて ください。
헤야오 미세떼 구다사이

□ 이 방으로 할게요.

この 部屋に します。
고노 헤야니 시마스

□ 체크인은 어디서 하나요?

チェックインは どこで しますか。
첵꾸잉와 도꼬데 시마스까

□ 예약은 하셨나요?

予約は されていますか。
요야꾸와 사레떼 이마스까

□ 예약은 한국에서 했어요.

予約は 韓国で 済ませました。
요야꾸와 캉꼬꾸데 스마세마시따

□ 체크인을 부탁해요.

チェックインを お願いします。
첵꾸잉오 오네가이시마스

□ 숙박카드에 기입해 주세요.

宿泊カードに ご記入 ください。
슈꾸하꾸 카-도니 고끼뉴- 구다사이

□ 예약을 취소해 주세요.

予約を 取り消して ください。
요야꾸오 도리께시떼 구다사이

□ 귀중품을 맡아주세요.

貴重品を 預かって ください。
기쪼-힝오 아즈깟떼 구다사이

□ 짐을 방까지 옮겨 주시겠어요?

荷物を 部屋まで 運んで くれますか。
니모쯔오 헤야마데 하꼰데 구레마스까

□ 룸서비스 부탁해요.

ルームサービスを お願いします。
루-무사-비스오 오네가이시마스

□ 내일 아침 7시에 아침을 먹고 싶은데요.

明日の朝 7時に 朝食を 食べたいのですが。
아시따노 아사 시찌지니 쵸-쇼꾸오 다베따이노데스가

□ 우유와 토스트를 주세요.

ミルクと トーストを お願いします。
미루쿠또 토-스토오 오네가이시마스

□ 모닝콜 부탁해요.

モーニングコールを お願いします。
모-닝구코-루오 오네가이시마스

□ 아침 7시에 깨워주세요.

朝 7時に 起こして ください。
아사 시찌지니 오꼬시떼 구다사이

□ 레스토랑 예약 좀 해 주실래요?

レストランを 予約して いただけますか。
레스또랑오 요야꾸시떼 이따다께마스까

□ 식당은 몇 시까지 하나요?

食堂は 何時まで 開いて いますか。
쇼꾸도-와 난지마데 아이떼 이마스까

□ 바는 언제까지 하나요?

バーは いつまで 開いて いますか。
바-와 이쯔마데 아이떼 이마스까

□ 세탁 서비스는 있나요?

洗濯の サービスは ありますか。
센따꾸노 사-비스와 아리마스까

□ 클리닝을 부탁해요.

クリーニングを お願いします。
쿠리-닝구오 오네가이시마스

□ 메일을 체크하고 싶은데요.

メールを チェックしたいのですが。
메-루오 첵꾸시따이노데스가

□ 팩스는 있나요?

ファックスは ありますか。
확꾸스와 아리마스까

□ 계산은 방으로 해 주세요.

勘定は 部屋に つけて おいて ください。
간죠-와 헤야니 츠께떼 오이떼 구다사이

☐ 미안하지만, 문이 잠겨 들어갈 수 없군요.

すみませんが、 ドアが 閉って 入れません。

스미마셍가, 도아가 시맛떼 하이레마셍

☐ 열쇠를 방에 두고 나왔어요.

鍵を 部屋に 忘れました。

가기오 헤야니 와스레마시따

☐ 방 열쇠를 하나 더 주실 수 없나요?

もうひとつ 部屋の 鍵を いただけませんか。

모- 히또쯔 헤야노 카기오 이따다께마셍까

☐ 카드키는 어떻게 사용하나요?

カードキーは どうやって 使いますか。

카-도키-와 도-얏떼 츠까이마스까

☐ 뜨거운 물이 나오지 않는데요.

お湯が 出ないのですが。

오유가 데나이노데스가

☐ 화장실 물이 안 나와요.

トイレの 水が 出ないんです。

토이레노 미즈가 데나인데스

☐ 방을 따뜻하게 해주세요.

部屋を 暖かくして ください。

헤야오 아따다까꾸시떼 구다사이

☐ 옆방이 무척 시끄러워요.

となりの 部屋が とても うるさいんです。
도나리노 헤야가 도떼모 우루사인데스

☐ 방을 바꿔주세요.

部屋を 替えて ください。
헤야오 가에떼 구다사이

☐ 타월을 바꿔주세요.

タオルを 取り替えて ください。
타오루오 도리까에떼 구다사이

☐ 방 청소가 아직 안 됐어요.

部屋が まだ 掃除されて いません。
헤야가 마다 소-지사레떼 이마셍

☐ TV가 고장 났어요.

テレビが 故障してます。
테레비가 고쇼-시떼마스

☐ 에어컨이 작동하지 않아요.

エアコンが 動いて いません。
에아꼰가 우고이떼 이마셍

☐ 사용법을 알려주세요.

使い方を 教えて ください。
츠까이까따오 오시에떼 구다사이

☐ 빨리 고쳐주세요.

すぐ 修理に 来て ください。
스구 슈-리니 기떼 구다사이

☐ 체크아웃은 몇 시인가요?

チェックアウト タイムは 何時ですか。
첵꾸아우또 타이무와 난지데스까

☐ 체크아웃을 부탁해요.

チェックアウトを お願いします。
첵꾸아우또오 오네가이시마스

☐ 하룻밤 더 묵고 싶은데요.

もう 一泊 したいのですが。
모ー 입빠꾸 시따이노데스가

☐ 계산을 부탁해요.

会計を お願いします。
카이께ー오 오네가이시마스

☐ 방에 물건을 두고 나왔어요.

部屋に 忘れ物を しました。
헤야니 와스레모노오 시마시따

☐ 감사해요. 즐겁게 보냈어요.

ありがとう。快適な 滞在でした。
아리가또ー. 카이떼끼나 타이자이데시따

☐ 출발할 때까지 짐을 맡아 주시겠어요?

出発まで 荷物を 預かって もらえますか。
슛빠쯔마데 니모쯔오 아즈깟떼 모라에마스까

여행 관련 표현

여행　旅行(りょこう) [료꼬-]　　관광　観光(かんこう) [강꼬-]
관광안내소　観光案内所(かんこうあんないしょ) [강꼬-안나이쬬]
여권, 패스포트　パスポート [파스포-또]　　비자　ビザ [비자]
당일치기　日帰(ひがえ)り [히가에리]
가이드　ガイド [가이도]　　쇼핑　ショッピング [숏핑구]
선물　お土産(みやげ) [오미야게]
사진을 찍다　写真(しゃしん)を とる [샤신오 도루]
디지털 카메라　デジカメ [데지카메]
극장　劇場(げきじょう) [게끼죠-]　　티켓, 입장권　チケット [치켓또]
여행자수표　トラベラーズ チェック [토라베라-즈 첵꾸]

호텔 관련 표현

호텔　ホテル [호떼루]
객실　客室(きゃくしつ) [갸꾸시쯔]
예약　予約(よやく) [요야꾸]
프런트　フロント [후론또]
체크 인　チェックイン [첵꾸인]
체크 아웃　チェックアウト [첵꾸아우또]
싱글룸　シングルルーム [싱구루루-무]
트윈룸　ツインルーム [쯔인루-무]
룸서비스　ルームサービス [루-무사-비스]
모닝콜　モーニングコール [모-닝구코-루]
포터　ポーター [포-타-]
비상구　非常口(ひじょうぐち) [히죠-구찌]

01_ 여행안내소

□ 관광안내소는 어디에 있나요?

観光案内所は どこですか。
캉꼬-안나이죠와 도꼬데스까

□ 스카이라이너는 어디에서 타요?

スカイライナーは どこで 乗りますか。
스카이라이나-와 도꼬데 노리마스까

□ 이 도시의 관광안내 팸플릿이 있나요?

この 町の 観光案内パンフレットは ありますか。
고노 마찌노 캉꼬-안나이 팡후렛또와 아리마스까

□ 관광 팸플릿을 주세요.

観光パンフレットを ください。
캉꼬- 팡후렛또오 구다사이

□ 여기서 볼 만한 곳을 가르쳐 주세요.

ここの 見どころを 教えて ください。
고꼬노 미도꼬로오 오시에떼 구다사이

□ 관광명소는 어떤 것이 있나요?

観光名所は 何が ありますか。
캉꼬-메-쇼와 나니가 아리마스까

□ 여기서 유명한 온천은 어디인가요?

ここで 有名な 温泉は どこですか。
고꼬데 유우메이나 온센와 도꼬데스까

□ 지금 축제는 하고 있나요?

何か お祭りは やっていますか。
나니까 오마쯔리와 얏떼 이마스까

□ 퍼레이드는 언제 있나요?

パレードは いつ ありますか。
파레-도와 이쯔 아리마스까

□ 당일치기로 어디에 갈 수 있나요?

日帰りでは どこへ 行けますか。
히가에리데와 도꼬에 이께마스까

□ 관광버스 투어는 있나요?

観光バス ツアーは ありますか。
캉꼬바스 츠아-와 아리마스까

□ 투어는 몇 시간 걸리나요?

ツアーは 何時間 かかりますか。
츠아-와 난지깡 가까리마스까

□ 야간관광은 있나요?

ナイトツアーは ありますか。
나이또 츠아-와 아리마스까

□ 한국어 가이드가 있는 투어도 있나요?

韓国語の ガイドが つく ツアーも ありますか。
캉꼬꾸고노 가이도가쯔꾸 츠아-모 아리마스까

□ 가부키를 보고 싶어요.

歌舞伎を 見たいです。
가부끼오 미따이데스

□ 공연 시작은 몇 시인가요?

開演は 何時ですか。
가이엥와 난지데스까

□ 지금 티켓을 살 수 있나요?

いま チケットが かえますか。
이마 치켓또가 카에마스까

□ 매표소는 어디에 있나요?

切符売場は どこですか。
깁뿌우리바와 도꼬데스까

□ 저는 도쿄타워를 보고 싶어요.

私は 東京タワーが みたいです。
와따시와 도-꾜-타와-가 미따이데스

□ 저 건물은 무엇인가요?

あの 建物は 何ですか。
아노 다떼모노와 난데스까

□ 입장권은 어디에서 팔아요?

入場券は どこで 売って いますか。
뉴죠-껭와 도꼬데 웃떼 이마스까

□ 개인 비용은 얼마인가요?
個人費用は いくらですか。
고징 히요-와 이꾸라데스까

□ 단체 할인이 있나요?
団体割引は ありますか。
단따이 와리비끼와 아리마스까

□ 이 티켓으로 모든 전시를 볼 수 있나요?
この チケットで すべての 展示が 見られますか。
고노 치켓또데 스베떼노 덴지가 미라레마스까

□ 이 공원에 대해 설명해 주실래요?
この 公園について 説明して いただけますか。
고노 꼬-엔니쯔이떼 세쯔메-시떼 이따다께마스까

□ 성 안에 들어갈 수 있나요?
城の 中に 入れますか。
시로노 나까니 하이레마스까

□ 여기서 얼마나 머무나요?
ここで どのくらい 止まりますか。
고꼬데 도노꾸라이 도마리마스까

□ 몇 시에 버스로 돌아오면 되나요?
何時に バスに もどってくれば いいですか。
난지니 바스니 모돗떼구레바 이-데스까

□ 이 박물관의 오리지널 상품인가요?
この 博物館の オリジナル 商品ですか。
고노 하꾸부쯔깐노 오리지나루 쇼-힌데스까

□ 여기서 사진을 찍어도 되나요?

ここで 写真を 撮っても いいですか。
고꼬데 샤싱오 톳떼모 이-데스까

□ 플래시를 터뜨려도 되나요?

フラッシュを たいても いいですか。
후랏슈오 다이떼모 이-데스까

□ 사진 좀 찍어 주시겠어요?

写真を 撮って もらえませんか。
샤싱오 톳떼 모라에마셍까

□ 셔터를 눌러주실래요?

シャッターを 押して もらえませんか。
샷따-오 오시떼 모라에마셍까

□ 여기를 누르면 됩니다.

ここを 押すだけです。
고꼬오 오스다께데스

□ 박물관을 배경으로 찍어주세요.

博物館を 背景に 入れて ください。
하꾸부쯔깡오 하이께-니 이레떼 구다사이

□ 저 건물이 보이도록 찍어주세요.

あの 建物が 見えるように 撮って ください。
아노 다떼모노가 미에루 요-니 돗떼 구다사이

□ 한 장 더 부탁해요.

もう一枚 お願いします。
모- 이찌마이 오네가이 시마스

□ 나중에 사진을 보내드릴게요.

あとで 写真を 送ります。
아또데 샤싱오 오꾸리마스

□ 여기서 비디오를 찍어도 될까요?

ここで ビデオを 撮っても いいですか。
고꼬데 비데오오 돗떼모 이-데스까

□ 당신 사진을 찍어도 될까요?

あなたの 写真を 撮っても いいですか。
아나따노 샤싱오 돗떼모 이-데스까

□ 함께 사진을 찍으실래요?

一緒に 写真を 撮って もらえませんか。
잇쇼니 샤싱오 돗떼 모라에마셍까

□ 건전지는 어디서 살 수 있나요?

電池は どこで 買えますか。
덴찌와 도꼬데 가에마스까

□ 어디에서 필름을 사나요?

どこで フィルムが 買えますか。
도꼬데 휘루무가 가에미스까

□ 어디서 현상할 수 있나요?

どこで 現像できますか。
도꼬데 겐조- 데끼마스까

01_ 분실, 도난

□ 도난 신고를 하고 싶어요.

盗難届けを したいんです。
도-난또도께오 시따인데스

□ 지갑을 잃어버렸어요.

財布を なくしました。
사이후오 나꾸시마시따

□ 카메라를 잃어버렸어요.

カメラを なくしました。
카메라오 나꾸시마시따

□ 여행자수표를 잃어버렸어요.

トラベラーズチェックを なくしました。
토라베라-즈첵꾸오 나꾸시마시따

□ 여권을 잃어버렸어요.

パスポートを なくしました。
파스뽀-또오 나꾸시마시따

□ 어디에 잃어버렸는지 생각이 나지 않아요.

どこで なくしたか 思い つかないんです。
도꼬데 나꾸시따까 오모이 츠까나인데스

□ 재발행해 주세요.

再発行して ください。
사이학꼬- 시떼 구다사이

□ 카드를 무효화해 주세요.

カードを 無効にして ください。
카-도오 무꼬-니 시떼 구다사이

□ 카드는 은행에 신고해 주세요.

カードは 銀行に 届けて ください。
카-도와 깅꼬우니 도도께떼 구다사이

□ 누구에게 알리면 되나요?

誰に 知らせたら いいですか。
다레니 시라세따라 이-데스까

□ 유실물 담당은 어디인가요?

遺失物係は どこですか。
이시쯔부쯔 가까리와 도꼬데스까

□ 열차에 가방을 두고 내렸어요.

列車に かばんを 忘れました。
렛샤니 가방오 와스레마시따

□ 제 가방이 보이지 않은데요.

私の バッグが 見当たらないんですが。
와따시노 박구가 미이따라 l 인데스가

□ 전철 안에서 지갑을 소매치기 당했어요.

電車の中で 財布を すられました。
덴샤노 나까데 사이후오 스라레마시따

□ 이것은 일본어로 뭐라고 하나요?

これは 日本語で 何と 言うのですか。
고레와 니홍고데 난또 이우노데스까

□ 도움이 필요해요. 자동차에 치였어요.

助けて ください。車に ひかれました。
타스께떼 구다사이. 구루마니 히까레마시따

□ 도와줘요. 강한 눈보라로 교통이 마비됐어요.

手伝って ください。猛吹雪で 交通が ストップしています。
데쯔닷떼 구다사이. 모-후부끼데 고-쯔-가 스톱뿌시떼 이마스

□ 미안해요. 악의로 한 일이 아니에요.

ごめんなさい。悪気で したんじゃないんです。
고멘나사이. 와루기데 시딴쟈나인데스

□ 미안해요. 뭐라고 하셨나요?

すみません。何と 言ったのですか。
스미마셍. 난또 잇따노데스까

□ 제 일본어로는 부족하군요.

私の 日本語では 不十分です。
와따시노 니홍고데와 후쥬-분데스

□ 다시 한번 말해 주실래요?

もう一度 言って くれますか。
모- 이찌도 잇떼 구레마스까

□ 저는 여행자입니다. 일본어는 하지 못해요

私は 旅行者なのです。日本語は 話せません。

와따시와 료꼬-샤나노데스. 니홍고와 하나세마셍

□ 일본어는 초보예요. 저는 조금 말할 뿐이에요.

日本語は 初歩です。私は ちょっとだけ 話します。

니홍고와 쇼호데스. 와따시와 촛또다께 하나시마스

□ 한국어를 하는 분은 없나요?

韓国語を 話す方は いませんか。

캉꼬꾸고오 하나스 가따와 이마셍까

□ 한국대사관은 어디입니까?

韓国大使館は どこですか。

캉꼬꾸 따이시깡와 도꼬데스까

□ 한국어를 할 줄 아는 담당자를 불러주세요.

韓国語を 話せる係員を 呼んで ください。

캉꼬꾸고오 하나세루 가까리잉오 욘데 구다사이

□ 한국대사관에 전화해 주시겠어요?

韓国大使館に お電話して くださいませんか。

캉꼬꾸 따이시깐니 오뎅와시떼 구다사이마셍까

□ 못 알아듣겠어요. 다시 한 번 부탁해요.

聞き取れません。もう 一度 お願いします。

기끼도레마셍. 모- 이찌도 오네가이시마스

□ 너무 빨라서 모르겠어요. 천천히 말해주실래요?

速すぎて わかりません。ゆっくり 話して くれませんか。

하야스기떼 와까리마셍. 육꾸리 하나시떼 구레마셍까

□ 긴급 사태예요!

きんきゅうじたい
緊急事態です。
긴뀨─지따이데스

□ 도와줘요! 사고예요!

たす　　じこ
助けて。事故です。
다스께떼. 지꼬데스

□ 경찰을 불러 주세요.

けいさつ　　よ
警察を 呼んで ください。
게─사쯔오 욘데 구다사이

□ 의사를 불러주세요.

いしゃ　　　よ
お医者さんを 呼んで ください。
오이샤상오 욘데 구다사이

□ 병원에 데려다 주세요.

びょういん　つ　　　い
病院に 連れて 行って ください。
뵤─잉니 쯔레떼 잇떼 구다사이

□ 구급차를 부탁해요!

きゅうきゅうしゃ　　ねが
救急車を お願いします。
규─뀨─샤오 오네가이시마스

□ 누가 와주세요!

だれ　　き
誰か 来て。
다레까 기떼

316

□ 저리 가! 경찰을 부르겠다!

あっちへ 行け。警察を 呼ぶぞ。

앗찌에 이께. 게-사쯔오 요부조

□ 조심하세요.

気を つけて ください。

키오 쯔께떼 구다사이

□ 위험해! 엎드려!

あぶない。伏せろ。

아부나이. 후세로

□ 서둘러 주세요.

急いで ください。

이소이데 구다사이

긴급 상황 표현

도둑이야!　泥棒(どろぼう)。[도로보]
사람 살려!　助(たす)けてくれ。[다스께떼꾸레]
불이야!　火事(かじ)だ。[카지다]
친착해!　落(お)ち着(つ)け。[오찌쯔께]
손들어!　手(て)を上(あ)げろ。[데오 아게로]
쏘지마!　撃(う)つな。[우쯔나]
움직이지마!　動(うご)くな。[우고꾸나]
멈춰!　止(と)まれ。[도마레]

트러블

317

12 | 학교를 다니다

시험에 합격하다　試験に 合格する [시껭니 고-까꾸스루]

시험에 떨어지다　試験に 落ちる [시껭니 오찌루]

입학식　入学式 [뉴-가꾸시끼]

출석을 부르다　出席を とる [슛세끼오 도루]

지각하다　遅刻する [치꼬꾸스루]

공부하다　勉強する [벵꾜-스루]

배우다　習う [나라우]

시험　試験 [시껭]

시험을 보다　試験を 受ける [시껭오 우께루]

운동회　運動会 [운도-까이]

아르바이트　アルバイト [아르바이또]

방학　休み [야스미]

졸업식　卒業式 [소쯔교-시끼]

유학　留学 [류-가꾸]

Part 13 직 업

01 학교생활

02 직장생활

01_ 입학준비

□ 어느 대학에 지원할 예정인가요?

どの 大学に 志願する 予定ですか。

도노 다이가꾸니 시간스루 요떼이데스까

□ 전공은 정했나요?

専攻は 決めましたか。

센꼬우와 기메마시따까

□ 저는 영문학을 공부할 거예요.

私は 英文学を 勉強する つもりです。

와따시와 에이분가꾸오 벵꾜- 스루 쯔모리데스

□ 일본에 있는 대학에 대해 알고 싶어요.

日本に ある 大学に ついて 知りたいです。

니혼니 아루 다이가꾸니 쯔이떼 시리따이데스

□ 입학 조건은 어떻게 됩니까?

入学条件は どうなりますか。

뉴-가꾸조-껜와 도우나리마스까

□ 입학에 필요한 것은 무엇인가요?

入学に 必要な ものは 何ですか。

뉴-가꾸니 히쯔요나 모노와 난데스까

□ 외국 학생을 위한 안내서가 있나요?

留学生の ための 案内書が ありますか。
류-가꾸세이노 다메노 안나이쇼가 아리마스까

□ 지원하는 데 뭐가 필요한가요?

志願する ときに 何か 必要ですか。
시간스루 도끼니 나니까 히쯔요데스까

□ 지원하는 데 필요한 모든 정보를 보내드리겠습니다.

志願する ときに 必要な すべての 情報を 送って あげます。
시간스루 도끼니 히쯔요-나 스베떼노 죠-호-오 오꿋떼 아게마스

□ 학기는 언제 시작하나요?

学期は いつ 始まりますか。
각끼와 이쯔 하지마리마스까

□ 장학금제도가 있나요?

奨学金制度が ありますか。
쇼-가꾸낀세이도가 아리마스까

□ 그 학교가 1지망이에요.

その 学校が 第一希望です。
소노 각꼬-가 다이이찌 끼보-데스

□ 준비해야 할 서류가 너무 많아요.

準備しなければ ならない 書類が とても 多いです。
쥰비 시나께레바 나라나이 쇼루이가 도떼모 오오이데스

□ 추천서를 좀 써 주시겠습니까?

推薦書を ちょっと 書いて いただけますか。
스이센쇼오 촛또 가이떼 이따다께마스까

□ 합격했습니다.

合格しました。
고우가꾸시마시따

□ 대학에서 합격 통지서를 받았어요.

大学から 合格通知書を もらいました。
다이가꾸까라 고우까꾸 쯔–찌쇼오 모라이마시따

□ 제가 장학금을 받게 됐어요!

私が 奨学金を もらうように なりました。
와따시가 쇼–가꾸낑오 모라우요우니 나리마시따

□ 그 기숙사는 여학생 전용이에요.

その 寄宿舎は 女学生 専用です。
소노 기슉샤와 죠가꾸세이 센요–데스

□ 한 학기 기숙사 비용이 얼마인가요?

1学期の 寄宿舎 費用が いくらですか。
이찌각끼노 기슉샤 히요–가 이꾸라데스까

□ 방학 중에도 기숙사를 이용할 수 있나요?

休み中にも 寄宿舎を 利用する ことが できますか。
야스미쮸–니모 기슉샤오 리요– 스루 고또가 데끼마스까

□ 이번 학기에는 어떤 과목들을 들을 거예요?

今学期は どんな 科目を うける つもりですか。
곤각끼와 돈나 가모꾸오 우께루 쯔모리데스까

☐ 여섯 과목 정도 신청할까 생각 중이에요.
6科目ほど 申し込もうか 考え中です。
록까모꾸호도 모-시꼬모우까 강가에츄-데스

☐ 졸업하려면 몇 학점을 들어야 하나요?
卒業 するためには 何単位を とらなければ ならないですか。
소쯔교- 스루따메니와 난땅이오 도라나께레바 나라나이데스까

☐ 145학점을 이수해야 합니다.
１４５ 単位を 履修しなければ なりません。
햐꾸욘주고 땅이오 리슈-시나께레바 나리마셍

☐ 몇 학점 신청할 거예요?
何単位 申し込む つもりですか。
난땅이 모우시꼬무 쯔모리데스까

☐ 그 과목은 전공 필수입니다.
その 科目は 専攻必須です。
소노 가모꾸와 센꼬우 힛수데스

☐ 선택 과목입니다.
選択 科目です。
센따꾸 가모꾸데스

☐ 수강 과목을 변경할 수 있나요?
受講 科目を 変更 することが できますか。
쥬꼬- 가모꾸오 헨꼬우 스루꼬도가 데끼마스까

☐ 후기등록은 언제 끝나나요?
後期登録は いつ 締め切りですか。
코우끼 도-로꾸와 이쯔 시메끼리데스까

□ 출석을 부르겠어요.

出席を とります。
しゅっせき
숫세끼오 도리마스

□ 수업 시간에 늦지 않도록 하세요.

授業時間に 遅れないように して ください。
じゅぎょうじかん　おく
쥬교-지깡니 오꾸레나이요우니 시떼 구다사이

□ 죄송합니다, 선생님. 다신 안 늦을게요.

すみません、先生。もう 遅れないように します。
せんせい　　おく
스미마셍 센세이. 모우 오꾸레나이요우니 시마스

□ 어제는 왜 안 왔나요?

昨日は どうして 来なかったのですか。
きのう　　　こ
키노우와 도우시떼 고나깟따노데스까

□ 지난 시간에 어디까지 했나요?

この 前は どこまで しましたか。
まえ
고노 마에와 도꼬마데 시마시따까

□ 누가 먼저 발표하겠어요?

誰が 先に 発表 しますか。
だれ　さき　はっぴょう
다레가 사끼니 합뾰- 시마스까

□ 5번 문제 대답해 볼까요?

5番の 問題 答えて みましょうか。
ごばん　もんだい　こた
고방노 몬다이 고따에떼 미마쇼-까

□ 여기까지 알겠어요?

ここまで 分^わかりますか。
고꼬마데 와까리마스까

□ 잘 들으세요.　　　　　　　/ 집중하세요.

よく 聞^きいて ください。 / 集中^{しゅうちゅう}して ください。
요꾸 기이떼 구다사이　　　/　슈-쮸-시떼 구다사이

□ 교실에서 잡담하지 마세요.

教室^{きょうしつ}で 雑談^{ざつだん} しないで ください。
교시쯔데 자쯔단 시나이데 구다사이

□ 적어놓으세요.

書^かいて おいて ください。
카이떼 오이떼 구다사이

□ 질문 있나요?

質問^{しつもん} ありますか。
시쯔몽 아리마스까

□ 나머지는 다음 시간에 합시다.

残^{のこ}りは 次^{つぎ}の 時間^{じかん}に しましょう。
노꼬리와 쯔기노 지깡니 시마쇼-

□ 오늘을 여기까지예요. 나가도 좋아요.

今日^{きょう}は ここまでです。出^でても いいです。
쿄 와 고꼬마데데스. 데떼모 이-데스

□ 오늘은 수업이 없어요.

今日^{きょう}は 授業^{じゅぎょう}が ないです。
쿄-와 쥬-교-가 나이데스

□ 무엇에 관한 리포트인가요?

何に 関する レポートですか。
나니니 칸스루 레뽀-또데스까

□ 리포트 분량은 어느 정도 되어야 하나요?

レポート 分量は どの 位に ならないと だめですか。
레뽀-토 분료-와 도노 구라이니 나라나이또 다메데스까

□ 적어도 5장은 써야 합니다.

少なくても 5枚は 書かなければ ならないです。
스꾸나꾸떼모 고마이와 가까나께레바 나라나이데스

□ 리포트는 언제까지 내야 하나요?

レポートは いつまで 出さなけらば ならないですか。
레뽀-또와 이쯔마데 다사나께레바 나라나이데스까

□ 수요일까지 제출해 주세요.

水曜日まで 提出 して ください。
스이요비마데 데이슈쯔 시떼 구다사이

□ 기말 고사가 언제인가요?

期末考査が いつですか。
기맛쯔꼬우사가 이쯔데스까

□ 시험 준비는 어떻게 했어요?

試験準備は どのように しましたか。
시껭준비와 도노요우니 시마시따까

□ 책은 집어넣으세요.
本は 入れて ください。
홍와 이렛떼 구다사이

□ 부정행위는 안 됩니다.
不正行為は だめです。
후세-꼬-이와 다메데스

□ 답안지를 제출하세요.
答案用紙を 提出 して ください。
토우안요우시오 데이슈쯔 시떼 구다사이

□ 시험이 어려웠어요.
試験が 難しかったです。
시껭가 무즈까시깟따데스

□ 시험 시간이 너무 부족했어요.
試験時間が とても 不足でした。
시껭지깡가 돗떼모 후소꾸데시따

□ 선생님과 면담하고 싶어요.
先生と 面談 したいです。
센세이또 멘단 시따이데스

□ 성적이 향상되고 있군요.
成績が 上がって いますね。
세이세끼가 아갓떼 이마스네

□ 성적이 떨어지고 있군요.
成績が 落ちて いますね。
세이세끼가 오찌떼 이마스네

01_ 구직

□ 저는 신문 구인광고를 보고 전화했어요.

私は 新聞の 求人広告を 見て 電話しました。
와따시와 신붕노 큐-징 꼬우꼬꾸오 미떼 뎅와시마시따

□ 실례지만 혹시 사람을 뽑으시는지요?

失礼ですが もしかして 求人 していますか。
시쯔레이데스가 모시까시떼 큐-징 시떼이마스까

□ 이 자리에 지원하고 싶어요.

ここに 志願 したいです。
고꼬니 시간 시따이데스

□ 지원서를 제출하고 싶어요.

志願書を 提出 したいです。
시간쇼오 데이슈쯔 시따이데스

□ 그 직책에 지원하기 위한 조건은 무엇인가요?

その 職責に 志願する ための 条件は 何ですか。
소노 쇼꾸세끼니 시간스루 타메노 죠-껭와 난데스까

□ 그 일에 경력이 필요한가요?

その 仕事に 経歴が 必要ですか。
소노 시고또니 게이레끼가 히쯔요-데스까

□ 영문이력서와 한글이력서를 같이 보내나요?
英文履歴書と ハングル履歴書を 一緒に 送りますか。
에이분 리레끼쇼또 한그루리레끼쇼오 잇쇼니 오꾸리마스까

□ 이메일로 이력서를 접수 받나요?
Eメールで 履歴書を 受付 しますか。
이메-루데 리레끼쇼오 우께쯔께 시마스까

□ 지원하려면 필요한 게 무엇인가요?
志願すると したら 必要な ものは なんですか。
시간스루또 시따라 히쯔요-나 모노와 난데스까

□ 어떤 종류의 일에 자리가 있는 건가요?
どんな 種類の 仕事が ありますか。
돈나 슈루이노 시고또가 아리마스까

□ 그 자리는 아직도 사람을 구하나요?
その 仕事は まだ 求人 していますか。
소노 시고또와 마다 규-징 시떼이마스까

□ 유감이지만 모두 마감되었어요.
残念ながら すべて 締め切りしました。
잔넹나가라 스베떼 시메끼리마시따

□ 언제 면접을 보나요?
いつ 面接を しますか。
이쯔 멘세쯔오 시마스까

□ 제가 누구와 면접을 보게 됩니까?
私は 誰と 面接を する ように なりますか。
와따시와 다레또 멘세쯔오 스루 요-니 나리마스까

☐ 오늘 일정이 어떻게 됩니까?

今日の 日程は どうなりますか。
쿄-노 닛떼이와 도-나리마스까

☐ 오늘 프레젠테이션 준비 다 됐나요?

今日の プレゼンテーションの 準備は すべて できましたか。
쿄-노 프레젠테-숀노 쥰비와 스베떼 데끼마시따까

☐ 다음 회의는 언제 할까요?

つぎの 会議は いつしましょうか。
츠기노 가이기와 이쯔시마쇼-까

☐ HD사와 회의일정은 잡았나요?

HD社と 会議日程は 取りましたか。
에이치디샤또 카이기닛떼이와 도리마시따까

☐ 그는 언제 부산 출장을 갑니까?

彼は いつ 釜山へ 出張に 行きますか。
가레와 이쯔 부산에 슛-쵸-니 이끼마스까

☐ 일정이 너무 빠듯해요.

日程が とても ぎりぎりです。
닛떼이가 도떼모 기리기리데스

☐ 오늘 끝내야 할 일이 아주 많이 있어요.

今日 終わらせ なければ ならない 仕事が とても たくさん あります。
쿄- 오와라세 나께레바 나라나이 시고또가 도떼모 닥상 아리마스내일 아침까지 이 일을 끝내야 해요.

明日の 朝までに この 仕事を 終わらせなければ なりません。

아시따노 아사마데니 고노 시고또오 오와라세나께레바 나리마셍

그걸 전부 저 혼자 해야 하나요?

それを 全部 私 一人で しなければ ならないの ですか。

소레오 젠부 와따시 히또리데 시나께레바 나라나이노 데스까

저는 마감일에 맞출 수 없을 것 같아요.

私は 締切り日に 間に 合う ことが できなさ そうです。

와따시와 시메끼리 비니 마니 아우 꼬또가 데끼나사 소우데스

그 건에 대해 제가 할 수 있는 일이 있나요?

その 件に ついて 私が できる ことが ありますか。

소노 켄니 쯔이떼 와따시가 데끼루 꼬또가 아리마스까

이 서류철들을 정리해주시겠어요?

この 書類を 整理 して いただけますか。

고노 쇼루이오 세이리 시떼 이따다께마스까

이 업무를 도와줄 시간이 있나요?

この 業務を 手伝って くれる 時間が ありますか。

고노 교-무오 데쯔닷떼 구레루 지깡가 아리마스까

우리가 함께 일하면 오늘 그 일을 끝마칠 수 있을 거예요.

私たちが 一緒に 働けば 今日その 仕事を 終わらせる ことが できます。

와따시다찌가 잇슈니 하따라께바 쿄- 소노 시고또오 오와라세루 고또가 데끼마스

지금은 전혀 짬이 없어요.

今は 全然 暇が ないです。

이마와 젠젱 히마가 나이데스

□ 이 상황을 어떻게 처리할 겁니까?

この 状況を どうやって 処理する つもりですか。
고노 죠-꼬-오 도우얏떼 쇼리스루 쯔모리데스까

□ 서류를 또 고쳐야 하나요?

書類を また 直さないと だめですか。
쇼루이오 마따 나오사나이또 다메데스까

□ 컴퓨터로 뭘 만들고 있죠?

パソコンで 何を 作って いますか。
파소콩데 나니오 쯔꿋떼 이마스까

□ 프레젠테이션용 자료를 만들고 있어요.

プレゼンテーション用の 材料を 作って います。
프레젠테-송 요-노 자이료-오 쯔꿋떼 이마스

□ 제가 이 프로젝트를 담당하고 있어요.

私が この プロジェクトを 担当して います。
와따시가 고노 프로젝또오 단또- 시떼 이마스

□ 이 프로젝트는 분명히 우리가 해볼 만한 일입니다.

この プロジェクトは 確かに 私たちが して 見るのに 値する 仕事です。
고노 프로젝또와 다시까니 와따시다찌가 시떼 미루노니 아따이 스루 시고또데스

□ 회사에 돌아가서 전화 드리겠습니다.

会社に 帰ってから 電話 いたします。
가이샤니 가엣떼까라 뎅와 이따시마스

□ 사무실 지도를 제게 팩스로 보내주세요.

事務所の 地図を 私に ファックスで 送って ください。

지무쇼노 치즈오 와따시니 팍쿠스데 오꿋떼 구다사이

□ 이 일을 부장님과 먼저 의논해야 할 것 같군요.

この 仕事は 部長と 先に 議論 するほうが いいと おもいます。

고노 시고또와 부쵸-또 사끼니 기론 스루호우가 이이또 오모이마스

□ 너무 오래 기다리게 해서 죄송해요.

とても 長く お待たせして すみません。

도떼모 나가꾸 오마따세시떼 스미마셍

□ 새로운 프로젝트는 어떻게 진행되고 있습니까?

新しい プロジェクトは どのように 進行 して いますか。

아따라시이 프로젝또와 도노요우니 신꼬우 시떼 이마스까

□ 우리는 부장님의 결정을 기다리고 있어요.

私たちは 部長の 決定を まって います。

와따시다찌와 부쵸-노 겟떼이오 맛떼 이마스

□ 그 일에 대해 만반의 준비를 해야 합니다.

その 仕事に ついて 万端の 準備を しなければ ならないです。

소노 시고또니 쯔이떼 반탄노 준비오 시나께레바 나라나이데스

□ 이 복사기는 고장 났어요.

この コピー機は 故障しました。

고노 코피-키와 고쇼-시마시따

□ 수리하는 사람 좀 바로 불러줄래요?

修理する 人を 早く 呼んで くれますか。

슈-리스루 히또오 하야꾸 욘데 구레마스까

□ 컴퓨터에 대해 잘 아나요?

パソコンに ついて よく 知って いますか。
파소콘니 쯔이떼 요꾸 싯떼 이마스까

□ 이 소프트웨어 쓸 줄 아나요?

この ソフトウェアの 使い 方を 知って いますか。
고노 소프또웨아노 쯔까이 가따오 싯떼 이마스까

□ 이 소프트웨어 사용법을 알려주실래요?

この ソフトウェアの 使用方を 教えて くれますか。
고노 소프또웨아노 시요-호-오 오시에떼 구레마스까

□ 이 소프트웨어에는 편리한 기능들이 많아요.

この ソフトウェアには 便利な 機能が 多いです。
고노 소프또웨아니와 벤리나 기노우가 오오이데스

□ 전에 이 데이터베이스 사용해보신 적 있어요?

前に この データベースを 使用 したことが ありますか。
마에니 고노 데-타베-스오 시요- 시따꼬또가 아리마스까

□ 저는 그것의 작동법을 잊어버렸어요.

私は その 使い 方を 忘れました。
와따시와 소노 쯔까이 가따오 와스레마시따

□ 당신 회사의 웹 사이트가 있나요?

あなたの 会社の ウェブサイトが ありますか。
아나따노 가이샤노 웨브사이또가 아리마스까

334

□ 자세한 내용은 저희 홈페이지를 참조하세요.

詳しい 内容は ホームページを 参考に して ください。
구와시이 나이요-와 호-무페-지오 산꼬-니 시떼 구다사이

□ 존슨 씨에게 이메일을 보냈습니다.

ジョンスンさんに Ｅメールを 送りました。
존슨상니 이메-르오 오꾸리마시따

□ 내가 오늘 아침에 보낸 메일 봤어요?

私が 今日の 朝 送った メール みましたか。
와따시가 쿄-노 아사 오꿋따 메-루 미마시따까

□ 저는 인터넷에서 이 정보를 수집했어요.

私は インターネットで この 情報を 集めました。
와따시와 인타-넷또데 고노 죠-호-오 아쯔메마시따

□ 인터넷에서 찾아보는 게 어때요?

インターネットで 探して みるのは どうですか。
인타-넷또데 사가시떼 미루노와 도-데스까

□ 자세한 내용은 이메일로 알려드릴게요.

詳しい 内容は Ｅメールで 知らせます。
구와시이 나이요우와 이메-루데 시라세마스

□ 이메일에 첨부된 파일을 열 수 없군요.

Ｅメールに 添付した ファイルが 開けないです。
이메-루니 텐뿌시따 파이루가 히라께나이데스

□ 텍스트 파일로 다시 한 번 보내주세요.

テキストファイルで もう一度 送って ください。
테키스토파이루데 모-이찌도 오꿋떼 구다사이

□ 회의준비는 다 됐나요?

会議の 準備は 全部できましたか。
가이기노 준비와 젠부데끼마시따까

□ 회의를 시작합시다.

会議を 始めましょう。
가이기오 하지메마쇼-

□ 여러분, 주목해주시겠어요?

皆さん、注目 してもらえますか。
미나상, 쥬-모꾸 시떼모라에마스까

□ 8쪽의 도표를 봐주시겠습니까?

8ページの 表を 見て いただけますか。
하찌페-지노 효-오 미떼 이따다께마스까

□ 판매를 향상시킬 좋은 아이디어가 있나요?

販売を 向上させる 良い アイディアは ありますか。
함바이오 고-죠- 사세루 요이 아이디아와 아리마스까

□ 이것이 최신 홍보책자입니다.

これが 最新の パンフレットです。
고레가 사이신노 팜뿌렛또데스

□ 이 디자인이 전체 중에서 가장 매력적으로 보이는군요.

この デザインが 全体の 中で 一番魅力的に 見えますね。
고노 디자인가 젠따이노 나까데 이찌방 미료꾸떼끼니 미에마스네

☐ 문제는 어떻게 매출을 높일 것인가 입니다.

問題は どのように 売り上げを 高く するかです。

몬다이와 도노요우니 우리아게오 다까꾸 스루까데스

☐ 거기에 투자를 얼마나 할지 결정합시다.

そこに いくら 投資 するかを 決めましょう。

소꼬니 이꾸라 토우시 스루까오 기메마쇼-

☐ 제안이 있으시면 언제든지 해주시기 바랍니다.

提案が あったら いつでも して ください。

데이안가 앗따라 이쯔데모 시떼 구다사이

☐ 이것에 대한 의견 있으세요?

これに 対する 意見は ありますか。

고레니 다이스루 이껭와 아리마스까

☐ 이 계획에 반대하시는 분 있나요?

この 契約に 反対 する 方いますか。

고노 게이야꾸니 한따이 스루 가따이마스까

☐ 그 계획은 조금 수정이 필요합니다.

その 契約は 少し 修正が 必要です。

소노 게이야꾸와 스꼬시 슈-세이가 히쯔요-데스

☐ 우리의 전략에 과감한 변화가 필요합니다.

私たちの 戦略に 果敢な 変化が 必要です。

와따시다찌노 센랴꾸니 가깐나 헨까가 히쯔요-데스

☐ 그 점에 대해서 당신 의견에 동의할 수 없어요.

その 点に ついて あなたの 意見に 同意 することが できません。

소노 텐니 쯔이떼 아나따노 이껭니 도-이 스루꼬도가 데끼마셍

□ 저희 홈페이지에 들어오신 적이 있나요?

私どもの ホームページに 入った ことが ありますか。
와따꾸시 도모노 호-무페-지니 하잇따 꼬또가 아리마스까

□ 카탈로그 좀 보여주세요.

カタログを ちょっと 見せて ください。
카따로구오 촛또 미세떼 구다사이

□ 괜찮으시면 먼저 카탈로그를 보내드리겠어요.

よろしければ 先に カタログを 送って くれますか。
요로시께레바 사끼니 카따로구오 오꿋떼 구레마스까

□ 그 제품에 대해 좀 더 자세한 정보를 드리겠어요.

その 製品に ついて もう ちょっと 詳しい 情報を くれますか。
소노 세이힝니 쯔이떼 모우 촛또 구와시이 죠-호-오 구레마스까

□ 주요기능에 대해 설명해 드릴게요.

重要機能に ついて 説明 します。
쥬-요-끼노우니 쯔이떼 세쯔메이시마스

□ 제품의 세부적인 내용에 대해 설명해 드릴게요.

製品の 詳細的な 内容に ついて 説明します。
세이힝노 쇼우사이떼끼나 나이요우니 쯔이떼 세쯔메이시마스

□ 귀사에는 이 제품이 가장 적당하다고 생각합니다.

貴社には この 製品が 一番適当だと 思います。
기샤니와 고노 세이힝가 이찌방 데끼또우다또 오모이마스

□ 이것은 저희 회사의 최고 인기 모델 중 하나입니다.

これは 私どもの 会社で 最高人気 モデル中の 一つです。

고레와 와따꾸시 도모노 가이샤데 사이꼬-닌끼 모데루쮸-노 히도쯔데스

□ 이 모델은 젊은이들 사이에서 훨씬 인기가 좋아요.

この モデルは 若者達の 間で もっとも 人気が いいです。

고노 모데루와 와까모노다찌노 아이다데 못또모 닌끼가 이이데스

□ 저희 서비스에 만족하실 것으로 확신해요.

私どもの サービスに 満足 されるものと 確信します。

와따꾸시 도모노 사-비스니 만조꾸 사레루 모노또 가꾸신시마스

□ 문의사항이 있으면 알려주시기 바랍니다.

問い合わせ 事項が あったら 知らせて ください。

도이아와세 지꼬우가 앗따라 시라세떼 구다사이

□ 신제품의 장점은 무엇인가요?

新製品の 利点は なんですか。

신세이힝노 리뗑와 난데스까

□ 시장점유율은 어느 정도인가요?

マーケットシェアは どのくらいですか。

마-켓또 쉐아와 도노꾸라이데스까

□ 가격이 가장 중요해요.

価格が 一番重要です。

가까꾸가 이찌방 쥬-요-데스

□ 얼마동안 품질보증이 되나요?

どのくらいの 間 品質保証が できますか。

도노꾸라이노 아이다 힝시쯔 호쇼-가 데끼마스까

□ 결정하면 연락해 주시겠어요?

決定 したら 連絡して いただけますか。
겟떼이 시따라 렌라꾸 시떼 이따다께마스까

□ 조만간 연락해주시길 고대하겠습니다.

近い 間に 連絡 頂くのを お待ち しております。
치까이 아이다니 렌라꾸 이따다꾸노오 오마찌 시떼오리마스

□ 이번 주 중으로 답변 드리겠습니다.

今週中に 返事 さしあげます。
곤슈쮸니 헨지 사시아게마스

□ 가격을 그렇게 내리는 것은 곤란합니다.

価格を そんなに 下げるのは 困ります。
가까꾸오 손나니 사게루노와 고마리마스

□ 가격은 수량에 따라 달라집니다.

価格は 数量に よって 変わります。
가까꾸와 스우료-니 욧떼 가와리마스

□ 이것이 우리가 제시할 수 있는 최선의 조건입니다.

これが 私たちが 提示 することが できる 最善の 条件です。
고레가 와따시다찌가 데이지 스루꼬또가 데끼루 사이젠노 죠-껜데스

□ 얼마나 주문하실 겁니까?

どのくらい 注文 する つもりですか。
도노꾸라이 츄-몽 스루 쯔모리데스까

340

□ 이 계약은 언제까지 유효합니까?

この 契約は いつまで 有効ですか。

고노 게이야꾸와 이쯔마데 유-꼬-데스까

□ 주문을 변경하고 싶습니다.

注文を 変更 したいです。

츄-몽오 헨꼬- 시따이데스

□ 여기 사인을 부탁드립니다.

ここに サインを お願いします。

고꼬니 사인오 오네가이시마스

□ 1주일 내에 청구서를 보내드리겠습니다.

一週間内に 請求書を 送ります。

잇슈-깐나이니 세이큐-쇼오 오꾸리마스

□ 당신과 계약하게 되어 매우 기쁩니다.

あなたと 契約 することになり とても うれしいです。

아나따또 게이야꾸 스루꼬또니 나리 도떼모 우레시-데스

□ 믿고 맡겨주셔서 감사합니다.

信じて 任せて くれて ありがとう ございます。

신지떼 마까세떼 구레떼 아리가또- 고자이마스

□ 앞으로 우리 관계가 더 발전하기를 바랍니다.

これから 私たちの 関係が もっと 発展 するよう ねがいます。

고레까라 와따시다찌노 간께이가 못또 핫뗀 스루요우 네가이마스

□ 직원 분들이 아주 잘해주셨어요.

職員の 方たちが とても よく して くれました。

쇼꾸잉노 가따다찌가 도떼모 요꾸 시떼 구레마시따

직장생활

시간은 금이다.
時は 金なり。
[도끼와 카네나리]

낙숫물이 바위를 뚫는다.
雨垂れ 石を 穿つ。
[아마다레 이시오 우가쯔]

하늘은 스스로 돕는 자를 돕는다.
天は 自ら 助くる 者を 助く。
[텐와 미즈까라 타스꾸루 모노오 타스꾸]

두 마리 토끼를 잡으려다 한 마리도 못 잡는다.
二兎を 追う者は 一兎を もえず。
[니또오 오우모노와 잇또오 모에즈]

젊었을 때의 고생은 사서라도 해라.
若い時の 苦労は買ってでもせよ。
[와까이도끼노 쿠로우와 갓떼데모세요]

호랑이 굴에 들어가야 호랑이를 잡는다.
虎穴に 入らずんば 虎子を 得ず。
[코께쯔니 이라즌바 코지오 에즈]

소년은 늙기 쉽고 학문은 좀처럼 이루기 힘들다.
少年老い 易く 学成り 難し。
[쇼우넹오이 야스꾸 가꾸나리 가따시]

실패는 성공의 어머니다.

失敗は 成功のもと。

[싯빠이와 세이꼬우노 모또]

천리 길도 한 걸음부터이다.

千里の 道も 一歩から。

[센리노 미찌모 잇뽀까라]

세월은 사람을 기다려주지 않는다.

歳月人を 待たず。

[사이게쯔 히또오 마따즈]

티끌 모아 태산이다.

塵も 積もれば 山となる。

[찌리모 쯔모레바 야마또나루]

구르는 돌에는 이끼가 끼지 않는다.

転石苔むさず。

[텐세끼꼬께 무사즈]

비 온 뒤에 땅이 더 굳어진다.

雨降って 地固まる。

[아메훗떼 지까따마루]

처음이 좋아야 끝도 좋다.

始めよければ 終わりよし。

[하지메 요께레바 오와리요시]

JAPANESE EXPRESSIONS DICTIONARY

Point 1 찾기 쉽고 편리한 주제별 상황별 사전식 구성!!

전체 13개 Part, 45개의 Chapter, 166개의 상황으로 정리한
상황별 맞춤 활용사전

Point 2 즉석에서 바로 활용하는 알짜 일본어회화 표현!!

원어민이 본문 전체 회화를 녹음하여 생생한 일본어 표현을 담은
생활일본어 표현사전

Point 3 책속의 책–초보자를 위한 일본어 학습 길잡이!!

일본어 상용한자 2,055자(일본어 능력시험 급수 표기)를 수록한
필수 일본한자 백과사전

JAPANESE
EXPRESSIONS DICTIONARY

왕초보를 위한

개정판

일본어회화
활용사전

HD어학교재연구회
사와이 유끼꼬 감수

부록
·····
책속의 책

1. 일본 문부성에서 고시한 교육한자 1,006자

2. 교육한자를 제외한 상용한자 939자

3. 상용한자표에 없는 표외자 110자

하다북스

부록
책속의 책

일본한자는 일본어 학습의 기본!

일본어 학습에서 빼놓을 수 없는 것이 바로 일본한자입니다. 일본어를 구성하는 요소 중 약 50%가 한자어로 되어 있습니다. 일본한자는 일본어 학습의 기본으로 일본한자를 모르고서는 일본어의 달인이 될 수 없습니다.

이 책에서는 일본어 능력시험을 준비하는 수험생들에게 꼭 필요한 일본어 필수한자 1,006자와 교육한자를 제외한 상용한자 939자, 그리고 상용한자표에 없는 표외자 110자를 별도로 정리하여 히라가나 순으로 수록하였습니다.

특히, 필수한자 1,006자는 일본 초등학교의 한자교육을 위해 일본 문부성에서 고시한 교육한자로 활용 빈도수가 높은 한자입니다. 이 필수한자만 알고 있어도 일본의 신문, 잡지 등의 출판물을 90% 이상 읽을 수 있다는 통계가 있으니 반드시 외워야 합니다.

Point 1 필수 일본어 상용한자 2055자 완벽 수록!!

일본 문부성에서 고시한 교육한자 1,006자와 교육한자를 제외한 상용한자 939자, 그리고 상용한자표에 없는 표외자 110자를 별도로 나눠 수록하였습니다. 또한, 각각의 일본한자에는 일본어 능력시험을 주관하는 국제교류기금에서 출제기준으로 공표한 1급에서 4급까지의 급수를 표시하여 학습효과를 높였습니다.

Point 2 일본어 新字体(약자)와 한국한자 별도 표기!!

일본어 新字体(약자)와 우리나라에서 사용하는 한자를 비교해서 학습할 수 있도록 한국한자를 별도로 표기하였습니다. 특히, 일본의 교육한자&상용한자 1,945자와 우리나라의 기초한자 1,800자는 90% 이상이 겹치기 때문에 일본한자와 한국한자를 함께 습득한다면 한자 실력을 향상시키는 지름길을 여는 것입니다.

Point 3 일본어 발음은 음독을 중심으로 학습!!

일본한자는 한자 한 글자에도 여러 가지 의미가 있습니다. 이 책에서는 각 한자마다 그 한자의 한국어 뜻을 이해하고, 일본한자의 음독과 훈독을 익힐 수 있도록 구성하였습니다. 일본한자의 발음에서는 음독은 ‘가타카나’로 훈독은 ‘히라가나’로 구분해서 표기했는데, 일본어 발음은 읽는 방법이 다양한 훈독보다 음독을 중심으로 학습하는 것이 좋습니다. 단, 표외자 110자는 지정된 발음만 사용해야 하며, 색깔로 표시해 구분하였습니다.

1. 이동 중이거나 좁은 공간에서 활용사전을 가지고 다니기 부담스러울 때 '책속의 책'을 분리하여 간편하게 들고 다니면서 언제 어디서든지 일본한자를 익힌다!

2. 먼저 '히라가나' 순서로 정리된 일본한자 2,055자를 살펴보고, 모르는 한자를 체크하여 별도로 자신만의 한자 학습장을 만들어보면 한자 실력 향상에 도움이 된다!

3. 일본의 교육한자&상용한자 1,945자와 우리나라의 기초한자 1,800자는 90% 이상이 겹치기 때문에 함께 공부하면 한자 실력이 두 배로 향상되는 효과를 볼 수 있다!

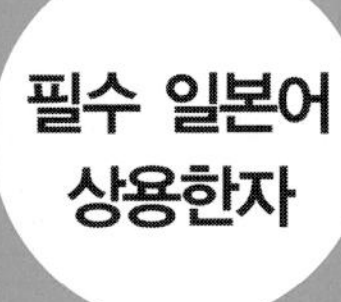

01 일본 문부성에서 고시한 교육한자 1006자

번호	한자	음/훈	일본음훈	능시	한국 뜻·음	한국한자
0001	愛	음	アイ・아이	능시 2급	사랑 애	愛
		훈	–			
0002	悪	음	アク, オ・아꾸, 오	능시 3급	악할 악/미워할 오	惡
		훈	わるい・와루이			
0003	圧	음	アツ・아쯔	능시 2급	누를 압	壓
		훈	–			
0004	安	음	アン・앙	능시 4급	편안할 안	安
		훈	やすい・야스이			
0005	案	음	アン・앙	능시 2급	책상 안	案
		훈	–			
0006	暗	음	アン・앙	능시 3급	어두울 암	暗
		훈	くらい・쿠라이			
0007	以	음	イ・이	능시 3급	써 이	以
		훈	–			
0008	衣	음	イ, エ・이, 에	능시 2급	옷 의	衣
		훈	ころも・고로모			
0009	位	음	イ・이	능시 2급	자리 위	位
		훈	くらい・구라이			
0010	囲	음	イ・이	능시 2급	둘레 위	圍
		훈	かこむ・가꼬무			
0011	医	음	イ・이	능시 3급	의원 의	醫
		훈	–			
0012	委	음	イ・이	능시 2급	맡길 위	委
		훈	ゆだねる・유다네루			
0013	胃	음	イ・이	능시 2급	밥통 위	胃
		훈	–			

번호	한자			능시 급수	한국 훈음	한국 한자
0014	異	음	イ・이	능시 2급	다를 이	異
		훈	ことなる・고또나루			
0015	移	음	イ・이	능시 2급	옮길 이	移
		훈	うつる, うつす・우츠루, 우츠스			
0016	意	음	イ・이	능시 3급	뜻 의	意
		훈	–			
0017	遺	음	イ, ユイ・이, 유이	능시 1급	끼칠/남길 유	遺
		훈	–			
0018	域	음	イキ・이끼	능시 2급	지경 역	域
		훈	–			
0019	育	음	イク・이꾸	능시 2급	기를 육	育
		훈	そだつ, そだてる・소다쯔, 소다테루			
0020	一	음	イチ, イツ・이치, 이츠	능시 4급	한 일	一
		훈	ひと, ひとつ・히또, 히또츠			
0021	引	음	イン・잉	능시 3급	끌 인	引
		훈	ひく・히꾸			
0022	印	음	イン・잉	능시 2급	도장 인	印
		훈	しるし・시루시			
0023	因	음	イン・잉	능시 2급	인할 인	因
		훈	よる・요루			
0024	員	음	イン・잉	능시 3급	관원 원	員
		훈	–			
0025	院	음	イン・잉	능시 3급	집 원	院
		훈	–			
0026	飲	음	イン・잉	능시 4급	마실 음	飲
		훈	のむ・노무			

번호	한자	음	훈	능시 급수	한국음훈	한국한자
0027	羽	ウ・우	は, はね・하, 하네	능시 2급	날개 우	羽
0028	右	ウ, ユウ・우, 유우	みぎ・미기	능시 4급	오른쪽 우	右
0029	宇	ウ・우	–	능시 2급	집 우	宇
0030	雨	ウ・우	あめ, あま, さめ・아메, 아마, 사메	능시 2급	비 우	雨
0031	運	ウン・웅	はこぶ・하꼬부	능시 3급	운전할 운	運
0032	雲	ウン・웅	くも・쿠모	능시 2급	구름 운	雲
0033	永	エイ・에이	ながい・나가이	능시 2급	길 영	永
0034	泳	エイ・에이	およぐ・오요구	능시 2급	헤엄칠 영	泳
0035	英	エイ・에이	–	능시 3급	빼어날 영	英
0036	映	エイ・에이	うつる, うつす, はえる・우츠루, 우츠스, 하에루	능시 3급	비칠 영	映
0037	栄	エイ・에이	さかえる, はえる・사카에루, 하에루	능시 2급	영화 영	榮
0038	営	エイ・에이	いとなむ・이또나무	능시 2급	경영할 영	營
0039	衛	エイ・에이	–	능시 1급	호위할 위	衛

No.	한자			능시	한국한자 뜻·음	한국한자
0040	易	음	エキ, イ・에끼, 이	능시 2급	바꿀 **역**/쉬울 **이**	易
		훈	やさしい・야사시이			
0041	益	음	エキ, ヤク・에끼, 야꾸	능시 1급	더할 **익**	益
		훈	–			
0042	液	음	エキ・에끼	능시 2급	액체 **액**	液
		훈	–			
0043	駅	음	エキ・에끼	능시 4급	역 **역**	驛
		훈	–			
0044	円	음	エン・엥	능시 1급	둥글 **원**	圓
		훈	まるい・마루이			
0045	延	음	エン・엥	능시 2급	끌 **연**	延
		훈	のびる, のばす, のべる・노비루, 노바스, 노베루			
0046	沿	음	エン・엥	능시 1급	물따라내려갈 **연**	沿
		훈	そう・소우			
0047	園	음	エン・엥	능시 2급	동산 **원**	園
		훈	その・소노			
0048	遠	음	エン, オン・엥, 옹	능시 3급	멀 **원**	遠
		훈	とおい・토-이			
0049	塩	음	エン・엥	능시 2급	소금 **염**	鹽
		훈	しお・시오			
0050	演	음	エン・엥	능시 2급	행할 **연**	演
		훈	–			
0051	桜	음	オウ・오우	능시 1급	벚꽃 **앵**	櫻
		훈	さくら・사꾸라			
0052	王	음	オウ・오우	능시 2급	임금 **왕**	王
		훈	–			

353

0053 応	음	オウ • 오우	능시 2급	응할 응	應
	훈	−			
0054 央	음	オウ • 오우	능시 2급	가운데 앙	央
	훈	−			
0055 往	음	オウ • 오우	능시 1급	갈 왕	往
	훈	−			
0056 横	음	オウ • 오우	능시 2급	가로 횡	横
	훈	よこ • 요꼬			
0057 屋	음	オク • 오꾸	능시 3급	집 옥	屋
	훈	や • 야			
0058 億	음	オク • 오꾸	능시 2급	억 억	億
	훈	−			
0059 音	음	オン, イン • 옹, 잉	능시 3급	소리 음	音
	훈	おと, ね • 오또, 네			
0060 恩	음	オン • 옹	능시 1급	은혜 은	恩
	훈	−			
0061 温	음	オン • 옹	능시 2급	따뜻할 온	温
	훈	あたたか, あたたかい • 아따따까, 아따따까이			
0062 下	음	カ, ゲ • 카, 게	능시 4급	아래 하	下
	훈	した, もと, さがる, くだる • 시따, 모토, 사가루, 쿠다루			
0063 化	음	カ, ケ • 카, 케	능시 2급	될/화할 화	化
	훈	ばける, ばかす • 바케루, 바카스			
0064 火	음	カ • 카	능시 4급	불 화	火
	훈	ひ, ほ • 히, 호			
0065 加	음	カ • 카	능시 2급	더할 가	加
	훈	くわえる, くわわる • 쿠와에루, 쿠와와루			

번호	한자	음	훈	급수	뜻·음	한국한자
0066	可	カ・카	–	능시 2급	옳을 가	可
0067	仮	カ, ケ・카, 케	かり・카리	능시 2급	거짓 가	假
0068	何	カ・카	なに, なん・나니, 낭	능시 4급	어찌 하	何
0069	花	カ・카	はな・하나	능시 4급	꽃 화	花
0070	価	カ・카	あたい・아타리	능시 1급	값 가	價
0071	果	カ・카	はたす, はてる, はて・하타스, 하테루, 하테	능시 2급	과실 과	果
0072	河	カ・카	かわ・카와	능시 2급	물 하	河
0073	科	カ・카	–	능시 2급	과목 과	科
0074	夏	カ, ゲ・카, 게	なつ・나츠	능시 3급	여름 하	夏
0075	家	カ, ケ・카, 케	いえ, や・이에, 야	능시 3급	집 가	家
0076	荷	カ・카	に・니	능시 2급	짐 하	荷
0077	貨	カ・카	–	능시 2급	재화/돈 화	貨
0078	過	カ・카	すぎる, すごす, あやまつ・스기루, 스고스, 아야마츠	능시 2급	지날 과	過

번호	한자	음	훈	급수	뜻·음	한국한자
0079	歌	カ・카	うた, うたう・우따, 우따우	능시 3급	노래 **가**	歌
0080	課	カ・카	–	능시 2급	부과할 **과**	課
0081	我	ガ・가	われ, わ・와레, 와	능시 1급	나 **아**	我
0082	画	ガ, カク・가, 카꾸	–	능시 3급	그림 **화**/그을 **획**	畫·劃
0083	芽	カ・카	め・메	능시 1급	싹 **아**	芽
0084	賀	ガ・가	–	능시 1급	하례할 **하**	賀
0085	貝	–	かい・카이	능시 2급	조개 **패**	貝
0086	回	カイ, エ・카이, 에	まわる, まわす・마와루, 마와스	능시 3급	돌 **회**	回
0087	灰	カイ・카이	はい・하이	능시 2급	재 **회**	灰
0088	会	カイ, エ・카이, 에	あう・아우	능시 4급	만날/모을 **회**	會
0089	快	カイ・카이	こころよい・고코로요이	능시 2급	유쾌할 **쾌**	快
0090	改	カイ・카이	あらたまる, あらためる・아라타마루, 아라타메루	능시 2급	고칠 **개**	改
0091	海	カイ・카이	うみ・우미	능시 3급	바다 **해**	海

356

	음	훈	능시 급수	뜻·한국음	한국한자
0092 界	カイ・카이	–	능시 3급	경계 계	界
0093 械	カイ・카이	–	능시 2급	기계 계	械
0094 絵	カイ, エ・카이, 에	–	능시 2급	그림 회	繪
0095 開	カイ・카이	ひらく, ひらける, あく・히라쿠, 히라케루, 아쿠	능시 3급	열 개	開
0096 階	カイ・카이	–	능시 2급	계단 계	階
0097 解	カイ, ゲ・카이, 게	とく, とかす, とける・도쿠, 도카스, 도케루	능시 2급	풀 해	解
0098 外	ガイ, ゲ・가이, 게	そと, ほか, はずす・소또, 호까, 하즈스	능시 4급	바깥 외	外
0099 害	ガイ・가이	–	능시 2급	해칠 해	害
0100 街	ガイ, カイ・가이, 카이	まち・마치	능시 1급	거리 가	街
0101 各	カク・카쿠	おのおの・오노오노	능시 2급	각각 각	各
0102 角	カク・카쿠	かど, つの・카도, 츠노	능시 2급	뿔 각	角
0103 拡	カク・카쿠	–	능시 2급	늘릴/넓힐 확	擴
0104 革	カク・카쿠	かわ・카와	능시 2급	가죽 혁	革

번호		음/훈	능시 급	뜻·음	한국한자
0105 格	음	カク, コウ · 카쿠, 코우	능시 2급	격식 **격**	格
	훈	–			
0106 覚	음	カク · 카쿠	능시 2급	깨달을 **각**	覺
	훈	おぼえる, さます, さめる · 오보에루, 사마스, 사메루			
0107 閣	음	カク · 카쿠	능시 1급	누각 **각**	閣
	훈	–			
0108 確	음	カク · 카쿠	능시 1급	확신할 **확**	確
	훈	たしか, たしかめる · 타시카, 타시카메루			
0109 学	음	ガク · 가쿠	능시 4급	배울 **학**	學
	훈	まなぶ · 마나부			
0110 楽	음	ガク, ラク · 가쿠, 라쿠	능시 3급	즐길 **락**/풍류 **악**	樂
	훈	たのしい, たのしむ · 타노시-, 타노시무			
0111 額	음	ガク · 가쿠	능시 2급	이마 **액**	額
	훈	ひたい · 히타이			
0112 活	음	カツ · 카츠	능시 2급	살 **활**	活
	훈	–			
0113 割	음	カツ · 카츠	능시 2급	나눌 **할**	割
	훈	わる, わり, われる, さく · 와루, 와리, 와레루, 사쿠			
0114 株	음	–	능시 1급	그루 **주**	株
	훈	かぶ · 카부			
0115 干	음	カン · 캉	능시 2급	마를 **간**	干
	훈	ほす, ひる · 호스, 히루			
0116 刊	음	カン · 캉	능시 2급	책펴낼 **간**	刊
	훈	–			
0117 完	음	カン · 캉	능시 2급	완전할 **완**	完
	훈	–			

| 0118 官 | 음 | カン・캉 | | 능시 2급 | 벼슬 관 | 한국한자 官 |
| 훈 | | – | | | | |

| 0119 卷 | 음 | カン・캉 | | 능시 2급 | 문서 권 | 한국한자 卷 |
| 훈 | | まく, まき・마쿠, 마키 | | | | |

| 0120 看 | 음 | カン・캉 | | 능시 2급 | 볼 간 | 한국한자 看 |
| 훈 | | – | | | | |

| 0121 寒 | 음 | カン・캉 | | 능시 3급 | 추울 한 | 한국한자 寒 |
| 훈 | | さむい・사무이 | | | | |

| 0122 間 | 음 | カン, ケン・캉, 켕 | | 능시 4급 | 사이 간 | 한국한자 間 |
| 훈 | | あいだ, ま・아이다, 마 | | | | |

| 0123 幹 | 음 | カン・캉 | | 능시 1급 | 줄기 간 | 한국한자 幹 |
| 훈 | | みき・미키 | | | | |

| 0124 感 | 음 | カン・캉 | | 능시 2급 | 느낄 감 | 한국한자 感 |
| 훈 | | – | | | | |

| 0125 漢 | 음 | カン・캉 | | 능시 3급 | 한나라 한 | 한국한자 漢 |
| 훈 | | – | | | | |

| 0126 慣 | 음 | カン・캉 | | 능시 2급 | 익숙할 관 | 한국한자 慣 |
| 훈 | | なれる, ならす・나레루, 나라스 | | | | |

| 0127 管 | 음 | カン・캉 | | 능시 2급 | 대롱 관 | 한국한자 管 |
| 훈 | | くだ・쿠다 | | | | |

| 0128 関 | 음 | カン・캉 | | 능시 2급 | 관계할/빗장 관 | 한국한자 關 |
| 훈 | | せき, かかわる・세키, 가카와루 | | | | |

| 0129 館 | 음 | カン・캉 | | 능시 3급 | 집 관 | 한국한자 館 |
| 훈 | | – | | | | |

| 0130 簡 | 음 | カン・캉 | | 능시 2급 | 편지 간 | 한국한자 簡 |
| 훈 | | – | | | | |

번호	한자	음	훈	능시	뜻·음	한국한자
0131	観	カン・캉	–	능시 2급	볼 관	觀
0132	丸	ガン・강	まる, まるい, まるめる・마루, 마루이, 마루메루	능시 2급	알/둥글 환	丸
0133	岸	ガン・강	きし・키시	능시 2급	언덕 안	岸
0134	岩	ガン・강	いわ・이와	능시 2급	바위 암	岩
0135	眼	ガン, ゲン・강, 겡	まなこ, め・마나코, 메	능시 1급	눈 안	眼
0136	顔	ガン・강	かお・가오	능시 3급	얼굴 안	顔
0137	願	ガン・강	ねがう・나가우	능시 2급	원할 원	願
0138	危	キ・키	あぶない, あやうい, あやぶむ・아부나이, 아야우이, 아야부무	능시 2급	위태할 위	危
0139	机	キ・키	つくえ・츠쿠에	능시 2급	책상 궤	机
0140	気	キ, ケ・키, 케	–	능시 4급	기운 기	氣
0141	希	キ・키	–	능시 2급	바랄 희	希
0142	汽	キ・키	–	능시 1급	김 기	汽
0143	季	キ・키	–	능시 2급	계절 계	季

	음	훈	능시	한국 뜻·음	한국한자
0144 紀	キ・키	–	능시 1급	벼리 기	紀
0145 記	キ・키	しるす・시루스	능시 2급	기록할 기	記
0146 起	キ・키	おきる, おこる, おこす・오키루, 오코루, 오코스	능시 3급	일어날 기	起
0147 帰	キ・키	かえる, かえす・카에루, 카에스	능시 3급	돌아올 귀	歸
0148 基	キ・키	もと, もとづく, もとい・모토, 모토즈쿠, 모토이	능시 2급	터 기	基
0149 奇	キ・키	–	능시 1급	기이할 기	奇
0150 規	キ・키	–	능시 1급	법 규	規
0151 喜	キ・키	よろこぶ・요로코부	능시 2급	기쁠 희	喜
0152 揮	キ・키	–	능시 1급	휘두를 휘	揮
0153 期	キ, ゴ・키, 고	–	능시 2급	기약할 기	期
0154 貴	キ・키	とうとい, とうとぶ・토-토이, 토-토부	능시 1급	귀할 귀	貴
0155 旗	キ・키	はた・하타	능시 1급	기 기	旗
0156 器	キ・키	うつわ・우츠와	능시 2급	그릇 기	器

번호	한자		음/훈		급수	뜻·음	한국한자
0157	機	음	キ・키		능시 2급	틀 기	機
		훈	はた・하타				
0158	技	음	ギ・기		능시 2급	재주 기	技
		훈	わざ・와자				
0159	義	음	ギ・기		능시 1급	옳을 의	義
		훈	–				
0160	疑	음	ギ・기		능시 2급	의심할 의	疑
		훈	うたがう・우타가우				
0161	議	음	ギ・기		능시 2급	의논할 의	議
		훈	–				
0162	客	음	キャク, カク・캬쿠, 카쿠		능시 2급	손님 객	客
		훈	–				
0163	逆	음	ギャク・갸꾸		능시 2급	거스릴 역	逆
		훈	さか, さからう・사카, 사카라우				
0164	九	음	キュウ, ク・큐우, 쿠		능시 4급	아홉 구	九
		훈	ここの, ここのつ・고코노, 고코노츠				
0165	久	음	キュウ, ク・큐우, 쿠		능시 1급	오랠 구	久
		훈	ひさしい・히사시–				
0166	弓	음	キュウ・큐우		능시 1급	활 궁	弓
		훈	ゆみ・유미				
0167	旧	음	キュウ・큐우		능시 2급	옛 구	舊
		훈	–				
0168	休	음	キュウ・큐우		능시 4급	쉴 휴	休
		훈	やすむ・야스무				
0169	吸	음	キュウ・큐우		능시 2급	마실 흡	吸
		훈	すう・스우				

			능시	한국한자
求	0170 음	キュウ・큐우	능시 2급	求
	훈	もとめる・모토메루	구할 **구**	
究	0171 음	キュウ・큐우	능시 3급	究
	훈	–	궁구할 **구**	
泣	0172 음	キュウ・큐우	능시 2급	泣
	훈	なく・나쿠	울 **읍**	
急	0173 음	キュウ・큐우	능시 3급	急
	훈	いそぐ・이소구	급할 **급**	
級	0174 음	キュウ・큐우	능시 2급	級
	훈	–	등급 **급**	
宮	0175 음	キュウ, グウ, ク・큐우, 구우, 쿠	능시 1급	宮
	훈	みや・미야	집 **궁**	
救	0176 음	キュウ・큐우	능시 2급	救
	훈	すくう・스쿠우	구원할 **구**	
球	0177 음	キュウ・큐우	능시 2급	球
	훈	たま・타마	공/구슬 **구**	
給	0178 음	キュウ・큐우	능시 2급	給
	훈	–	줄 **급**	
牛	0179 음	ギュウ・규우	능시 3급	牛
	훈	うし・우시	소 **우**	
去	0180 음	キョ, コ・쿄, 코	능시 3급	去
	훈	さる・사루	갈 **거**	
居	0181 음	キョ・쿄	능시 2급	居
	훈	いる・이루	살 **거**	
擧	0182 음	キョ・쿄	능시 1급	擧
	훈	あげる, あがる・아게루, 아가루	들 **거**	

	음	훈		한국한자
許 0183	キョ・쿄	ゆるす・유루스	능시 2급 / 허락할 **허**	許
魚 0184	ギョ・쿄	さかな, うお・사카나, 우오	능시 4급 / 고기 **어**	魚
漁 0185	ギョ, リョウ・교, 료우	−	능시 2급 / 고기잡을 **어**	漁
共 0186	キョウ・쿄우	とも・토모	능시 2급 / 함께 **공**	共
京 0187	キョウ, ケイ・쿄우, 케이	−	능시 3급 / 서울 **경**	京
供 0188	キョウ, ク・쿄우, 쿠	そなえる, とも・소나에루, 토모	능시 2급 / 이바지할 **공**	供
協 0189	キョウ・쿄우	−	능시 2급 / 화합할 **협**	協
胸 0190	キョウ・쿄우	むね, むな・무네, 무나	능시 2급 / 가슴 **흉**	胸
強 0191	キョウ, ゴウ・쿄우, 고우	つよい, つよまる, つよめる・츠요이, 츠요마루, 츠요메루	능시 3급 / 굳셀 **강**	強
教 0192	キョウ・쿄우	おしえる, おそわる・오시에루, 오소와루	능시 3급 / 가르칠 **교**	教
郷 0193	キョウ, ゴウ・쿄우, 고우	−	능시 1급 / 시골 **향**	郷
境 0194	キョウ, ケイ・쿄우, 케이	さかい・사카이	능시 2급 / 경계 **경**	境
橋 0195	キョウ・쿄우	はし・하시	능시 2급 / 다리 **교**	橋

번호	한자	음	훈	급수	한국 훈음	한국 한자
0196	鏡	キョウ・쿄우	かがみ・카가미	능시 1급	거울 경	鏡
0197	競	キョウ, ケイ・쿄우, 케이	きそう, せる・키소우, 세루	능시 2급	다툴 경	競
0198	業	ギョウ, ゴウ・교우, 고우	わざ・와자	능시 3급	업 업	業
0199	曲	キョク・쿄쿠	まがる, まげる・마가루, 마게루	능시 2급	굽을 곡	曲
0200	局	キョク・쿄쿠	–	능시 2급	판 국	局
0201	極	キョク, ゴク・쿄쿠, 고쿠	きわまる, きわめる, きわみ・키와마루, 키와메루, 키와미	능시 2급	지극할 극	極
0202	玉	ギョク・교쿠	たま・타마	능시 2급	구슬 옥	玉
0203	均	キン・킹	–	능시 2급	고를 균	均
0204	近	キン・킹	ちかい・치카이	능시 3급	가까울 근	近
0205	金	キン, コン・킹, 콩	かね, かな・카네, 카나	능시 4급	쇠 금	金
0206	勤	キン, ゴン・킹, 공	つとまる, つとめる・츠토마루, 츠토메루	능시 2급	부지런할 근	勤
0207	筋	キン・킹	すじ・스지	능시 1급	힘줄 근	筋
0208	禁	キン・킹	–	능시 2급	금할 금	禁

| 0209 銀 | 음 | ギン・깅 | 능시 3급 | 은**은** | 한국한자 銀 |
| 훈 | – |

| 0210 区 | 음 | ク・쿠 | 능시 3급 | 구역**구** | 한국한자 區 |
| 훈 | – |

| 0211 句 | 음 | ク・쿠 | 능시 1급 | 글**구** | 한국한자 句 |
| 훈 | – |

| 0212 苦 | 음 | ク・쿠 | 능시 2급 | 괴로울**고** | 한국한자 苦 |
| 훈 | くるしい, くるしむ・쿠루시–, 쿠루시무 |

| 0213 具 | 음 | グ・구 | 능시 2급 | 갖출**구** | 한국한자 具 |
| 훈 | – |

| 0214 空 | 음 | クウ・쿠우 | 능시 4급 | 빌**공** | 한국한자 空 |
| 훈 | そら, あく, あける, から・소라, 아쿠, 아게루, 카라 |

| 0215 君 | 음 | クン・쿵 | 능시 2급 | 임금**군** | 한국한자 君 |
| 훈 | きみ・키미 |

| 0216 訓 | 음 | クン・쿵 | 능시 2급 | 가르칠**훈** | 한국한자 訓 |
| 훈 | – |

| 0217 軍 | 음 | グン・궁 | 능시 2급 | 군사**군** | 한국한자 軍 |
| 훈 | – |

| 0218 群 | 음 | クン・쿵 | 능시 2급 | 무리**군** | 한국한자 群 |
| 훈 | むれる, むれ, むら・무레루, 무레, 무라 |

| 0219 郡 | 음 | グン・궁 | 능시 1급 | 고을**군** | 한국한자 郡 |
| 훈 | – |

| 0220 兄 | 음 | ケイ, キョウ・케이, 교우 | 능시 3급 | 맏**형** | 한국한자 兄 |
| 훈 | あに・아니 |

| 0221 形 | 음 | ケイ, ギョウ・케이, 교우 | 능시 2급 | 형상**형** | 한국한자 形 |
| 훈 | かた, かたち・가타, 가타치 |

번호	한자	음	훈	능시	뜻/음	한국한자
0222	系	ケイ・케이	–	능시 1급	이를/계통 계	系
0223	径	ケイ・케이	–	능시 1급	지름길 경	徑
0224	係	ケイ・케이	かかる, かかり, かかわる・가카루, 가카리, 가카와루	능시 2급	관계할/걸릴 계	係
0225	型	ケイ・케이	かた・가타	능시 2급	거푸집 형	型
0226	計	ケイ・케이	はかる, はからう・하카루, 하카라우	능시 3급	셈할 계	計
0227	経	ケイ, キョウ・케이, 쿄우	へる・헤루	능시 2급	경서 경	經
0228	敬	ケイ・케이	うやまう・우야마우	능시 2급	공경할 경	敬
0229	景	ケイ・케이	–	능시 2급	볕 경	景
0230	軽	ケイ・케이	かるい, かろやか・카루이, 카로야카	능시 3급	가벼울 경	輕
0231	警	ケイ・케이	–	능시 2급	경계할 경	警
0232	芸	ゲイ・게이	–	능시 2급	재주 예	藝
0233	激	ゲキ・게키	はげしい・하게시-	능시 1급	과격할 격	激
0234	劇	ゲキ・게키	–	능시 2급	심할/연극 극	劇

번호	한자		음/훈		뜻·음	한국한자
0235	欠	음	ケツ・케츠	능시 2급	이지러질 결	缺
		훈	かける, かく・카케루, 카쿠			
0236	穴	음	ケツ・케츠	능시 1급	구멍 혈	穴
		훈	あな・아나			
0237	血	음	ケツ・케츠	능시 2급	피 혈	血
		훈	ち・치			
0238	結	음	ケツ・케츠	능시 2급	맺을 결	結
		훈	むすぶ, ゆう, ゆわえる・무스부, 유우, 유와에루			
0239	決	음	ケツ・케츠	능시 2급	정할 결	決
		훈	きめる, きまる・기메루, 기마루			
0240	潔	음	ケツ・케츠	능시 1급	깨끗할 결	潔
		훈	いさぎよい・이사기요이			
0241	月	음	ゲツ, ガツ・게츠, 가츠	능시 4급	달 월	月
		훈	つき・츠키			
0242	犬	음	ケン・켕	능시 3급	개 견	犬
		훈	いぬ・이누			
0243	件	음	ケン・켕	능시 2급	사건 건	件
		훈	–			
0244	券	음	ケン・켕	능시 2급	문서/책 권	券
		훈	–			
0245	見	음	ケン・켕	능시 4급	볼 견	見
		훈	みる, みえる, みせる・미루, 미에루, 미세루			
0246	県	음	ケン・켕	능시 3급	고을 현	縣
		훈	–			
0247	建	음	ケン, コン・켕, 콩	능시 2급	세울 건	建
		훈	たてる, たつ・타테루, 타츠			

				한국한자
研 0248	음	ケン・켕	능시 3급 갈 연	研
	훈	とぐ・도구		
健 0249	음	ケン・켕	능시 2급 건강할 건	健
	훈	すこやか・스코야카		
険 0250	음	ケン・켕	능시 2급 험할 험	險
	훈	けわしい・케와시-		
権 0251	음	ケン, ゴン・켕, 공	능시 2급 권세 권	權
	훈	–		
検 0252	음	ケン・켕	능시 2급 검사할 검	檢
	훈	–		
絹 0253	음	ケン・켕	능시 1급 비단 견	絹
	훈	きぬ・키누		
験 0254	음	ケン, ゲン・켕, 겡	능시 3급 시험할 험	驗
	훈	–		
憲 0255	음	ケン・켕	능시 1급 법 헌	憲
	훈	–		
元 0256	음	ゲン, ガン・겡, 강	능시 3급 으뜸 원	元
	훈	もと・모토		
原 0257	음	ゲン・겡	능시 2급 근원 원	原
	훈	はら・하라		
現 0258	음	ゲン・겡	능시 2급 나타날 현	現
	훈	あらわれる, あらわす・아라와레루, 아라와스		
減 0259	음	ゲン・겡	능시 2급 덜 감	減
	훈	へる, へらす・헤루, 헤라스		
源 0260	음	ゲン・겡	능시 2급 근원 원	源
	훈	みなもと・미나모또		

번호	한자	음/훈	읽기	능시	뜻·한글	한국한자
0261	言	음	ゲン, ゴン・겡, 공	능시 4급	말씀 언	言
		훈	いう, こと・이우, 고또			
0262	限	음	ゲン・겡	능시 2급	한정 한	限
		훈	かぎる・카기루			
0263	嚴	음	ゲン, ゴン・겡, 공	능시 1급	엄할 엄	嚴
		훈	おごそか, きびしい・오고소까, 키비시−			
0264	古	음	コ・코	능시 4급	옛 고	古
		훈	ふるい, ふるす・후루이, 후루스			
0265	己	음	コ, キ・코, 키	능시 1급	몸 기	己
		훈	おのれ・오노레			
0266	戸	음	コ・코	능시 2급	집 호	戸
		훈	と・토			
0267	故	음	コ・코	능시 2급	연고 고	故
		훈	ゆえ・유에			
0268	個	음	コ・코	능시 2급	낱 개	個
		훈	−			
0269	庫	음	コ, ク・코, 쿠	능시 2급	곳집 고	庫
		훈	−			
0270	湖	음	コ・코	능시 2급	호수 호	湖
		훈	みずうみ・미즈우미			
0271	呼	음	コ・코	능시 2급	부를 호	呼
		훈	よぶ・요부			
0272	固	음	コ・코	능시 2급	굳을 고	固
		훈	かためる, かたまる, かたい・카타메루, 카타마루, 카타이			
0273	後	음	ゴ, コウ・고, 코우	능시 4급	뒤 후	後
		훈	のち, うしろ, あと, おくれる・노치, 우시로, 아또, 오꾸레루			

번호	한자	음	훈	능시	한국 한자
0274	語	ゴ・고	かたる, かたらう・가타루, 가타라우	능시 4급 · 말씀 어	語
0275	誤	ゴ・고	あやまる・아야마루	능시 2급 · 그르칠 오	誤
0276	護	ゴ・고	−	능시 1급 · 보호할 호	護
0277	五	ゴ・고	いつ, いつつ・이츠, 이츠쯔	능시 4급 · 다섯 오	五
0278	午	ゴ・고	−	능시 4급 · 낮 오	午
0279	公	コウ・코우	おおやけ・오-야케	능시 2급 · 공변될 공	公
0280	功	コウ, ク・코우, 쿠	−	능시 1급 · 공 공	功
0281	交	コウ・코우	まじわる, まじる, まざる・마지와루, 마지루, 마자루	능시 2급 · 사귈/엇갈릴 교	交
0282	光	コウ・코우	ひかる, ひかり・히카루, 히카리	능시 3급 · 빛 광	光
0283	広	コウ・코우	ひろい, ひろまる, ひろめる・히로이, 히로마루, 히로메루	능시 3급 · 넓을 광	廣
0284	向	コウ・코우	むく, むける, むかう, むこう・무쿠, 무케루, 무카우, 무코우	능시 2급 · 향할 향	向
0285	后	コウ・코우	−	능시 1급 · 황후 후	后
0286	好	コウ・코우	このむ, すく・코노무, 스쿠	능시 3급 · 좋아할 호	好

번호	한자	음/훈	읽기	급수	한국 한자 뜻/음	한국 한자
0287	考	음	コウ・코우	능시 3급	생각할 고	考
		훈	かんがえる・강가에루			
0288	行	음	コウ, ギョウ, アン・코우, 교우, 앙	능시 4급	갈 행	行
		훈	いく, ゆく, おこなう・이쿠, 유쿠, 오코나우			
0289	孝	음	コウ・코우	능시 1급	효도 효	孝
		훈	–			
0290	效	음	コウ・코우	능시 2급	본받을 효	效
		훈	きく・키쿠			
0291	幸	음	コウ・코우	능시 2급	다행 행	幸
		훈	さいわい, しあわせ・사이와이, 시아와세			
0292	厚	음	コウ・코우	능시 2급	두터울 후	厚
		훈	あつい・아츠이			
0293	皇	음	コウ, オウ・코우, 오우	능시 1급	임금 황	皇
		훈	–			
0294	紅	음	コウ, ク・코우, 쿠	능시 2급	붉을 홍	紅
		훈	べに, くれない・베니, 쿠레나이			
0295	候	음	コウ・코우	능시 2급	기후 후	候
		훈	そうろう・소-로우			
0296	校	음	コウ・코우	능시 4급	학교 교	校
		훈	–			
0297	耕	음	コウ・코우	능시 2급	밭갈 경	耕
		훈	たがやす・타가야스			
0298	航	음	コウ・코우	능시 2급	물 건널 항	航
		훈	–			
0299	降	음	コウ・코우	능시 2급	내릴 강/항복할 항	降
		훈	おりる, おろす, ふる・오리루, 오로스, 후루			

0300 高	음	コウ・코우		능시 4급	높을 고	高
	훈	たかい, たか, たかまる・다카이, 다카, 다카마루				
0301 康	음	コウ・코우		능시 2급	편안할 강	康
	훈	–				
0302 黄	음	コウ, オウ・코우, 오우		능시 2급	누를 황	黃
	훈	き, こ・키, 코				
0303 港	음	コウ・코우		능시 2급	항구 항	港
	훈	みなと・미나토				
0304 鉱	음	コウ・코우		능시 2급	쇳돌 광	鑛
	훈	–				
0305 構	음	コウ・코우		능시 2급	얽을 구	構
	훈	かまう, かまえる・가마우, 가마에루				
0306 鋼	음	コウ・코우		능시 1급	강철 강	鋼
	훈	はがね・하가네				
0307 口	음	コウ, ク・코우, 쿠		능시 4급	입 구	口
	훈	くち・구찌				
0308 工	음	コウ, ク・코우, 쿠		능시 3급	장인 공	工
	훈	–				
0309 興	음	コウ, キョウ・코우, 쿄우		능시 1급	일어날 흥	興
	훈	おこる, おこす・오코루, 오코스				
0310 講	음	コウ・코우		능시 2급	익힐 강	講
	훈	–				
0311 号	음	ゴウ・고우		능시 2급	부르짖을 호	號
	훈	–				
0312 合	음	ゴウ, ガッ, カッ・고우, 갓, 캇		능시 3급	합할 합	合
	훈	あう, あわす, あわせる・아우, 아와스, 아와세루				

0313 告	음	コク・코쿠	능시 2급	고할/알릴 고	한국한자 告
	훈	つげる・츠게루			
0314 谷	음	コク・코쿠	능시 2급	골짜기 곡	한국한자 谷
	훈	たに・타니			
0315 刻	음	コク・코쿠	능시 2급	새길 각	한국한자 刻
	훈	きざむ・키자무			
0316 国	음	コク・코쿠	능시 4급	나라 국	한국한자 國
	훈	くに・쿠니			
0317 黒	음	コク・코쿠	능시 3급	검을 흑	한국한자 黑
	훈	くろ, くろい・쿠로, 쿠로이			
0318 穀	음	コク・코쿠	능시 1급	곡식 곡	한국한자 穀
	훈	–			
0319 骨	음	コツ・코츠	능시 2급	뼈 골	한국한자 骨
	훈	ほね・호네			
0320 今	음	コン, キン・콩, 킹	능시 4급	이제 금	한국한자 今
	훈	いま・이마			
0321 困	음	コン・콩	능시 1급	곤할 곤	한국한자 困
	훈	こまる・코마루			
0322 根	음	コン・콩	능시 2급	뿌리 근	한국한자 根
	훈	ね・네			
0323 混	음	コン・콩	능시 2급	섞을 혼	한국한자 混
	훈	まじる, まざる, まぜる・마지루, 마자루, 마제루			
0324 左	음	サ・사	능시 4급	왼 좌	한국한자 左
	훈	ひだり・히다리			
0325 査	음	サ・사	능시 2급	조사할 사	한국한자 査
	훈	–			

				능시	한국한자
砂 0326	음	サ, シャ・사, 샤		능시 2급	砂
	훈	すな・스나	모래 **사**		
差 0327	음	サ・사		능시 2급	差
	훈	さす・사스	어긋날 **차**		
座 0328	음	ザ・자		능시 2급	座
	훈	すわる・스와루	자리 **좌**		
才 0329	음	サイ・사이		능시 2급	才
	훈	–	재주 **재**		
妻 0330	음	サイ・사이		능시 2급	妻
	훈	つま・츠마	아내 **처**		
採 0331	음	サイ・사이		능시 2급	採
	훈	とる・도루	캘 **채**		
濟 0332	음	サイ・사이		능시 2급	濟
	훈	すむ, すます・스무, 스마스	건널 **제**		
祭 0333	음	サイ・사이		능시 2급	祭
	훈	まつる, まつり・마츠루, 마츠리	제사 **제**		
細 0334	음	サイ・사이		능시 2급	細
	훈	ほそい, ほそる, こまか・호소이, 호소루, 고마카	가늘 **세**		
菜 0335	음	サイ・사이		능시 3급	菜
	훈	な・나	나물 **채**		
最 0336	음	サイ・사이		능시 2급	最
	훈	もっとも・못토모	가장 **최**		
裁 0337	음	サイ・사이		능시 1급	裁
	훈	たつ, さばく・타츠, 사바쿠	마를 **재**		
際 0338	음	サイ・사이		능시 2급	際
	훈	きわ・키와	가/사이 **제**		

375

번호	한자		음/훈	능시	한국 훈음	한국 한자
0339	再	음	サイ, サ・사이, 사	능시 2급	두 재	再
		훈	ふたたび・후타타비			
0340	災	음	サイ・사이	능시 1급	재앙 재	災
		훈	わざわい・와자와이			
0341	在	음	ザイ・자이	능시 2급	있을 재	在
		훈	ある・아루			
0342	材	음	ザイ・자이	능시 2급	재목 재	材
		훈	–			
0343	財	음	ザイ, サイ・자이, 사이	능시 2급	재물 재	財
		훈	–			
0344	罪	음	ザイ・자이	능시 2급	허물 죄	罪
		훈	つみ・츠미			
0345	作	음	サク, サ・사쿠, 사	능시 3급	지을 작	作
		훈	つくる・츠쿠루			
0346	昨	음	サク・사쿠	능시 2급	어제 작	昨
		훈	–			
0347	策	음	サク・사쿠	능시 1급	꾀 책	策
		훈	–			
0348	札	음	サツ・사츠	능시 2급	편지/패 찰	札
		훈	ふだ・후다			
0349	冊	음	サツ, サク・사츠, 사쿠	능시 2급	책 책	冊
		훈	–			
0350	刷	음	サツ・사츠	능시 2급	인쇄할 쇄	刷
		훈	する・스루			
0351	殺	음	サツ, サイ, セツ・사츠, 사이, 세츠	능시 2급	죽일 살/쇄	殺
		훈	ころす・고로스			

번호	한자	음	훈	능시	뜻·음	한국한자
0352	察	サツ・사츠	–	능시 2급	살필 **찰**	察
0353	雜	ザツ, ゾウ・자츠, 소우	–	능시 2급	섞일 **잡**	雜
0354	皿	–	さら・사라	능시 2급	그릇 **명**	皿
0355	三	サン・상	み, みっ, みっつ・미, 밋, 밋츠	능시 4급	석 **삼**	三
0356	山	サン・상	やま・야마	능시 4급	뫼 **산**	山
0357	参	サン・상	まいる・마루이	능시 2급	석 **삼**/참여할 **참**	參
0358	蚕	サン・상	かいこ・카이코	능시 1급	누에 **잠**	蠶
0359	算	サン・상	–	능시 2급	셈할 **산**	算
0360	酸	サン・상	すい・스이	능시 1급	실/초 **산**	酸
0361	賛	サン・상	–	능시 2급	찬성할 **찬**	贊
0362	産	サン・상	うむ, うまれる, うぶ・우무, 우마레루, 우부	능시 3급	낳을 **산**	産
0363	散	サン・상	ちる, ちらす, ちらかす・치루, 치라스, 치라카스	능시 2급	흩어질 **산**	散
0364	残	ザン・잔	のこる, のこす・노코루, 노코스	능시 2급	남을 **잔**	殘

번호	한자	음	훈	능시	한국 훈음	한국한자
0365	士	シ・시	–	능시 1급	선비 사	士
0366	子	シ, ス・시, 스	こ・코	능시 4급	아들 자	子
0367	支	シ・시	ささえる・사사에루	능시 2급	지탱할 지	支
0368	止	シ・시	とまる, とめる・도마루, 도메루	능시 3급	그칠 지	止
0369	氏	シ・시	うじ・우지	능시 1급	성씨 씨	氏
370	仕	シ, ジ・시, 지	つかえる・츠카에루	능시 3급	벼슬 사	仕
0371	史	シ・시	–	능시 2급	사기 사	史
0372	司	シ・시	–	능시 2급	맡을 사	司
0373	四	シ・시	よ, よっつ, よん・요, 욧츠, 용	능시 4급	넉 사	四
0374	市	シ・시	いち・이치	능시 3급	저자 시	市
0375	矢	シ・시	や・야	능시 1급	화살 시	矢
0376	死	シ・시	しぬ・시누	능시 3급	죽을 사	死
0377	糸	シ・시	いと・이또	능시 4급	실 사	絲

	음		훈		급수	한국 뜻·음	한국한자
0378 至	음	シ・시	훈	いたる・이타루	능시 1급	이를 **지**	至
0379 志	음	シ・시	훈	こころざす, こころざし・고코로자스, 고코로자시	능시 2급	뜻 **지**	志
0380 私	음	シ・시	훈	わたくし・와타쿠시	능시 3급	사사로울 **사**	私
0381 使	음	シ・시	훈	つかう・츠카우	능시 3급	하여금 **사**	使
0382 始	음	シ・시	훈	はじめる, はじまる・하지메루, 하지마루	능시 1급	처음 **시**	始
0383 姉	음	シ・시	훈	あね・아네	능시 3급	누이 **자**	姉
0384 姿	음	シ・시	훈	すがた・스가타	능시 1급	맵시 **자**	姿
0385 思	음	シ・시	훈	おもう・오모우	능시 3급	생각 **사**	思
0386 指	음	シ・시	훈	ゆび, さす・유비, 사스	능시 2급	손가락 **지**	指
0387 師	음	シ・시	훈	–	능시 2급	스승 **사**	師
0388 紙	음	シ・시	훈	かみ・가미	능시 3급	종이 **지**	紙
0389 視	음	シ・시	훈	–	능시 1급	볼 **시**	視
0390 詞	음	シ・시	훈	–	능시 2급	말 **사**	詞

	음	훈	능시	뜻·음	한국한자
0391 歯	シ・시	は・하	능시 2급	이 치	齒
0392 試	シ・시	こころみる, ためす・고코로미루, 타메스	능시 3급	시험할 시	試
0393 詩	シ・시	–	능시 1급	시 시	詩
0394 資	シ・시	–	능시 2급	재물 자	資
0395 誌	シ・시	–	능시 2급	기록할 지	誌
0396 枝	シ・시	えだ・에다	능시 2급	가지 지	枝
0397 飼	シ・시	かう・카우	능시 1급	먹일 사	飼
0398 治	ジ, チ・지, 치	おさめる, おさまる, なおる・오사메루, 오사마루, 나오루	능시 2급	다스릴 치	治
0399 示	ジ, シ・지, 시	しめす・시메스	능시 2급	보일 시	示
0400 字	ジ・지	あざ・아자	능시 3급	글자 자	字
0401 寺	ジ・지	てら・테라	능시 2급	절 사	寺
0402 次	ジ, シ・지, 시	つぐ, つぎ・츠구, 츠기	능시 2급	버금 차	次
0403 耳	ジ・지	みみ・미미	능시 4급	귀 이	耳

번호	한자			급수		한국한자
0404	自	음	ジ, シ・지, 시	능시 3급	스스로 자	自
		훈	みずから・미즈카라			
0405	似	음	ジ・지	능시 2급	같을 사	似
		훈	にる・니루			
0406	児	음	ジ, ニ・지, 니	능시 2급	아이/아기 아	兒
		훈	–			
0407	事	음	ジ, ズ・지, 즈	능시 3급	일 사	事
		훈	こと・고또			
0408	持	음	ジ・지	능시 3급	가질 지	持
		훈	もつ・모츠			
0409	時	음	ジ・지	능시 4급	때 시	時
		훈	とき・도키			
0410	辞	음	ジ・지	능시 2급	말 사	辭
		훈	やめる・야메루			
0411	磁	음	ジ・지	능시 1급	자석 자	磁
		훈	–			
0412	式	음	シキ・시키	능시 2급	법 식	式
		훈	–			
0413	識	음	シキ・시키	능시 2급	알 식	識
		훈	–			
0414	七	음	シチ・시치	능시 4급	일곱 칠	七
		훈	なな, ななつ, なの・나나, 나나츠, 나노			
0415	失	음	シツ・시츠	능시 2급	잃을 실	失
		훈	うしなう・우시나우			
0416	室	음	シツ・시츠	능시 3급	집 실	室
		훈	むろ・무로			

번호	한자		음/훈		능시	한국 한자
0417	質	음	シツ, シチ, チ・시츠, 시치, 치		능시 3급	바탕 질 / 質
		훈	–			
0418	実	음	ジツ・지츠		능시 2급	열매 실 / 實
		훈	み, みのる・미, 미노루			
0419	写	음	シャ・시야		능시 3급	베낄 사 / 寫
		훈	うつす, うつる・우츠스, 우츠루			
0420	社	음	シャ・시야		능시 4급	모일 사 / 社
		훈	やしろ・야시로			
0421	車	음	シャ・시야		능시 4급	수레 차/거 / 車
		훈	くるま・구루마			
0422	舎	음	シャ・시야		능시 1급	집 사 / 舍
		훈	–			
0423	者	음	シャ・시야		능시 3급	사람 자 / 者
		훈	もの・모노			
0424	射	음	シャ・시야		능시 1급	쏠 사 / 射
		훈	いる・이루			
0425	捨	음	シャ・시야		능시 2급	버릴 사 / 捨
		훈	すてる・스테루			
0426	謝	음	シャ・시야		능시 1급	사례할 사 / 謝
		훈	あやまる・아야마루			
0427	尺	음	シャク・샤쿠		능시 1급	자 척 / 尺
		훈	–			
0428	借	음	シャク・샤쿠		능시 3급	빌릴 차 / 借
		훈	かりる・가리루			
0429	若	음	ジャク, ニャク・쟈쿠, 냐쿠		능시 2급	같을/어릴 약 / 若
		훈	わかい, もしくは・와카이, 모시쿠와			

번호	한자	음/훈		능시	한국한자
0430	弱	음	ジャク・쟈쿠	능시 3급	弱
		훈	よわい, よわまる, よわる・요와이, 요와마루, 요와루	약할 약	
0431	手	음	シュ・슈	능시 4급	手
		훈	て, た・테, 타	손 수	
0432	主	음	シュ, ス・슈, 스	능시 3급	主
		훈	ぬし, おも・메시, 오모	주인 주	
0433	守	음	シュ, ス・슈, 스	능시 2급	守
		훈	まもる, もり・마모루, 모리	지킬 수	
0434	取	음	シュ・슈	능시 2급	取
		훈	とる・도루	취할 취	
0435	首	음	シュ・슈	능시 3급	首
		훈	くび・쿠비	머리 수	
0436	酒	음	シュ・슈	능시 2급	酒
		훈	さけ, さか・사케, 사카	술 주	
0437	種	음	シュ・슈	능시 2급	種
		훈	たね・타네	씨 종	
0438	受	음	ジュ・쥬	능시 2급	受
		훈	うける, うかる・우케루, 우카루	받을 수	
0439	授	음	ジュ・쥬	능시 2급	授
		훈	さずける, さずかる・사즈케루, 사즈카루	줄 수	
0440	樹	음	ジュ・쥬	능시 1급	樹
		훈	–	나무 수	
0441	収	음	シュウ・슈우	능시 2급	收
		훈	おさめる, おさまる・오사메루, 오사마루	거둘 수	
0442	州	음	シュウ・슈우	능시 2급	州
		훈	す・스	고을 주	

번호	한자	음	훈	급수	뜻 음	한국한자
0443	周	シュウ・슈우	まわり・마와리	능시 2급	두루 주	周
0444	宗	シュウ, ソウ・슈우, 소우	–	능시 1급	마루 종	宗
0445	拾	シュウ, ジュウ・슈우, 쥬우	ひろう・히로우	능시 2급	주울 습/열 십	拾
0446	秋	シュウ・슈우	あき・아키	능시 3급	가을 추	秋
0447	修	シュウ, シュ・슈우, 슈	おさめる, おさまる・오사메루, 오사마루	능시 2급	닦을 수	修
0448	終	シュウ・슈우	おわる, おえる・오와루, 오에루	능시 3급	마칠 종	終
0449	習	シュウ・슈우	ならう・나라우	능시 3급	익힐 습	習
0450	週	シュウ・슈우	–	능시 4급	주일 주	週
0451	就	シュウ, ジュ・슈우, 쥬	つく, つける・츠쿠, 츠케루	능시 1급	나아갈 취	就
0452	衆	シュウ, シュ・슈우, 슈	–	능시 1급	무리 중	衆
0453	集	シュウ・슈우	あつまる, あつめる, つどう・아츠마루, 아츠메루, 츠도우	능시 3급	모일 집	集
0454	十	ジュウ, ジッ・쥬우, 짓	とお, と・토-, 토	능시 4급	열 십	十
0455	住	ジュウ・쥬우	すむ, すまう・스무, 스마우	능시 3급	살 주	住

번호	한자	음	훈	급수	한국 훈음	한국 한자
0456	重	ジュウ, チョウ · 쥬우, 쵸우	え, おもい, かさねる · 에, 오모이, 카사네루	능시 3급	무거울 중	重
0457	從	ジュウ, ショウ, ジュ · 쥬우, 쇼우, 쥬	したがう, したがえる · 시타가우, 시타가에루	능시 1급	좇을 종	從
0458	縱	ジュウ · 쥬우	たて · 타테	능시 1급	세로 종	縱
0459	祝	シュク, シュウ · 슈쿠, 슈우	いわう · 이와우	능시 2급	빌 축	祝
0460	宿	シュク · 슈쿠	やど, やどる, やどす · 야도, 야도루, 야도스	능시 2급	잘 숙	宿
0461	縮	シュク · 슈쿠	ちぢむ, ちぢめる, ちぢまる · 치지무, 치지메루, 치지마루	능시 1급	오그라들 축	縮
0462	熟	ジュク · 쥬쿠	うれる · 우레루	능시 2급	익을 숙	熟
0463	出	シュツ, スイ · 슈츠, 스이	でる, だす · 데루, 다스	능시 4급	날 출	出
0464	述	ジュツ · 쥬츠	のべる · 노베루	능시 2급	지을 술	述
0465	術	ジュツ · 쥬츠	すべ · 스베	능시 2급	재주 술	術
0466	春	シュン · 슌	はる · 하루	능시 3급	봄 춘	春
0467	純	シュン · 슌	–	능시 2급	순수할 순	純
0468	順	シュン · 슌	–	능시 1급	순할 순	順

번호	한자		음/훈	능시 급수	한국 훈음	한국한자
0469	準	음	シュン・슝	능시 2급	법도 준	準
		훈	–			
0470	処	음	ショ・쇼	능시 2급	곳 처	處
		훈	–			
0471	初	음	ショ・쇼	능시 2급	처음 초	初
		훈	はじめ, はじめて, そめる・하지메, 하지메테, 소메루			
0472	所	음	ショ・쇼	능시 3급	바 소	所
		훈	ところ・도코로			
0473	書	음	ショ・쇼	능시 4급	글 서	書
		훈	かく・가쿠			
0474	暑	음	ショ・쇼	능시 3급	더울 서	暑
		훈	あつい・아츠이			
0475	署	음	ショ・쇼	능시 2급	관청 서	署
		훈	–			
0476	諸	음	ショ・쇼	능시 2급	모든 제	諸
		훈	–			
0477	女	음	ジョ, ニョ, ニョウ・죠, 뇨, 뇨우	능시 4급	계집 녀	女
		훈	おんな, め・온나, 메			
0478	助	음	ジョ・죠	능시 2급	도울 조	助
		훈	たすける, たすかる・타스케루, 타스카루			
0479	序	음	ジョ・죠	능시 1급	차례 서	序
		훈	–			
0480	除	음	ジョ, ジ・죠, 지	능시 2급	덜 제	除
		훈	のぞく・노조쿠			
0481	松	음	ショウ・쇼우	능시 1급	솔 송	松
		훈	まつ・마츠			

번호	한자	음	훈	능시 급수	한국 훈음	한국한자
0482	小	ショウ・쇼우	ちいさい, こ, お・치이사이, 코, 오	능시 4급	작을 소	小
0483	少	ショウ・쇼우	すくない, すこし・스쿠나이, 스코시	능시 4급	적을 소	少
0484	招	ショウ・쇼우	まねく・마네쿠	능시 2급	부를 초	招
0485	承	ショウ・쇼우	うけたまわる・우케타마와루	능시 1급	이을 승	承
0486	昭	ショウ・쇼우	–	능시 1급	밝을 소	昭
0487	将	ショウ・쇼우	–	능시 2급	장수 장	將
0488	消	ショウ・쇼우	きえる, けす・키에루, 케스	능시 2급	끌 소	消
0489	笑	ショウ・쇼우	わらう, えむ・와라우, 에무	능시 2급	웃을 소	笑
0490	唱	ショウ・쇼우	となえる・토나에루	능시 1급	노래 창	唱
0491	商	ショウ・쇼우	あきなう・아키나우	능시 2급	장사 상	商
0492	章	ショウ・쇼우	–	능시 2급	글 장	章
0493	勝	ショウ・쇼우	かつ, まさる・카츠, 마사루	능시 2급	이길 승	勝
0494	焼	ショウ・쇼우	やく, やける・야쿠, 야케루	능시 2급	불사를 소	燒

0495 証	음	ショウ・쇼우	능시 1급	증거 증	證
	훈	–			

0496 象	음	ショウ, ゾウ・쇼우, 소우	능시 2급	코끼리/모양 상	象
	훈	–			

0497 傷	음	ショウ・쇼우	능시 1급	상처 상	傷
	훈	きず, いたむ, いためる・키즈, 이타무, 이타메루			

0498 照	음	ショウ・쇼우	능시 2급	비칠 조	照
	훈	てる, てらす, てれる・테루, 테라스, 테레루			

0499 障	음	ショウ・쇼우	능시 1급	막힐 장	障
	훈	さわる・사와루			

0500 賞	음	ショウ・쇼우	능시 2급	상줄 상	賞
	훈	–			

0501 上	음	ジョウ, ショウ・죠우, 쇼우	능시 2급	위 상	上
	훈	うえ, うわ, かみ, あがる・우에, 우와, 카미, 아가루			

0502 条	음	ジョウ・죠우	능시 2급	조목 조	條
	훈	–			

0503 状	음	ジョウ・죠우	능시 2급	문서/모양 상	狀
	훈	–			

0504 乗	음	ジョウ・죠우	능시 3급	탈 승	乘
	훈	のる, のせる・노루, 노세루			

0505 城	음	ジョウ・죠우	능시 2급	성곽 성	城
	훈	しろ・시로			

0506 常	음	ジョウ・죠우	능시 2급	항상 상	常
	훈	つね, とこ・츠네, 토코			

0507 情	음	ジョウ, セイ・죠우, 세이	능시 2급	뜻 정	情
	훈	なさけ・나사케			

번호	한자		음/훈		한국한자
0508	場	음	ジョウ・죠우	능시 3급	마당 장 場
		훈	ば・바		
0509	蒸	음	ジョウ・죠우	능시 3급	찔 증 蒸
		훈	むす, むれる, むらす・무스, 무레루, 무라스		
0510	色	음	ショク, シキ・쇼쿠, 시키	능시 3급	빛 색 色
		훈	いろ・이로		
0511	食	음	ショク, ジキ・쇼쿠, 지키	능시 4급	밥 식 食
		훈	たべる, くう, くらう・타베루, 쿠우, 쿠라우		
0512	植	음	ショク・쇼쿠	능시 2급	심을 식 植
		훈	うえる, うわる・우에루, 우와루		
0513	織	음	ショク, シキ・쇼쿠, 시키	능시 2급	짤 직 織
		훈	おる・오루		
0514	職	음	ショク・쇼쿠	능시 2급	직분 직 職
		훈	−		
0515	心	음	シン・싱	능시 3급	마음 심 心
		훈	こころ・고코로		
0516	申	음	シン・싱	능시 2급	진술할/말할 신 申
		훈	もうす・모우스		
0517	臣	음	ジン, シン・징, 싱	능시 2급	신하 신 臣
		훈	−		
0518	身	음	シン・싱	능시 2급	몸 신 身
		훈	み・미		
0519	信	음	シン・싱	능시 2급	믿을 신 信
		훈	−		
0520	神	음	ジン, ジン・싱, 징	능시 2급	귀신 신 神
		훈	かみ, かん, こう・가미, 캉, 코우		

	음	훈		한국한자
0521 真	シン・싱	ま・마	능시 3급 참 **진**	眞
0522 針	シン・싱	はり・하리	능시 2급 바늘 **침**	針
0523 深	シン・싱	ふかい, ふかまる, ふかめる・후카이, 후카마루, 후카메루	능시 2급 깊을 **심**	深
0524 進	シン・싱	すすむ, すすめる・스스무, 스스메루	능시 3급 나아갈 **진**	進
0525 森	シン・싱	もり・모리	능시 3급 숲 **삼**	森
0526 新	シン・싱	あたらしい, あらた, にい・아타라시-, 아라타, 니이	능시 4급 새로울 **신**	新
0527 親	シン・싱	おや, したしい・오야, 시타시-	능시 3급 친할 **친**	親
0528 人	ジン, ニン・징, 닝	ひと・히또	능시 4급 사람 **인**	人
0529 仁	ジン, ニ・징, 니	–	능시 1급 어질 **인**	仁
0530 図	ズ, ト・즈, 토	はかる・하카루	능시 3급 그림 **도**	圖
0531 水	スイ・스이	みず・미즈	능시 4급 물 **수**	水
0532 垂	スイ・스이	たれる, たらす・타레루, 타라스	능시 1급 드리울 **수**	垂
0533 推	スイ・스이	おす・오스	능시 1급 밀 **추**	推

번호	한자	음/훈	읽기	급수	뜻·음	한국한자
0534	数	음	スウ, ス・스우, 스	능시 2급	셀 수	數
		훈	かず, かぞえる・카즈, 가조에루			
0535	寸	음	スン・승	능시 1급	마디 촌	寸
		훈	–			
0536	世	음	セイ, セ・세이, 세	능시 3급	인간 세	世
		훈	よ・요			
0537	正	음	セイ, ショウ・세이, 쇼우	능시 3급	바를 정	正
		훈	ただしい, ただす, まさ・타다시-, 타다스, 마사			
0538	生	음	セイ, ショウ・세이, 쇼우	능시 4급	날 생	生
		훈	いきる, うむ, おう, はえる・이키루, 우무, 오우, 하에루, 나마			
0539	成	음	セイ, ジョウ・세이, 죠우	능시 2급	이룰 성	成
		훈	なる, なす・나루, 나스			
0540	西	음	セイ, サイ・세이, 사이	능시 4급	서녘 서	西
		훈	にし・니시			
0541	声	음	セイ, ショウ・세이, 쇼우	능시 3급	소리 성	聲
		훈	こえ, こわ・코에, 코와			
0542	制	음	セイ・세이	능시 2급	억제할 제	制
		훈	–			
0543	性	음	セイ, ショウ・세이, 쇼우	능시 2급	성품 성	性
		훈	–			
0544	青	음	セイ, ショウ・세이, 쇼우	능시 3급	푸를 청	靑
		훈	あお, あおい・아오, 아오이			
0545	政	음	セイ, ショウ・세이, 쇼우	능시 2급	정사 정	政
		훈	まつりごと・마츠리고또			
0546	星	음	セイ, ショウ・세이, 쇼우	능시 2급	별 성	星
		훈	ほし・호시			

번호	한자	음	훈	능시	한국 훈음	한국한자
0547	省	セイ, ショウ・세이, 쇼우	かえりみる, はぶく・가에리미루, 하부쿠	능시 2급	살필 성/덜 생	省
0548	清	セイ, ショウ・세이, 쇼우	きよい, きよめる, きよまる・키요이, 키요메루, 키요마루	능시 2급	깨끗할/맑을 청	清
0549	晴	セイ・세이	はれる, はらす・하레루, 하라스	능시 2급	개일 청	晴
0550	勢	セイ・세이	いきおい・이키오이	능시 2급	기세 세	勢
0551	聖	セイ・세이	–	능시 1급	성인 성	聖
0552	誠	セイ・세이	まこと・마꼬또	능시 1급	정성 성	誠
0553	精	セイ, ショウ・세이, 쇼우	–	능시 2급	정성 정	精
0554	製	セイ・세이	–	능시 2급	지을 제	製
0555	静	セイ, ジョウ・세이, 죠우	しずか, しずまる, しずめる・시즈카, 시즈마루, 시즈메루	능시 2급	고요할 정	靜
0556	盛	セイ, ジョウ・세이, 죠우	もる, さかる, さかん・모루, 사카루, 사캉	능시 1급	성할 성	盛
0557	整	セイ・세이	ととのえる, ととのう・토토노에루, 토토노우	능시 3급	가지런할 정	整
0558	税	ゼイ・제이	–	능시 2급	세금 세	稅
0559	昔	セキ, シャク・세키, 샤쿠	むかし・무카시	능시 2급	옛 석	昔

번호	한자	음/훈	읽기	능시 급수	뜻·음	한국한자
0560	夕	음	セキ・세키	능시 1급	저녁 석	夕
		훈	ゆう・유우			
0561	石	음	セキ, シャク, コク・세키, 샤쿠, 코쿠	능시 2급	돌 석	石
		훈	いし・이시			
0562	赤	음	セキ, シャク・세키, 샤쿠	능시 3급	붉을 적	赤
		훈	あか, あかい, あからむ・아까, 아까이, 아까라무			
0563	席	음	セキ・세키	능시 2급	자리 석	席
		훈	–			
0564	責	음	セキ・세키	능시 2급	꾸짖을 책	責
		훈	せめる・세메루			
0565	積	음	セキ・세키	능시 2급	쌓을 적	積
		훈	つむ, つもる・츠무, 츠모루			
0566	績	음	セキ・세키	능시 2급	길쌈 적	績
		훈	–			
0567	切	음	セツ, サイ・세츠, 사이	능시 3급	끊을 절/모두 체	切
		훈	きる, きれる・키루, 키레루			
0568	折	음	セツ・세츠	능시 2급	꺾을 절	折
		훈	おる, おり, おれる・오루, 오리, 오레루			
0569	接	음	セツ・세츠	능시 2급	댈/사귈 접	接
		훈	つぐ・츠구			
0570	設	음	セツ・세츠	능시 3급	베풀 설	設
		훈	もうける・모우케루			
0571	雪	음	セツ・세츠	능시 2급	눈 설	雪
		훈	ゆき・유키			
0572	節	음	セツ, セチ・세츠, 세치	능시 2급	마디 절	節
		훈	ふし・후시			

393

번호	한자	음/훈		능시	뜻·음	한국한자
0573	説	음	セツ, ゼイ・세츠, 제이	능시 2급	말씀 설/달랠 세	說
		훈	とく・도쿠			
0574	舌	음	ゼツ・제츠	능시 1급	혀 설	舌
		훈	した・시타			
0575	絶	음	ゼツ・제츠	능시 2급	끊을 절	絕
		훈	たえる, たやす, たつ・타에루, 타야스, 타츠			
0576	千	음	セン・셍	능시 2급	일천 천	千
		훈	ち・치			
0577	川	음	セン・셍	능시 4급	내 천	川
		훈	かわ・카와			
0578	先	음	セン・셍	능시 4급	먼저 선	先
		훈	さき・사키			
0579	宣	음	セン・셍	능시 1급	베풀 선	宣
		훈	–			
0580	専	음	セン・셍	능시 2급	오로지 전	專
		훈	もっぱら・못빠라			
0581	泉	음	セン・셍	능시 2급	샘 천	泉
		훈	いずみ・이즈미			
0582	浅	음	セン・셍	능시 2급	얕을 천	淺
		훈	あさい・아사이			
0583	洗	음	セン・셍	능시 3급	씻을 세	洗
		훈	あらう・아라우			
0584	染	음	セン・셍	능시 1급	물들일 염	染
		훈	そめる, そまる, しみる, しみ・소메루, 소마루, 시미루, 시미			
0585	船	음	セン・셍	능시 2급	배 선	船
		훈	ふね, ふな・후네, 후나			

번호	한자	음	훈	급수	뜻·음	한국한자
0585	戦	セン・셍	いくさ, たたかう・이쿠사, 다타까우	능시 2급	싸울 전	戰
0587	銭	セン・셍	ぜに・제니	능시 1급	돈 전	錢
0588	線	セン・셍	−	능시 2급	줄 선	線
0589	選	セン・셍	えらぶ・에라부	능시 2급	가릴 선	選
0590	全	ゼン・젱	まったく・맛따쿠	능시 2급	온전 전	全
0591	前	ゼン・젱	まえ・마에	능시 4급	앞 전	前
0592	善	ゼン・젱	よい・요이	능시 2급	착할 선	善
0593	然	ゼン, ネン・젱, 넹	−	능시 2급	그럴 연	然
0594	祖	ソ・소	−	능시 2급	할아비 조	祖
0595	素	ソ, ス・소, 스	−	능시 1급	흴/본디 소	素
0596	組	ソ・소	くみ, くむ・쿠미, 쿠무	능시 3급	짤 조	組
0597	早	ソウ, サツ・소우, 사츠	はやい, はやまる, はやめる・하야이, 하야마루, 하야메루	능시 3급	일찍 조	早
0598	争	ソウ・소우	あらそう・아라소우	능시 2급	다툴 쟁	爭

번호	한자	음	훈	능시	한국 훈음	한국 한자
0599	走	ソウ・소우	はしる・하시루	능시 3급	달아날 주	走
0600	奏	ソウ・소우	かなでる・데루	능시 1급	아뢸 주	奏
0601	相	ソウ, ショウ・소우, 쇼우	あい・아이	능시 2급	서로 상	相
0602	草	ソウ・소우	くさ・쿠사	능시 2급	풀 초	草
0603	送	ソウ・소우	おくる・오쿠루	능시 3급	보낼 송	送
0604	倉	ソウ・소우	くら・쿠라	능시 1급	곳집 창	倉
0605	窓	ソウ・소우	まど・마도	능시 2급	창 창	窓
0606	創	ソウ・소우	–	능시 1급	비롯할 창	創
0607	想	ソウ, ソ・소우, 소	–	능시 2급	생각할 상	想
0608	層	ソウ・소우	–	능시 2급	층 층	層
0609	総	ソウ・소우	–	능시 2급	거느릴 총	總
0610	操	ソウ・소우	みさお, あやつる・미사오, 아야츠루	능시 2급	잡을 조	操
0611	巣	ソウ・소우	す・스	능시 1급	새집 소	巢

번호	한자	음/훈		능시	한국 훈음	한국 한자
0612	裝	음	ソウ, ショウ • 소우, 쇼우	능시 2급	장식할 장	裝
		훈	よそおう • 오소-우			
0613	造	음	ゾウ • 소우	능시 2급	지을 조	造
		훈	つくる • 츠쿠루			
0614	像	음	ゾウ • 소우	능시 2급	형상 상	像
		훈	–			
0615	增	음	ゾウ • 소우	능시 2급	더할 증	增
		훈	ます, ふえる, ふやす • 마스, 후에루, 후야스			
0616	藏	음	ゾウ • 소우	능시 2급	곳집 장	藏
		훈	くら • 쿠라			
0617	臟	음	ゾウ • 소우	능시 2급	오장 장	臟
		훈	–			
0618	束	음	ソク • 소쿠	능시 2급	묶을 속	束
		훈	たば • 타바			
0619	足	음	ソク • 소쿠	능시 4급	발 족	足
		훈	あし, たりる, たる, たす • 아시, 타리루, 타루, 타스			
0620	則	음	ソク • 소쿠	능시 2급	법 칙	則
		훈	–			
0621	息	음	ソク • 소쿠	능시 2급	숨쉴 식	息
		훈	いき • 이키			
0622	速	음	ソク • 소쿠	능시 2급	빠를 속	速
		훈	はやい, はやめる, すみやか • 하야이, 아야메루, 스미야카			
0623	側	음	ソク • 소쿠	능시 2급	곁 측	側
		훈	かわ • 카와			
0624	測	음	ソク • 소쿠	능시 2급	측량할 측	測
		훈	はかる • 하카루			

0625 族	음	ゾク・조쿠	능시 3급 겨레 족	한국한자 族
	훈	–		
0626 属	음	ゾク・조쿠	능시 1급 붙을 속/부탁할 촉	한국한자 屬
	훈	–		
0627 続	음	ゾク・조쿠	능시 2급 이을 속	한국한자 續
	훈	つづく, つづける・츠즈쿠, 츠즈케루		
0628 卒	음	ソツ・소츠	능시 2급 군사/마칠 졸	한국한자 卒
	훈	–		
0629 率	음	ソツ, リツ・소츠, 리츠	능시 2급 비율 률/거느릴 솔	한국한자 率
	훈	ひきいる・히키이루		
0630 存	음	ソン, ゾン・송, 종	능시 2급 있을 존	한국한자 存
	훈	–		
0631 村	음	ソン・송	능시 3급 마을 촌	한국한자 村
	훈	むら・무라		
0632 孫	음	ソン・송	능시 2급 손자 손	한국한자 孫
	훈	まご・마고		
0633 尊	음	ソン・송	능시 2급 높은 존	한국한자 尊
	훈	とうとい, とうとぶ, たっとぶ・토우토이, 토우토부, 닷토부		
0634 損	음	ソン・송	능시 2급 덜 손	한국한자 損
	훈	そこなう, そこねる・소코나우, 소코네루		
0635 他	음	タ・타	능시 1급 다를/남 타	한국한자 他
	훈	–		
0636 多	음	タ・타	능시 4급 많을 다	한국한자 多
	훈	おおい・오-이		
0637 打	음	ダ・다	능시 2급 칠 타	한국한자 打
	훈	うつ・우츠		

번호	한자		음/훈	능시	한국 한자
0638	太	음	タイ, タ・타이, 타	능시 3급	클 태 太
		훈	ふとい, ふとる・후또이, 후또루		
0639	対	음	タイ, ツイ・타이, 츠이	능시 2급	대답할 대 對
		훈	–		
0640	体	음	タイ, テイ・타이, 테이	능시 3급	몸 체 體
		훈	からだ・가라다		
0641	待	음	タイ・타이	능시 3급	기다릴 대 待
		훈	まつ・마츠		
0642	退	음	タイ・타이	능시 2급	물러날 퇴 退
		훈	しりぞく, しりぞける・시리조쿠, 시리조케루		
0643	帯	음	タイ・타이	능시 2급	띠 대 帶
		훈	おび, おびる・오비, 오비루		
0644	貸	음	タイ・타이	능시 3급	빌릴 대 貸
		훈	かす・카스		
0645	隊	음	タイ・타이	능시 1급	떼 대 隊
		훈	–		
0646	態	음	タイ・타이	능시 1급	태도 태 態
		훈	–		
0647	大	음	ダイ, タイ・다이, 타이	능시 4급	큰 대 大
		훈	おお, おおいに, おおきい・오-, 오-이니, 오-키이		
0648	代	음	ダイ, タイ・다이, 타이	능시 3급	대신할 대 代
		훈	かわる, かえる, よ, しろ・카와루, 카에루, 요, 시로		
0649	台	음	ダイ, タイ・다이, 타이	능시 3급	토대 대 臺
		훈	–		
0650	第	음	ダイ・다이	능시 2급	차례 제 第
		훈	–		

No.	한자	음	훈	능시	뜻·음	한국한자
0651	題	ダイ・다이	–	능시 3급	제목 제	題
0652	宅	タク・타쿠	–	능시 2급	집 택	宅
0653	達	タツ・타츠	–	능시 2급	통달할 달	達
0654	誕	タン・탕	–	능시 1급	태어날 탄	誕
0655	担	タン・탕	かつぐ, になう・가츠구, 니나우	능시 2급	멜 담	擔
0656	単	タン・탕	–	능시 2급	홑 단	單
0657	炭	タン・탕	すみ・스미	능시 2급	숯 탄	炭
0658	探	タン・탕	さがす, さぐる・사가스, 사구루	능시 2급	찾을 탐	探
0659	短	タン・탕	みじかい・미지카이	능시 3급	짧을 단	短
0660	団	ダン, トン・당, 통	–	능시 2급	둥글 단	團
0661	男	ダン, ナン・당, 낭	おとこ・오또코	능시 4급	사내 남	男
0662	段	ダン・당	–	능시 2급	층계 단	段
0663	断	ダン・당	たつ, ことわる・타츠, 코토와루	능시 2급	끊을 단	斷

번호	한자	음	훈	능시	뜻·음	한국한자
0664	暖	ダン · 당	あたたか, あたたかい · 아타타카, 아타타카이	능시 2급	따뜻할 난	暖
0665	談	ダン · 당	–	능시 2급	말씀 담	談
0666	地	チ, ジ · 치, 지	–	능시 3급	땅 지	地
0667	池	チ · 치	いけ · 이케	능시 3급	못 지	池
0668	知	チ · 치	しる · 시루	능시 3급	알 지	知
0669	値	チ · 치	ね, あたい · 네, 아타이	능시 2급	값 치	値
0670	置	チ · 치	おく · 오쿠	능시 2급	둘 치	置
0671	竹	チク · 치쿠	たけ · 타케	능시 2급	대 죽	竹
0672	築	チク · 치쿠	きずく · 키즈쿠	능시 3급	쌓을 축	築
0673	茶	チャ, サ · 챠, 사	–	능시 3급	차 다/차	茶
0674	着	チャク, ジャク · 챠쿠, 자쿠	きる, きせる, つく, つける · 키루, 키세루, 츠쿠, 츠케루	능시 3급	붙을/입을 착	着
0675	中	チュウ · 츄우	なか · 나카	능시 4급	가운데 중	中
0676	仲	チュウ · 츄우	なか · 나카	능시 2급	버금 중	仲

No.	한자			능시	뜻·음	한국한자
0677	虫	음	チュウ・츄우	능시 2급	벌레 충	蟲
		훈	むし・무시			
0678	宙	음	チュウ・츄우	능시 2급	하늘 주	宙
		훈	–			
0679	忠	음	チュウ・츄우	능시 1급	충성 충	忠
		훈	–			
0680	注	음	チュウ・츄우	능시 3급	물댈 주	注
		훈	そそぐ・소소구			
0681	昼	음	チュウ・츄우	능시 3급	낮 주	晝
		훈	ひる・히루			
0682	柱	음	チュウ・츄우	능시 2급	기둥 주	柱
		훈	はしら・하시라			
0683	著	음	チョ・쵸	능시 2급	나타날 저	著
		훈	あらわす, いちじるしい・아라와스, 이치지루시–			
0684	貯	음	チョ・쵸	능시 2급	쌓을 저	貯
		훈	–			
0685	丁	음	チョウ, テイ・쵸우, 테이	능시 1급	장정 정	丁
		훈	–			
0686	庁	음	チョウ・쵸우	능시 2급	관청 청	廳
		훈	–			
0687	兆	음	チョウ・쵸우	능시 2급	조 조	兆
		훈	きざす, きざし・키자스, 키자시			
0688	町	음	チョウ・쵸우	능시 3급	밭두둑 정	町
		훈	まち・마치			
0689	長	음	チョウ・쵸우	능시 4급	어른/길 장	長
		훈	ながい・나가이			

번호	한자		음/훈	능시 급수	한국 한자	
0690	帳	음	チョウ・쵸우	능시 1급	휘장 **장**	帳
		훈	―			
0691	張	음	チョウ・쵸우	능시 2급	베풀 **장**	張
		훈	はる・하루			
0692	頂	음	チョウ・쵸우	능시 2급	정수리 **정**	頂
		훈	いただく, いただき・아타다쿠, 이타다키			
0693	鳥	음	チョウ・쵸우	능시 3급	새 **조**	鳥
		훈	とり・도리			
0694	朝	음	チョウ・쵸우	능시 3급	아침 **조**	朝
		훈	あさ・아사			
0695	腸	음	チョウ・쵸우	능시 1급	창자 **장**	腸
		훈	―			
0696	潮	음	チョウ・쵸우	능시 1급	조수 **조**	潮
		훈	しお・시오			
0697	調	음	チョウ・쵸우	능시 2급	고를 **조**	調
		훈	しらべる, ととのう・시라베루, 토토노우			
0698	直	음	チョク, ジキ・쵸쿠, 지키	능시 2급	곧을 **직**	直
		훈	ただちに, なおす, なおる・타다치니, 나오스, 나오루			
0699	賃	음	チン・칭	능시 2급	품삯 **임**	賃
		훈	―			
0700	追	음	ツイ・츠이	능시 2급	따를/쫓을 **추**	追
		훈	おう・오우			
0701	通	음	ツウ, ツ・츠우, 츠	능시 3급	통할 **통**	通
		훈	とおる, とおす, かよう・도오루, 도오스, 가오우			
0702	痛	음	ツウ・츠우	능시 2급	아플 **통**	痛
		훈	いたい, いたむ, いためる・이따이, 이따무, 이따메루			

403

번호	한자		음/훈		능시	뜻·음	한국한자
0703	低	음	テイ・테이		능시 3급	낮을 저	低
		훈	ひくい, ひくめる, ひくまる・히쿠이, 히쿠메루, 히쿠마루				
0704	弟	음	テイ, ダイ, デ・테이, 다이, 데		능시 3급	아우 제	弟
		훈	おとうと・오또우또				
0705	定	음	テイ, ジョウ・테이, 죠우		능시 2급	정할 정	定
		훈	さだめる, さだまる, さだか・사다메루, 사다마루, 사다카				
0706	底	음	テイ・테이		능시 2급	밑 저	底
		훈	そこ・소코				
0707	庭	음	テイ・테이		능시 2급	뜰 정	庭
		훈	にわ・니와				
0708	停	음	テイ・테이		능시 2급	머무를 정	停
		훈	–				
0709	提	음	テイ・테이		능시 1급	끌 제	提
		훈	–				
0710	程	음	テイ・테이		능시 2급	단위 정	程
		훈	ほど・호도				
0711	的	음	テキ・테키		능시 2급	과녁 적	的
		훈	まと・마또				
0712	笛	음	テキ・테키		능시 1급	피리 적	笛
		훈	ふえ・후에				
0713	適	음	テキ・테키		능시 2급	맞을 적	適
		훈	–				
0714	敵	음	テキ・테키		능시 1급	대적할 적	敵
		훈	かたき・카타키				
0715	鉄	음	テツ・테츠		능시 2급	쇠 철	鐵
		훈	–				

번호	한자			능시	훈독	한국한자
0716	天	음	テン・텡	능시 4급	하늘 천	天
		훈	あめ, あま・아메, 아마			
0717	典	음	テン・텡	능시 1급	법 전	典
		훈	–			
0718	店	음	テン・텡	능시 4급	가게 점	店
		훈	みせ・미세			
0719	点	음	テン・텡	능시 2급	점 점	點
		훈	–			
0720	展	음	テン・텡	능시 2급	펼 전	展
		훈	–			
0721	転	음	テン・텡	능시 3급	구를 전	轉
		훈	ころがる, ころげる・코로가루, 코로게루			
0722	田	음	デン・덴	능시 3급	밭 전	田
		훈	た・타			
0723	伝	음	デン・덴	능시 2급	전할 전	傳
		훈	つたわる, つたえる, つたう・츠타와루, 츠타에루, 츠타우			
0724	電	음	デン・덴	능시 4급	번개 전	電
		훈	–			
0725	徒	음	ト・토	능시 2급	무리 도	徒
		훈	–			
0726	都	음	ト, ツ・토, 츠	능시 3급	도읍 도	都
		훈	みやこ・미야코			
0727	土	음	ド, ト・도, 토	능시 4급	흙 토	土
		훈	つち・츠치			
0728	努	음	ド・도	능시 2급	힘쓸 노	努
		훈	つとめる・츠또메루			

405

0729 度	음	ド, ト, タク · 도, 토, 타쿠	능시 3급	법도 도	度
	훈	たび · 타비			
0730 刀	음	トウ · 토우	능시 1급	칼 도	刀
	훈	かたな · 카타나			
0731 豆	음	トウ, ズ · 토우, 즈	능시 1급	콩 두	豆
	훈	まめ · 마메			
0732 冬	음	トウ · 토우	능시 3급	겨울 동	冬
	훈	ふゆ · 후유			
0733 灯	음	トウ · 토우	능시 2급	등잔 등	燈
	훈	ひ · 히			
0734 当	음	トウ · 토우	능시 2급	마땅할 당	當
	훈	あたる, あてる · 아타루, 아테루			
0735 投	음	トウ · 토우	능시 2급	던질 투	投
	훈	なげる · 아게루			
0736 東	음	トウ · 토우	능시 4급	동녘 동	東
	훈	ひがし · 히가시			
0737 島	음	トウ · 토우	능시 2급	섬 도	島
	훈	しま · 시마			
0738 討	음	トウ · 토우	능시 1급	칠 토	討
	훈	うつ · 우츠			
0739 党	음	トウ · 토우	능시 2급	무리 당	党
	훈	−			
0740 湯	음	トウ · 토우	능시 2급	끓일 탕	湯
	훈	ゆ · 유			
0741 登	음	トウ, ト · 토우, 토	능시 2급	오를 등	登
	훈	のぼる · 노보루			

번호	한자		읽기	능시	뜻·음	한국한자
0742	答	음	トウ・토우	능시 3급	대답할 답	答
		훈	こたえる, こたえ・코타에루, 코타에			
0743	等	음	トウ・토우	능시 2급	무리 등	等
		훈	ひとしい・히또시-			
0744	統	음	トウ・토우	능시 1급	거느릴 통	統
		훈	すべる・스베루			
0745	糖	음	トウ・토우	능시 1급	사탕 당/탕	糖
		훈	–			
0746	頭	음	トウ, ズ, ト・토우, 즈, 토	능시 3급	머리 두	頭
		훈	あたま, かしら・아타마, 카시라			
0747	同	음	ドウ・도우	능시 3급	한가지 동	同
		훈	おなじ・오나지			
0748	動	음	ドウ・도우	능시 3급	움직일 동	動
		훈	うごく, うごかす・우고쿠, 우고카스			
0749	堂	음	ドウ・도우	능시 3급	집 당	堂
		훈	–			
0750	童	음	ドウ・도우	능시 2급	아이 동	童
		훈	わらべ・와라베			
0751	道	음	ドウ, トウ・도우, 토우	능시 4급	길 도	道
		훈	みち・미치			
0752	働	음	ドウ・도우	능시 3급 일본한자	일할 동	–
		훈	はたらく・하타라쿠			
0753	銅	음	ドウ・도우	능시 2급	구리 동	銅
		훈	–			
0754	導	음	ドウ・도우	능시 2급	인도할/이끌 도	導
		훈	みちびく・미치비쿠			

				한국한자
0755 特	음	トク・토쿠	능시 3급 특별할 **특**	特
	훈	–		
0756 得	음	トク・토쿠	능시 2급 얻을 **득**	得
	훈	うる, える・우루, 에루		
0757 徳	음	トク・토쿠	능시 1급 큰 **덕**	德
	훈	–		
0758 毒	음	ドク・도쿠	능시 2급 독할 **독**	毒
	훈	–		
0759 独	음	ドク・도쿠	능시 2급 홀로 **독**	獨
	훈	ひとり・히토리		
0760 読	음	トク, ドク, トウ・토쿠, 도쿠, 토우	능시 4급 읽을 **독**	讀
	훈	よむ・요무		
0761 届	음	–	능시 2급 이를 **계**	届
	훈	とどける, とどく・토도케루, 토도쿠		
0762 内	음	ナイ, ダイ・나이, 다이	능시 2급 안 **내**	內
	훈	うち・우치		
0763 南	음	ナン, ナ・낭, 나	능시 4급 남녘 **남**	南
	훈	みなみ・미나미		
0764 難	음	ナン・낭	능시 2급 어려울 **난**	難
	훈	かたい, むずかしい・카타이, 무즈카시ー		
0765 二	음	ニ・니	능시 4급 두 **이**	二
	훈	ふた, ふたつ・후타, 후타츠		
0766 肉	음	ニク・니쿠	능시 3급 고기 **육**	肉
	훈	–		
0767 日	음	ニチ, ジツ・니치, 지츠	능시 4급 날 **일**	日
	훈	ひ, か・히, 카		

	음/훈		능시	한국한자
入 0768	음	ニュウ · 뉴우	능시 3급 들 **입**	入
	훈	いる, いれる, はいる · 이루, 이레루, 하이루		
乳 0769	음	ニュウ · 뉴우	능시 2급 젖 **유**	乳
	훈	ち, ちち · 치, 치찌		
任 0770	음	ニン · 닝	능시 2급 맡길 **임**	任
	훈	まかせる, まかす · 마카세루, 마카스		
認 0771	음	ニン · 닝	능시 2급 인정할 **인**	認
	훈	みとめる · 미토메루		
熱 0772	음	ネツ · 네츠	능시 2급 더울 **열**	熱
	훈	あつい · 아츠이		
年 0773	음	ネン · 넹	능시 4급 해 **년**	年
	훈	とし · 토시		
念 0774	음	ネン · 넹	능시 2급 생각 **념**	念
	훈	–		
燃 0775	음	ネン · 넹	능시 2급 불탈 **연**	燃
	훈	もえる, もやす, もす · 모에루, 모야스, 모스		
納 0776	음	ノウ, ナッ, ナ, トウ · 노우, 나츠, 나, 토우	능시 1급 들일 **납**	納
	훈	おさめる, おさまる · 오사메루, 오사마루		
能 0777	음	ノウ · 노우	능시 2급 능할 **능**	能
	훈	–		
脳 0778	음	ノウ · 노우	능시 2급 뇌 **뇌**	腦
	훈	–		
農 0779	음	ノウ · 노우	능시 2급 농사 **농**	農
	훈	–		
波 0780	음	ハ · 하	능시 2급 물결 **파**	波
	훈	なみ · 나미		

0781 派	음	ハ・하	능시 1급	물갈래 파	派
	훈	–			
0782 破	음	ハ・하	능시 2급	깨뜨릴 파	破
	훈	やぶる, やぶれる・야부루, 야부레루			
0783 馬	음	バ・바	능시 2급	말 마	馬
	훈	うま, ま・우마, 마			
0784 拝	음	ハイ・하이	능시 2급	절 배	拜
	훈	おがむ・오가무			
0785 背	음	ハイ・하이	능시 2급	등 배	背
	훈	せ, せい・세, 세이			
0786 肺	음	ハイ・하이	능시 1급	허파 폐	肺
	훈	–			
0787 俳	음	ハイ・하이	능시 1급	광대 배	俳
	훈	–			
0788 配	음	ハイ・하이	능시 2급	짝 배	配
	훈	くばる・쿠바루			
0789 敗	음	ハイ・하이	능시 2급	패할 패	敗
	훈	やぶれる・야부레루			
0790 梅	음	バイ・바이	능시 1급	매화 매	梅
	훈	うめ・우메			
0791 売	음	バイ・바이	능시 3급	팔 매	賣
	훈	うる, うれる・우루, 우레루			
0792 倍	음	バイ・바이	능시 2급	곱 배	倍
	훈	–			
0793 買	음	バイ・바이	능시 4급	살 매	買
	훈	かう・카우			

번호	한자	음		훈		능시	한국어	한국한자
0794	白	ハク, ビャク・하쿠, 뱌쿠		しろ, しら, しろい ・시로, 시라, 시로이		능시 4급	흰 백	白
0795	博	ハク, バク・하쿠, 바쿠		–		능시 1급	넓을 박	博
0796	麦	バク・바쿠		むぎ・무기		능시 2급	보리 맥	麥
0797	箱	–		はこ・하코		능시 2급	상자 상	箱
0798	畑	–		はた, はたけ・하타, 하타케		능시 2급 일본한자	화전 전	-
0799	八	ハチ・하치		や, やっ, やっつ, よう・야, 얏, 얏츠, 요우		능시 4급	여덟 팔	八
0800	発	ハツ, ホツ・하츠, 호		–		능시 3급	필 발	發
0801	反	ハン, ホン, タン・항, 홍, 탕		そる, そらす・소루, 소라스		능시 2급	돌이킬 반	反
0802	半	ハン・항		なかば・나카바		능시 4급	반 반	半
0803	犯	ハン・항		おかす・오카스		능시 2급	범할 범	犯
0804	判	ハン, バン・항, 방		–		능시 2급	판단할 판	判
0805	坂	ハン・항		さか・사카		능시 2급	고개 판	坂
0806	板	ハン, バン・항, 방		いた・이타		능시 2급	널빤지 판	板

411

				한국한자
0807 版	음	ハン・항	능시 2급 판목 **판**	版
	훈	–		
0808 班	음	ハン・항	능시 1급 나눌 **반**	班
	훈	–		
0809 飯	음	ハン・항	능시 1급 밥 **반**	飯
	훈	めし・무시		
0810 晩	음	バン・방	능시 2급 늦을 **만**	晩
	훈	–		
0811 番	음	バン・방	능시 2급 차례 **번**	番
	훈	–		
0812 比	음	ヒ・히	능시 2급 견줄 **비**	比
	훈	くらべる・쿠라베루		
0813 皮	음	ヒ・히	능시 4급 가죽 **피**	皮
	훈	かわ・가와		
0814 否	음	ヒ・히	능시 2급 아닐 **부**/막힐 **비**	否
	훈	いな・이나		
0815 批	음	ヒ・히	능시 2급 비평할 **비**	批
	훈	–		
0816 肥	음	ヒ・히	능시 1급 살찔 **비**	肥
	훈	こえる, こえ, こやす, こやし・코에루, 코에, 코야스, 코야시		
0817 非	음	ヒ・히	능시 2급 아닐 **비**	非
	훈	–		
0818 飛	음	ヒ・히	능시 2급 날 **비**	飛
	훈	とぶ, とばす・토부, 토바스		
0819 秘	음	ヒ・히	능시 1급 숨길 **비**	秘
	훈	ひめる・히메루		

0820 悲	음	ヒ・히	능시 2급	슬플 비	悲
	훈	かなしい, かなしむ・카나시이, 카나시무			
0821 費	음	ヒ・히	능시 2급	소비할 비	費
	훈	ついやす, ついえる・츠이야스, 츠이에루			
0822 美	음	ビ・비	능시 2급	아름다울 미	美
	훈	うつくしい・우츠쿠시-			
0823 備	음	ビ・비	능시 2급	갖출 비	備
	훈	そなえる, そなわる・소나에루, 소나와루			
0824 鼻	음	ビ・비	능시 2급	코 비	鼻
	훈	はな・하나			
0825 必	음	ヒツ・히츠	능시 2급	반드시 필	必
	훈	かならず・카나라즈			
0826 筆	음	ヒツ・히츠	능시 2급	붓 필	筆
	훈	ふで・후데			
0827 百	음	ヒャク・햐쿠	능시 4급	일백 백	百
	훈	–			
0828 氷	음	ヒョウ・효우	능시 2급	얼음 빙	氷
	훈	こおり, ひ・코오리, 히			
0829 表	음	ヒョウ・효우	능시 2급	거죽 표	表
	훈	おもて, あらわす, あらわれる・오모테, 아라와스, 아라와레루			
0830 票	음	ヒョウ・효우	능시 1급	표 표	票
	훈	–			
0831 評	음	ヒョウ・효우	능시 2급	평론할 평	評
	훈	–			
0832 標	음	ヒョウ・효우	능시 2급	표할 표	標
	훈	–			

번호	한자	음	훈	능시	뜻/한국한자
0833	俵	ヒョウ・효우	たわら・타와라	능시 1급	나누어줄 표 / 俵
0834	秒	ビョウ・뵤우	–	능시 2급	초 초 / 秒
0835	病	ビョウ, ヘイ・뵤우, 헤이	やむ, やまい・야무, 야마이	능시 3급	병들 병 / 病
0836	品	ヒン・힝	しな・시나	능시 2급	물건 품 / 品
0837	貧	ヒン, ビン・힝, 빙	まずしい・마즈시–	능시 2급	가난할 빈 / 貧
0838	不	フ, ブ・후, 부	–	능시 3급	아닐 부/아닐 불 / 不
0839	夫	フ, フウ・후, 후우	おっと・못또	능시 2급	사내 부 / 夫
0840	付	フ・후	つける, つく・츠케루, 츠쿠	능시 2급	줄 부 / 付
0841	布	フ・후	ぬの・누노	능시 2급	베 포 / 布
0842	府	フ・후	–	능시 2급	마을 부 / 府
0843	負	フ・후	まける, まかす, おう・마케루, 마카스, 오우	능시 2급	짐질 부 / 負
0844	婦	フ・후	–	능시 2급	며느리 부 / 婦
0845	富	フ, フウ・후, 후우	とむ, とみ・토무, 토미	능시 2급	부자 부 / 富

번호	한자	음	훈	급수	한국 음훈	한국 한자
0846	父	フ・후	ちち・치찌	능시 4급	아비 부	父
0847	武	ブ, ム・부, 무	–	능시 2급	굳셀 무	武
0848	部	ブ・부	–	능시 2급	떼/거느릴 부	部
0849	風	フウ, フ・후우, 후	かぜ, かざ・카제, 카자	능시 3급	바람 풍	風
0850	服	フク・후쿠	–	능시 3급	옷/마실 복	服
0851	副	フク・후쿠	そう, そえる・소우, 소에루	능시 2급	버금 부	副
0852	福	フク・후쿠	–	능시 2급	복 복	福
0853	腹	フク・후쿠	はら・하라	능시 1급	배 복	腹
0854	複	フク・후쿠	–	능시 2급	겹칠 복	複
0855	復	フク・후쿠	–	능시 2급	회복할 복/다시 부	復
0856	仏	ブツ・부츠	ほとけ・호토케	능시 2급	부처 불	佛
0857	物	ブツ, モツ・부츠, 모츠	もの・모노	능시 3급	물건 물	物
0858	粉	フン・훙	こ, こな・코, 코나	능시 2급	가루 분	粉

번호	한자		음/훈	능시	한국 한자
0859	奮	음	フン・훙	능시 1급 떨칠 **분**	奮
		훈	ふるう・후루우		
0860	分	음	ブン, フン, ブ・붕, 훙, 부	능시 4급 나눌 **분**	分
		훈	わける, わかれる, わかる・와케루, 와카레루, 와카루		
0861	文	음	ブン, モン・붕, 몽	능시 3급 글월 **문**	文
		훈	ふみ・후미		
0862	聞	음	ブン, モン・붕, 몽	능시 4급 들을 **문**	聞
		훈	きく, きこえる・키쿠, 키코에루		
0863	平	음	ヘイ, ビョウ・세이, 뵤우	능시 2급 평평할 **평**	平
		훈	たいら, ひら・타이라, 히라		
0864	兵	음	ヘイ, ヒョウ・헤이, 뵤우	능시 2급 군사 **병**	兵
		훈	–		
0865	並	음	ヘイ・헤이	능시 2급 나란할 **병**	並
		훈	なみ, ならべる, ならぶ・나미, 나라베루, 나라부		
0866	閉	음	ヘイ・헤이	능시 2급 닫을 **폐**	閉
		훈	とじる, とざす, しめる・토지루, 토자스, 시메루		
0867	陛	음	ヘイ・헤이	능시 1급 천자 **폐**	陛
		훈	–		
0868	米	음	ベイ, マイ・베이, 마이	능시 2급 쌀 **미**	米
		훈	こめ・코메		
0869	別	음	ベツ・베츠	능시 3급 다를 **별**	別
		훈	わかれる・와카레루		
0870	片	음	ヘン・헹	능시 2급 조각 **편**	片
		훈	かた・카타		
0871	返	음	ヘン・헹	능시 2급 돌이킬/돌아올 **반**	返
		훈	かえす, かえる・카에스, 카에루		

		음/훈	일본어	능시 급수	한국어 뜻·음	한국 한자
0872	変	음	ヘン・헹	능시 2급	변할 **변**	變
		훈	かわる, かえる・카와루, 카에루			
0873	編	음	ヘン・헹	능시 2급	책지을 **편**	編
		훈	あむ・아무			
0874	辺	음	ヘン, ペン・헹, 벵	능시 2급	가 **변**	辺
		훈	あたり, べ・아타리, 베			
0875	弁	음	ベン・벵	능시 1급	말잘할 **변**	辯
		훈	–			
0876	便	음	ベン, ビン・벵, 빙	능시 3급	편할 **편**/오줌 **변**	便
		훈	たより・타요리			
0877	勉	음	ベン・벵	능시 3급	힘쓸 **면**	勉
		훈	–			
0878	歩	음	ホ, ブ, フ・호, 부, 후	능시 3급	걸음 **보**	歩
		훈	あるく, あゆむ・아루쿠, 아유무			
0879	保	음	ホ・호	능시 2급	보호할 **보**	保
		훈	たもつ・타모츠			
0880	補	음	ホ・호	능시 2급	기울 **보**	補
		훈	おぎなう・오기나우			
0881	母	음	ボ・보	능시 4급	어미 **모**	母
		훈	はは・하하			
0882	暮	음	ボ・보	능시 2급	저물 **모**	暮
		훈	くれる, くらす・쿠레루, 쿠라스			
0883	墓	음	ボ・보	능시 1급	무덤 **묘**	墓
		훈	はか・하카			
0884	方	음	ホウ・호우	능시 3급	모/방향 **방**	方
		훈	かた・카타			

번호	한자		음/훈	능시	한국한자
0885	包	음	ホウ・호우	능시 2급 / 쌀 포	包
		훈	つつむ・츠츠무		
0886	宝	음	ホウ・호우	능시 2급 / 보배 보	寶
		훈	たから・타카라		
0887	放	음	ホウ・호우	능시 2급 / 놓을 방	放
		훈	はなす, はなつ, はなれる・하나스, 하나츠, 하나레루		
0888	法	음	ホウ, ハッ, ホッ・호우, 핫, 홋	능시 2급 / 법 법	法
		훈	–		
0889	訪	음	ホウ・호우	능시 2급 / 찾을 방	訪
		훈	おとずれる, たずねる・오또즈레루, 타즈네루		
0890	報	음	ホウ・호우	능시 2급 / 갚을/알릴 보	報
		훈	むくいる・무쿠이루		
0891	豊	음	ホウ・호우	능시 2급 / 풍성할 풍	豊
		훈	ゆたか・유타카		
0892	亡	음	ボウ, モウ・보우, 모우	능시 2급 / 망할 망	亡
		훈	ない・나이		
0893	忘	음	ボウ・보우	능시 2급 / 잊을 망	忘
		훈	わすれる・와스레루		
0894	防	음	ボウ・보우	능시 2급 / 막을 방	防
		훈	ふせぐ・후세구		
0895	貿	음	ボウ・보우	능시 2급 / 무역할 무	貿
		훈	–		
0896	望	음	ボウ, モウ・보우, 모우	능시 2급 / 바랄 망	望
		훈	のぞむ・노조무		
0897	棒	음	ボウ・보우	능시 2급 / 몽둥이 봉	棒
		훈	–		

418

				한국한자
暴 0898	음	ボウ, バク • 보우, 바쿠	능시 2급 / 사나울 **폭**	暴
	훈	あばく, あばれる • 아바쿠, 아바레루		
北 0899	음	ホク • 호쿠	능시 4급 / 북녘 **북**/저버릴 **배**	北
	훈	きた • 키타		
木 0900	음	ボク, モク • 보쿠, 모쿠	능시 4급 / 나무 **목**	木
	훈	き, こ • 키, 코		
牧 0901	음	ボク • 보쿠	능시 1급 / 칠 **목**	牧
	훈	まき • 마키		
本 0902	음	ホン • 홍	능시 4급 / 근본 **본**	本
	훈	もと • 모토		
毎 0903	음	マイ • 마이	능시 4급 / 매양 **매**	每
	훈	–		
妹 0904	음	マイ • 마이	능시 3급 / 손아래누이 **매**	妹
	훈	いもうと • 이모–토		
枚 0905	음	マイ • 마이	능시 2급 / 낱 **매**	枚
	훈	–		
幕 0906	음	マク, バク • 마쿠, 바쿠	능시 1급 / 휘장 **막**	幕
	훈	–		
末 0907	음	マツ, バツ • 마츠, 바츠	능시 2급 / 끝 **말**	末
	훈	すえ • 스에		
万 0908	음	マン, バン • 망, 방	능시 4급 / 일만 **만**	万
	훈	–		
満 0909	음	マン • 망	문시 2급 / 찰 **만**	滿
	훈	みちる, みたす • 미치루, 미타스		
未 0910	음	ミ • 미	능시 2급 / 아닐 **미**	未
	훈	–		

번호	한자		음/훈	능시 급수	뜻 음	한국한자
0911	味	음	ミ・미	능시 3급	맛 미	味
		훈	あじ, あじわう・아지, 아지와우			
0912	密	음	ミツ・미츠	능시 1급	빽빽할 밀	密
		훈	–			
0913	脈	음	ミャク・먀쿠	능시 1급	맥 맥	脈
		훈	–			
0914	民	음	ミン・밍	능시 3급	백성 민	民
		훈	たみ・타미			
0915	務	음	ム・무	능시 2급	힘쓸 무	務
		훈	つとめる・츠토메루			
0916	無	음	ム, ブ・무, 부	능시 2급	없을 무	無
		훈	ない・나이			
0917	夢	음	ム・무	능시 2급	꿈 몽	夢
		훈	ゆめ・유메			
0918	名	음	メイ, ミョウ・메이, 묘우	능시 4급	이름 명	名
		훈	な・나			
0919	命	음	メイ, ミョウ・메이, 묘우	능시 2급	목숨 명	命
		훈	いのち・이노치			
0920	明	음	メイ, ミョウ・메이, 묘우	능시 3급	밝을 명	明
		훈	あかるい, あかるむ, あからむ・아카루이, 아카루무, 아카라무			
0921	迷	음	メイ・메이	능시 2급	미혹할 미	迷
		훈	まよう・마요우			
0922	盟	음	メイ・메이	능시 1급	맹세할 맹	盟
		훈	ちかう・치카우			
0923	鳴	음	メイ・메이	능시 2급	울 명	鳴
		훈	なく, なる, ならす・나쿠, 나루, 나라스			

				한국한자
面 0924	음	メン・멩	능시 2급 낯 **면**	面
	훈	おも, おもて, つら・오모, 오모테, 츠라		
綿 0925	음	メン・멩	능시 2급 솜 **면**	綿
	훈	わた・와타		
模 0926	음	モ, ボ・모, 보	능시 2급 법 **모**	模
	훈	–		
毛 0927	음	モウ・모우	능시 2급 털 **모**	毛
	훈	け・케		
目 0928	음	モク, ボク・모쿠, 보쿠	능시 4급 눈 **목**	目
	훈	め, ま・메, 마		
門 0929	음	モン・몽	능시 3급 문 **문**	門
	훈	かど・카도		
問 0930	음	モン・몽	능시 3급 물을 **문**	問
	훈	とう, とい, とん・토우, 토이, 동		
夜 0931	음	ヤ・야	능시 3급 밤 **야**	夜
	훈	よ, よる・요, 요루		
野 0932	음	ヤ・야	능시 3급 들 **야**	野
	훈	の・노		
役 0933	음	ヤク, エキ・야쿠, 에키	능시 2급 부릴 **역**	役
	훈	–		
約 0934	음	ヤク・야쿠	능시 2급 대략/묶을 **약**	約
	훈	–		
訳 0935	음	ヤク・야쿠	능시 1급 통변할 **역**	譯
	훈	わけ・와케		
薬 0936	음	ヤク・야쿠	능시 3급 약 **약**	藥
	훈	くすり・구스리		

번호	한자		음·훈	능시 급수	한국 한자
0937	由	음	ユ, ユウ, ユイ · 유, 유우, 유이	능시 2급 말미암을 유	由
		훈	よし · 요시		
0938	油	음	ユ · 유	능시 2급 기름 유	油
		훈	あぶら · 아부라		
0939	輸	음	ユ · 유	능시 2급 실어낼/나를 수	輸
		훈	–		
0940	友	음	ユウ · 유우	능시 4급 벗 우	友
		훈	とも · 토모		
0941	有	음	ユウ, ユ · 유우, 유	능시 3급 있을 유	有
		훈	ある · 아루		
0942	勇	음	ユウ · 유우	능시 2급 날랠 용	勇
		훈	いさむ · 이사무		
0943	郵	음	ユウ · 유우	능시 2급 우편 우	郵
		훈	–		
0944	遊	음	ユウ, ユ · 유우, 유	능시 2급 놀 유	遊
		훈	あそぶ · 아소부		
0945	優	음	ユウ · 유우	능시 2급 넉넉할 우	優
		훈	やさしい, すぐれる · 야사시–, 스구레루		
0946	予	음	ヨ · 요	능시 2급 먼저 예	豫
		훈	–		
0947	余	음	ヨ · 요	능시 2급 남을 여	餘
		훈	あまる, あます · 야마루, 아마스		
0948	預	음	ヨ · 요	능시 2급 미리 예	預
		훈	あずける, あずかる · 아즈케루, 아즈카루		
0949	幼	음	ヨウ · 요우	능시 2급 어릴 유	幼
		훈	おさない · 오사나이		

No.		음/훈		급수	한국 한자	한국 한자
0950 用	음	ヨウ・요우		능시 3급	쓸 용	用
	훈	もちいる・모치이루				
0951 羊	음	ヨウ・요우		능시 1급	양 양	羊
	훈	ひつじ・히츠지				
0952 洋	음	ヨウ・요우		능시 3급	큰바다 양	洋
	훈	–				
0953 要	음	ヨウ・요우		능시 2급	구할/중요 요	要
	훈	いる・이루				
0954 容	음	ヨウ・요우		능시 2급	얼굴 용	容
	훈	–				
0955 葉	음	ヨウ・요우		능시 2급	잎 엽	葉
	훈	は・하				
0956 陽	음	ヨウ・요우		능시 2급	볕 양	陽
	훈	–				
0957 様	음	ヨウ・요우		능시 2급	모양 양	様
	훈	さま・사마				
0958 養	음	ヨウ・요우		능시 1급	기를 양	養
	훈	やしなう・야시나우				
0959 曜	음	ヨウ・요우		능시 3급	빛날 요	曜
	훈	–				
0960 浴	음	ヨク・요쿠		능시 2급	목욕할 욕	浴
	훈	あびる, あびせる・아비루, 아비세루				
0961 欲	음	ヨク・요쿠		능시 2급	욕심낼 욕	欲
	훈	ほしい・호시–				
0962 翌	음	ヨク・요쿠		능시 2급	다음날 익	翌
	훈	–				

				한국 한자
0963 来	음	ライ・라이	능시 4급 올 래	來
	훈	くる, きたる, きたす・쿠루, 키타루, 키타스		
0964 落	음	ラク・라쿠	능시 2급 떨어질 락	落
	훈	おちる, おとす・오치루, 오토스		
0965 乱	음	ラン・랑	능시 2급 어지러울 난	亂
	훈	みだれる, みだす・미타레루, 미다스		
0966 卵	음	ラン・랑	능시 2급 알 란	卵
	훈	たまご・타마고		
0967 覧	음	ラン・랑	능시 1급 볼 람	覽
	훈	–		
0968 利	음	リ・리	능시 2급 이로울 리	利
	훈	きく・키쿠		
0969 里	음	リ・리	능시 1급 마을 리	里
	훈	さと・사토		
0970 理	음	リ・리	능시 3급 다스릴 리	理
	훈	–		
0971 裏	음	リ・리	능시 2급 속 리	裏
	훈	うら・우라		
0972 陸	음	リク・리쿠	능시 2급 뭍 육	陸
	훈	–		
0973 立	음	リツ, リュウ・리츠, 류우	능시 4급 설 립	立
	훈	たつ, たてる・타츠, 타테루		
0974 律	음	リツ, リチ・리츠, 리치	능시 2급 법 률	律
	훈	–		
0975 略	음	リャク・랴쿠	능시 2급 간략할 략	略
	훈	–		

		음 / 훈		능시	한국 한자
0976	流	음	リュウ, ル・류우, 루	능시 2급	흐를 유 / 流
		훈	ながれる, ながす・나가레루, 나가스		
0977	留	음	リュウ, ル・류우, 루	능시 2급	머무를 류 / 留
		훈	とめる, とまる・도메루, 도마루		
0978	旅	음	リョ・료	능시 1급	나그네 려 / 旅
		훈	たび・타비		
0979	両	음	リョウ・료우	능시 2급	두 량 / 兩
		훈	–		
0980	良	음	リョウ・료우	능시 1급	어질/좋을 량 / 良
		훈	よい・요이		
0981	料	음	リョウ・료우	능시 3급	헤아릴 료 / 料
		훈	–		
0982	量	음	リョウ・료우	능시 2급	헤아릴 량 / 量
		훈	はかる・하카루		
0983	領	음	リョウ・료우	능시 2급	거느릴 령 / 領
		훈	–		
0984	力	음	リョク, リキ・료쿠, 리키	능시 3급	힘 력 / 力
		훈	ちから・치카라		
0985	緑	음	リョク, ロク・료쿠, 로쿠	능시 2급	푸를 록 / 綠
		훈	みどり・미도리		
0986	林	음	リン・링	능시 3급	수풀 림 / 林
		훈	はやし・하야시		
0987	輪	음	リン・링	능시 2급	바퀴 륜 / 輪
		훈	わ・와		
0988	臨	음	リン・링	능시 1급	임할 림 / 臨
		훈	のぞむ・노조무		

번호	한자			능시	한국 훈음	한국 한자
0989	類	음	ルイ・루이	능시 1급	무리 류	類
		훈	–			
0990	令	음	レイ・레이	능시 2급	명령할 령	令
		훈	–			
0991	礼	음	レイ, ライ・레이, 라이	능시 2급	예도 례	禮
		훈	–			
0992	冷	음	レイ・레이	능시 2급	찰 랭	冷
		훈	つめたい, ひえる, ひやす・츠메타이, 히에루, 히야스			
0993	例	음	レイ・레이	능시 2급	법칙 례	例
		훈	たとえる・타토에루			
0994	歴	음	レキ・레키	능시 2급	겪을 력	歷
		훈	–			
0995	列	음	レツ・레츠	능시 2급	줄 열/벌일 렬	列
		훈	–			
0996	連	음	レン・렝	능시 2급	이을 련	連
		훈	つらなる, つらねる, つれる・츠라나루, 츠라네루, 츠레루			
0997	練	음	レン・렝	능시 1급	익힐 련	練
		훈	ねる・네루			
0998	路	음	ロ・로	능시 2급	길 로	路
		훈	じ・지			
0999	老	음	ロウ・로우	능시 2급	늙을 로	老
		훈	おいる, ふける・오이루, 후케루			
1000	労	음	ロウ・로우	능시 1급	수고로울/일할 로	勞
		훈	–			
1001	朗	음	ロウ・로우	능시 1급	밝을 랑	朗
		훈	ほがらか・호가라카			

	음	훈		능시	한국한자
1002 六	ロク・로쿠	む, むっ, むっつ, むい・무, 뭇, 뭇츠, 무이		4급 여섯 **육**	六
1003 録	ロク・로쿠	–		2급 기록할 **록**	録
1004 論	ロン・롱	–		2급 논의할 **론**	論
1005 和	ワ, オ・와, 오	やわらぐ, やわらげる, なごむ・야와라구, 야와라게루, 나고무		2급 화목할 **화**	和
1006 話	ワ・와	はなす, はなし・하나스, 하나시		4급 말할/이야기 **화**	話

427

필수 일본어
상용한자

02 교육한자를 제외한 상용한자 939자

번호	한자	음	훈	급수	훈음	한국한자
1007	亜	ア・아	–	능시 1급	버금 **아**	亞
1008	哀	アイ・아이	あわれ, あわれむ・아와레, 아와레무	능시 1급	슬플 **애**	哀
1009	握	アク・아꾸	にぎる・니기루	능시 1급	잡을 **악**	握
1010	扱	–	あつかう・아츠까우	능시 1급	미칠 **급**	扱
1011	依	イ, エ・이, 에	–	능시 2급	의지할 **의**	依
1012	威	イ・이	–	능시 1급	위엄 **위**	威
1013	為	イ・이	–	능시 1급	할 **위**	爲
1014	尉	イ・이	–	능시 1급	벼슬 **위**	尉
1015	偉	イ・이	えらい・에라이	능시 2급	위대할 **위**	偉
1016	違	イ・이	ちがう, ちがえる・치가우, 치가에루	능시 2급	어길/다를 **위**	違
1017	維	イ・이	–	능시 1급	맬 **유**	維
1018	慰	イ・이	なぐさめる, なぐさむ・나구사메루, 나구사무	능시 1급	위로할 **위**	慰
1019	緯	イ・이	–	능시 1급	씨줄 **위**	緯

번호	한자		음/훈	급수	뜻·음	한국한자
1020	壱	음	イチ・이치	능시 1급	한 **일**	壹
		훈	–			
1021	逸	음	イツ・이츠	능시 1급	편안할 **일**	逸
		훈	–			
1022	芋	음	–	능시 1급	토란 **우**	芋
		훈	いも・이모			
1023	姻	음	イン・잉	능시 1급	혼인 **인**	姻
		훈	–			
1024	陰	음	イン・잉	능시 1급	그늘 **음**	陰
		훈	かげ, かげる・카게, 카게루			
1025	隠	음	イン・잉	능시 1급	숨을 **은**	隱
		훈	かくす, かくれる・카쿠스, 카쿠레루			
1026	韻	음	イン・잉	능시 1급	운 **운**	韻
		훈	–			
1027	影	음	エイ・에이	능시 1급	그림자 **영**	影
		훈	かげ・카게			
1028	詠	음	エイ・에이	능시 1급	읊을 **영**	詠
		훈	よむ・요무			
1029	鋭	음	エイ・에이	능시 2급	날카로울 **예**	銳
		훈	するどい・스루도이			
1030	疫	음	エキ, ヤク・에끼, 야꾸	능시 1급	병들 **역**	疫
		훈	–			
1031	悦	음	エツ・에츠	능시 1급	기쁠 **열**	悅
		훈	–			
1032	越	음	エツ・에츠	능시 2급	넘을 **월**	越
		훈	こす, こえる・코스, 코에루			

번호	한자	음	훈	급수	한국한자	
1033	謁	エツ・에츠	–	능시 1급	아뢸 알	謁
1034	閲	エツ・에츠	–	능시 1급	볼 열	閲
1035	炎	エン・엥	ほのお・호노오	능시 1급	불꽃 염	炎
1036	宴	エン・엥	–	능시 1급	잔치 연	宴
1037	援	エン・엥	–	능시 1급	도울 원	援
1038	煙	エン・엥	けむり, けむい, けむる・케무리, 케무이, 케무루	능시 2급	연기 연	煙
1039	猿	エン・엥	さる・사루	능시 1급	원숭이 원	猿
1040	鉛	エン・엥	なまり・나마리	능시 1급	납 연	鉛
1041	縁	エン・엥	ふち・후치	능시 1급	인연 연	縁
1042	汚	オ・오	けがす, けがれる・케가케스, 케가레루	능시 2급	더러울 오	汚
1043	凹	オウ・오우	–	능시 1급	오목할 요	凹
1044	押	オウ・오우	おす, おさえる・오스, 오사에루	능시 2급	밀 압	押
1045	欧	オウ・오우	–	능시 2급	토할 구	欧

번호	한자	음	훈	급수	뜻·음	한국한자
1046	殴	オウ・오우	なぐる・나구루	능시 1급	때릴 구	毆
1047	奥	オウ・오우	おく・오쿠	능시 2급	속 오	奧
1048	憶	オク・오우	–	능시 1급	생각할 억	憶
1049	乙	オツ・오츠	–	능시 1급	새 을	乙
1050	卸	–	おろし, おろす・오로시, 오로스	능시 1급	짐부릴/풀 사	卸
1051	穏	オン・온	おだやか・오다야카	능시 1급	온화할 온	穩
1052	佳	カ・카	–	능시 1급	아름다울 가	佳
1053	架	カ・카	かける, かかる・카케루, 카카루	능시 1급	걸칠 가	架
1054	華	カ, ケ・카, 케	はな・하나	능시 1급	화려할 화	華
1055	菓	カ・카	–	능시 2급	과자 과	菓
1056	渦	カ・카	うず・우즈	능시 1급	소용돌이 와	渦
1057	嫁	カ・카	よめ, とつぐ・요메, 토츠구	능시 1급	시집갈 가	嫁
1058	暇	カ・카	ひま・히마	능시 1급	한가할 가	暇

No.	한자			능시	뜻·음	한국한자
1059	禍	음	カ・카	능시 1급	재화 화	禍
		훈	—			
1060	靴	음	カ・카	능시 2급	구두 화	靴
		훈	くつ・쿠츠			
1061	寡	음	カ・카	능시 1급	적을 과	寡
		훈	—			
1062	箇	음	カ・카	능시 1급	낱 개	箇
		훈	—			
1063	稼	음	カ・카	능시 1급	심을 가	稼
		훈	かせぐ・카세구			
1064	蚊	음	—	능시 1급	모기 문	蚊
		훈	か・카			
1065	雅	음	ガ・가	능시 1급	아담할 아	雅
		훈	—			
1066	餓	음	ガ・가	능시 1급	굶주릴 아	餓
		훈	—			
1067	介	음	カイ・카이	능시 2급	끼일 개	介
		훈	—			
1068	戒	음	カイ・카이	능시 1급	경계할 계	戒
		훈	いましめる・이마시메루			
1069	怪	음	カイ・카이	능시 1급	괴이할 괴	怪
		훈	あやしい, あやしむ・아야시-, 아야시무			
1070	拐	음	カイ・카이	능시 1급	유인할 괴	拐
		훈	—			
1071	悔	음	カイ・카이	능시 1급	뉘우칠 회	悔
		훈	くいる, くやむ, くやしい・쿠이루, 쿠야무, 쿠야시-			

1072 皆	음	カイ・카이	능시 2급	모두 개	皆
	훈	みな・미나			
1073 塊	음	カイ・카이	능시 1급	덩어리 괴	塊
	훈	かたまり・카타마리			
1074 壊	음	カイ・카이	능시 1급	무너질 괴	壊
	훈	こわす, こわれる・고와스, 고와레루			
1075 懐	음	カイ・카이	능시 1급	품을 회	懐
	훈	ふところ, なつかしい・후토코로, 나츠카시-			
1076 劾	음	ガイ・가이	능시 1급	캐물을 핵	劾
	훈	-			
1077 涯	음	ガイ・가이	능시 1급	물가 애	涯
	훈	-			
1078 慨	음	ガイ・가이	능시 1급	슬퍼할 개	慨
	훈	-			
1079 概	음	ガイ・가이	능시 1급	대개 개	概
	훈	-			
1080 該	음	ガイ・가이	능시 1급	그 해	該
	훈	-			
1081 垣	음	-	능시 1급	담 원	垣
	훈	かき・카키			
1082 核	음	カク・카쿠	능시 1급	씨 핵	核
	훈	-			
1083 殻	음	カク・카쿠	능시 1급	껍질 각	殻
	훈	から・카라			
1084 郭	음	カク・카쿠	능시 1급	외성 곽	郭
	훈	-			

435

번호	한자		음/훈		능시	한국 한자	
1085	較	음	カク・카쿠		능시 1급	비교할 교	較
		훈	–				
1086	隔	음	カク・카쿠		능시 1급	사이뜰 격	隔
		훈	へだたる, へだてる・헤다타루, 헤다테루				
1087	獲	음	カク・카쿠		능시 1급	얻을 획	獲
		훈	える・에루				
1088	穫	음	カク・카쿠		능시 1급	거둘 확	穫
		훈	–				
1089	岳	음	ガク・가쿠		능시 1급	큰산 악	岳
		훈	たけ・타케				
1090	掛	음	–		능시 2급	걸 괘	掛
		훈	かかり, かける, かかる・카카리, 카케루, 카카루				
1091	潟	음	–		능시 1급	개펄 석	潟
		훈	かた・카타				
1092	括	음	カツ・카츠		능시 1급	쌀/맺을 괄	括
		훈	–				
1093	喝	음	カツ・카츠		능시 1급	꾸짖을 갈	喝
		훈	–				
1094	渇	음	カツ・카츠		능시 1급	목마를 갈	渇
		훈	かわく・카와쿠				
1095	褐	음	カツ・카츠		능시 1급	베옷 갈	褐
		훈	–				
1096	滑	음	カツ・카츠		능시 1급	미끄러울 활	滑
		훈	すべる, なめらか・스베루, 나메라카				
1097	轄	음	カツ・카츠		능시 1급	다스릴 할	轄
		훈	–				

번호	한자	음	훈	급수	한국	한국한자
1098	刈	–	かる・카루	능시 1급	벨 예	刈
1099	甘	カン・캉	あまい, あまえる, あまやかす・아마이, 아마에루, 아마야카스	능시 2급	달 감	甘
1100	汗	カン・캉	あせ・아세	능시 2급	땀 한	汗
1101	缶	カン・캉	–	능시 2급	두레박 관	罐
1102	肝	カン・캉	きも・키모	능시 1급	간 간	肝
1103	冠	カン・캉	かんむり・캄무리	능시 1급	갓 관	冠
1104	陷	カン・캉	おちいる, おとしいれる・오치이루, 오또시-레루	능시 1급	빠질 함	陷
1105	乾	カン・캉	かわく, かわかす・카와쿠, 카와카스	능시 2급	마를/하늘 건	乾
1106	勘	カン・캉	–	능시 1급	헤아릴 감	勘
1107	堪	カン・캉	たえる・타에루	능시 1급	견딜 감	堪
1108	患	カン・캉	わずらう・와즈라우	능시 2급	근심 환	患
1109	貫	カン・캉	つらぬく・츠라누쿠	능시 1급	꿸 관	貫
1110	喚	カン・캉	–	능시 1급	부를 환	喚

번호	한자	음	훈	급수	뜻·음	한국한자
1111	換	カン・캉	かえる, かわる・카에루, 카와루	능시 2급	바꿀 환	換
1112	敢	カン・캉	−	능시 1급	감히 감	敢
1113	棺	カン・캉	−	능시 1급	널 관	棺
1114	款	カン・캉	−	능시 1급	정성 관	款
1115	閑	カン・캉	−	능시 1급	한가할 한	閑
1116	勧	カン・캉	すすめる・스스메루	능시 1급	권할 권	勸
1117	歡	カン・캉	−	능시 1급	기뻐할 환	歡
1118	寬	カン・캉	−	능시 1급	너그러울 관	寬
1119	監	カン・캉	−	능시 1급	볼 감	監
1120	緩	カン・캉	ゆるい, ゆるやか, ゆるむ・유루이, 유루야카, 유루무	능시 1급	느릴 완	緩
1121	憾	カン・캉	−	능시 1급	한할 감	憾
1122	還	カン・캉	−	능시 1급	돌아올 환	還
1123	環	カン・캉	−	능시 1급	고리 환	環

번호	한자	음	훈	급수	뜻·음	한국한자
1124	艦	カン・캉	–	능시 1급	싸움배 함	艦
1125	鑑	カン・캉	–	능시 1급	거울 감	鑑
1126	含	ガン・강	ふくむ, ふくめる・후쿠무, 후쿠메루	능시 2급	머금을 함	含
1127	頑	ガン・강	–	능시 1급	완고할 완	頑
1128	企	キ・키	くわだてる・쿠와다테루	능시 1급	꾀할 기	企
1129	岐	キ・키	–	능시 1급	갈림길 기	岐
1130	忌	キ・키	いむ, いまわしい・이무, 이마와시-	능시 1급	꺼릴 기	忌
1131	奇	キ・키	–	능시 1급	기이할 기	奇
1132	祈	キ・키	いのる・이노루	능시 2급	빌 기	祈
1133	軌	キ・키	–	능시 1급	길 궤	軌
1134	既	キ・키	すでに・스데니	능시 1급	이미 기	既
1135	飢	キ・키	うえる・우에루	능시 1급	굶주릴 기	飢
1136	鬼	キ・키	おに・오니	능시 1급	귀신 귀	鬼

번호	한자	음	훈	급수	뜻·음	한국한자
1137	幾	キ・키	いく・이쿠	능시 2급	몇 기	幾
1138	棋	キ・키	−	능시 1급	바둑 기	棋
1139	棄	キ・키	−	능시 1급	버릴 기	棄
1140	輝	キ・키	かがやく・카가야쿠	능시 1급	빛날 휘	輝
1141	騎	キ・키	−	능시 1급	말탈 기	騎
1142	宜	ギ・기	−	능시 1급	마땅할 의	宜
1143	偽	ギ・기	にせ, いつわる・니세, 이츠와루	능시 1급	거짓 위	僞
1144	欺	ギ・기	あざむく・아자무쿠	능시 1급	속일 기	欺
1145	儀	ギ・기	−	능시 1급	거동 의	儀
1146	戯	ギ・기	たわむれる・타와무레루	능시 1급	희롱할 희	戲
1147	擬	ギ・기	−	능시 1급	비길 의	擬
1148	犠	ギ・기	−	능시 1급	희생 희	犧
1149	菊	キク・키쿠	−	능시 1급	국화 국	菊

1150 吉	음	キチ, キツ・키치, 키츠	능시 1급	길할 **길** 吉
	훈	–		
1151 喫	음	キツ・키츠	능시 2급	마실 **끽** 喫
	훈	–		
1152 詰	음	キツ・키츠	능시 2급	힐난할/물을 **힐** 詰
	훈	つめる, つまる, つむ・츠메루, 츠마루, 츠무		
1153 却	음	キャク・캬쿠	능시 1급	물리칠 **각** 却
	훈	–		
1154 脚	음	キャク, キャ・캬쿠, 캬	능시 1급	다리 **각** 脚
	훈	あし・아시		
1155 虐	음	ギャク・갸쿠	능시 1급	사나울 **학** 虐
	훈	しいたげる・시−타게루		
1156 及	음	キュウ・큐우	능시 1급	미칠 **급** 及
	훈	および, およぶ, およばす・오요비, 오요부, 오요바스		
1157 丘	음	キュウ・큐우	능시 1급	언덕 **구** 丘
	훈	おか・오카		
1158 朽	음	キュウ・큐우	능시 1급	썩을 **후** 朽
	훈	くちる・쿠치루		
1159 糾	음	キュウ・큐	능시 1급	맺힐 **규** 糾
	훈	–		
1160 窮	음	キュウ・큐	능시 1급	궁할 **궁** 窮
	훈	きわめる, きわまる・키와메루, 키와마루		
1161 巨	음	キョ・쿄	능시 2급	클 **거** 巨
	훈	–		
1162 拒	음	キョ・쿄	능시 1급	막을 **거** 拒
	훈	こばむ・코바무		

번호	한자	음	훈	급수	뜻·음	한국한자
1163	拠	キョ, コ・교, 코	–	능시 1급	의지할 거	據
1164	虚	キョ, コ・교, 코	–	능시 1급	빌 허	虛
1165	距	キョ・교	–	능시 1급	떨어질 거	距
1166	御	ギョ, ゴ・교, 고	おん・옹	능시 2급	어거할 어	御
1167	凶	キョウ・쿄우	–	능시 1급	흉할 흉	凶
1168	叫	キョウ・쿄우	さけぶ・사케부	능시 2급	부르짖을 규	叫
1169	狂	キョウ・쿄우	くるう, くるおしい・쿠루우, 쿠루오시-	능시 1급	미칠 광	狂
1170	享	キョウ・쿄우	–	능시 1급	누릴 향	享
1171	況	キョウ・쿄우	–	능시 2급	하물며 황	況
1172	峡	キョウ・쿄우	–	능시 1급	골짜기 협	峽
1173	挟	キョウ・쿄우	はさむ, はさまる・하사무, 하사마루	능시 2급	낄 협	挾
1174	狭	キョウ・쿄우	せまい, せばめる, せばまる・세마이, 세바메루, 세바마루	능시 2급	좁을 협	狹
1175	恐	キョウ・쿄우	おそれる, おそろしい・오소레루, 오소로시-	능시 2급	두려울 공	恐

442

No.			능시 1급	한국한자
1176 恭	음	キョウ・교우	공손할 공	恭
	훈	うやうやしい・우야우야시-		
1177 脅	음	キョウ・교우	으를 협	脅
	훈	おびやかす, おどす・오비야카스, 오도스		
1178 矯	음	キョウ・교우	바로잡을 교	矯
	훈	ためる・타메루		
1179 響	음	キョウ・교우	울릴 향	響
	훈	ひびく・히비쿠		
1180 驚	음	キョウ・교우	놀랄 경	驚
	훈	おどろく, おどろかす・오도로쿠, 오도로카스		
1181 仰	음	ギョウ, コウ・교우, 코우	우러를 앙	仰
	훈	あおぐ, おおせ・아오쿠, 오-세		
1182 曉	음	ギョウ・교우	새벽 효	曉
	훈	あかつき・아카츠키		
1183 凝	음	ギョウ・교우	엉길 응	凝
	훈	こる, こらす・코로, 코라스		
1184 斤	음	キン・낀	근 근	斤
	훈	–		
1185 菌	음	キン・낀	버섯 균	菌
	훈	–		
1186 琴	음	キン・낀	거문고 금	琴
	훈	こと・코또		
1187 緊	음	キン・낀	요긴할 긴	緊
	훈	–		
1188 謹	음	キン・낀	삼갈 근	謹
	훈	つつしむ・츠츠시무		

443

번호	한자	음	훈	능시	뜻·음	한국한자
1189	襟	キン・낀	えり・에리	능시 1급	옷섶 금	襟
1190	吟	ギン・낀	–	능시 1급	읊을 음	吟
1191	駆	ク・꾸	かる, かける・카루, 카케루	능시 1급	몰 구	驅
1192	愚	グ・구	おろか・오로까	능시 1급	어리석을 우	愚
1193	偶	グウ・구우	–	능시 2급	짝 우	偶
1194	遇	グウ・구우	–	능시 1급	만날 우	遇
1195	隅	グウ・구우	すみ・스미	능시 2급	모퉁이 우	隅
1196	屈	クツ・꾸츠	–	능시 1급	굽을 굴	屈
1197	掘	クツ・꾸츠	ほる・호루	능시 2급	팔 굴	掘
1198	繰	–	くる・쿠루	능시 1급	켤 조	繰
1199	勲	クン・꿍	–	능시 1급	공훈 훈	勳
1200	薫	クン・꿍	かおる・카오루	능시 1급	향기 훈	薰
1201	刑	ケイ・케이	–	능시 1급	형벌 형	刑

번호	한자	음	훈	급수	뜻/음	한국한자
1202	茎	ケイ・케이	くき・쿠키	능시 1급	줄기 경	莖
1203	契	ケイ・케이	ちぎる・치기루	능시 1급	맺을 계	契
1204	恵	ケイ, エ・케이, 에	めぐむ・메구무	능시 1급	은혜 혜	惠
1205	啓	ケイ・케이	-	능시 1급	열 계	啓
1206	掲	ケイ・케이	かかげる・카카게루	능시 1급	들 게	揭
1207	渓	ケイ・케이	-	능시 1급	시내 계	溪
1208	蛍	ケイ・케이	ほたる・호타루	능시 1급	개똥벌레 형	螢
1209	傾	ケイ・케이	かたむく, かたむける・카타무쿠, 카다무케루	능시 2급	기울 경	傾
1210	携	ケイ・케이	たずさえる, たずさわる・타즈사에루, 타즈사와루	능시 1급	가질 휴	携
1211	継	ケイ・케이	つぐ・츠구	능시 1급	이을 계	繼
1212	慶	ケイ・케이	-	능시 1급	경사 경	慶
1213	憩	ケイ・케이	いこう, いこい・이코우, 이코이	능시 1급	쉴 게	憩
1214	鶏	ケイ・케이	にわとり・니와도리	능시 1급	닭 계	鷄

445

번호	한자	음	훈	능시 급수	한국 한자 훈음	한국한자
1215	迎	ゲイ・게이	むかえる・무카에루	능시 2급	맞을 영	迎
1216	鯨	ゲイ・게이	くじら・쿠지라	능시 1급	고래 경	鯨
1217	撃	ゲキ・게키	うつ・우츠	능시 1급	칠 격	撃
1218	傑	ケツ・케츠	–	능시 1급	뛰어날 걸	傑
1219	肩	ケン・켕	かた・카타	능시 2급	어깨 견	肩
1220	兼	ケン・켕	かねる・카네루	능시 1급	겸할 겸	兼
1221	儉	ケン・켕	–	능시 1급	검소할 검	儉
1222	剣	ケン・켕	つるぎ・츠루기	능시 1급	칼 검	劍
1223	軒	ケン・켕	のき・노끼	능시 2급	처마 헌	軒
1224	圏	ケン・켕	–	능시 1급	우리 권	圏
1225	堅	ケン・켕	かたい・카타이	능시 2급	굳을 견	堅
1226	嫌	ケン, ゲン・켕, 겡	きらう, いや・키라우, 이야	능시 1급	싫어할 혐	嫌
1227	献	ケン, コン・켕, 콩	–	능시 1급	드릴 헌	獻

번호	한자			급수	훈음	한국한자
1228	遣	음	ケン・켕	능시 1급	보낼 견	遣
		훈	つかう, つかわす・츠카우, 츠카와스			
1229	賢	음	ケン・켕	능시 2급	어질 현	賢
		훈	かしこい・카시코이			
1230	謙	음	ケン・켕	능시 1급	겸손할 겸	謙
		훈	–			
1231	顕	음	ケン・켕	능시 1급	나타날 현	顯
		훈	–			
1232	懸	음	ケン, ケ・켕, 케	능시 1급	매달 현	懸
		훈	かける, かかる・카케루, 카카루			
1233	幻	음	ゲン・겡	능시 1급	허깨비 환	幻
		훈	まぼろし・마보로시			
1234	玄	음	ゲン・겡	능시 1급	검을 현	玄
		훈	–			
1235	弦	음	ゲン・겡	능시 1급	활시위 현	弦
		훈	つる・츠루			
1236	孤	음	コ・코	능시 1급	외로울 고	孤
		훈	–			
1237	弧	음	コ・코	능시 1급	나무활 호	弧
		훈	–			
1238	枯	음	コ・코	능시 2급	마를 고	枯
		훈	かれる, からす・카레루, 카라스			
1239	雇	음	コ・코	능시 2급	품살 고	雇
		훈	やとう・야토우			
1240	誇	음	ゴ・고	능시 1급	자랑할 과	誇
		훈	ほこる・호코루			

447

번호	한자	음	훈	급수	뜻·음	한국한자
1241	鼓	ク・코	つづみ・츠즈미	능시 1급	북 고	鼓
1242	顧	ク・코	かえりみる・카에리미루	능시 1급	돌아볼 고	顧
1243	互	ゴ・고	たがい・타가이	능시 2급	서로 호	互
1244	呉	ゴ・고	–	능시 1급	오나라 오	呉
1245	娯	ゴ・고	–	능시 1급	즐거워할 오	娯
1246	悟	ゴ・고	さとる・사토루	능시 1급	깨달을 오	悟
1247	碁	ゴ・고	–	능시 1급	바둑 기	碁
1248	孔	コウ・코우	–	능시 1급	구멍 공	孔
1249	巧	コウ・코우	たくみ・타쿠미	능시 1급	재주 교	巧
1250	甲	コウ, カン・코우, 캉	–	능시 1급	갑옷 갑	甲
1251	江	コウ・코우	え・에	능시 1급	강 강	江
1252	坑	コウ・코우	–	능시 1급	구덩이 갱	坑
1253	抗	コウ・코우	–	능시 1급	대항할 항	抗

No.	한자		음/훈	능시	한국	한국 한자
1254	攻	음	コウ・코우	1급	칠 공	攻
		훈	せめる・세메루			
1255	更	음	コウ・코우	2급	고칠 갱/경	更
		훈	さら, ふける, ふかす・사라, 후케루, 후카스			
1256	拘	음	コウ・코우	1급	거리낄 구	拘
		훈	–			
1257	肯	음	コウ・코우	2급	즐길 긍	肯
		훈	–			
1258	恒	음	コウ・코우	1급	항상 항	恒
		훈	–			
1259	洪	음	コウ・코우	1급	넓을 홍	洪
		훈	–			
1260	荒	음	コウ・코우	2급	거칠 황	荒
		훈	あらい, あれる, あらす・아라이, 아레루, 아라스			
1261	郊	음	コウ・코우	2급	들 교	郊
		훈	–			
1262	香	음	コウ, キョウ・코우, 쿄우	2급	향기 향	香
		훈	か, かおり, かおる・카, 카오리, 카오루			
1263	貢	음	コウ, ク・코우, 쿠	1급	바칠 공	貢
		훈	みつぐ・미츠구			
1264	控	음	コウ・코우	1급	당길 공	控
		훈	ひかえる・히카에루			
1265	慌	음	コウ・코우	1급	다급할 황	慌
		훈	あわてる, あわただしい・아와테루, 아와타다시-			
1266	硬	음	コウ・코우	2급	굳을 경	硬
		훈	かたい・카타이			

No.	한자		음/훈		능시	한국한자
1267	絞	음	コウ・코우	목맬 교	능시 1급	絞
		훈	しぼる, しめる, しまる・시보루, 시메루, 시마루			
1268	項	음	コウ・코우	조목 항	능시 1급	項
		훈	–			
1269	溝	음	コウ・코우	도랑 구	능시 1급	溝
		훈	みぞ・미소			
1270	綱	음	コウ・코우	벼리 강	능시 1급	綱
		훈	つな・츠나			
1271	酵	음	コウ・코우	술괼 효	능시 1급	酵
		훈	–			
1272	稿	음	コウ・코우	볏짚 고	능시 1급	稿
		훈	–			
1273	衡	음	コウ・코우	저울 형	능시 1급	衡
		훈	–			
1274	購	음	コウ・코우	살 구	능시 1급	購
		훈	–			
1275	拷	음	ゴウ・고우	매때릴 고	능시 1급	拷
		훈	–			
1276	剛	음	ゴウ・고우	굳셀 강	능시 1급	剛
		훈	–			
1277	豪	음	ゴウ・고우	호걸 호	능시 1급	豪
		훈	–			
1278	克	음	コク・코쿠	이길 극	능시 1급	克
		훈	–			
1279	酷	음	コク・코쿠	혹독할 혹	능시 1급	酷
		훈	–			

번호	한자			능시	뜻·음	한국한자
1280	獄	음	ゴク・고쿠	능시 1급	옥 옥	獄
		훈	–			
1281	込	음	–	능시 2급 일본한자	담을 입	–
		훈	こむ, こめる・코무, 코메루			
1282	昆	음	コン・콩	능시 1급	맏 곤	昆
		훈	–			
1283	恨	음	コン・콩	능시 1급	한할 한	恨
		훈	うらむ, うらめしい・우라무, 우라메시—			
1284	婚	음	コン・콩	능시 2급	혼인할 혼	婚
		훈	–			
1285	紺	음	コン・콩	능시 1급	감색 감	紺
		훈	–			
1286	魂	음	コン・콩	능시 1급	넋 혼	魂
		훈	たましい・타마시—			
1287	墾	음	コン・콩	능시 1급	갈 간	墾
		훈	–			
1288	懇	음	コン・콩	능시 1급	간절할 간	懇
		훈	ねんごろ・렝고로			
1289	佐	음	サ・사	능시 1급	도울 좌	佐
		훈	–			
1290	唆	음	サ・사	능시 1급	부추길 사	唆
		훈	そそのかす・소소노카스			
1291	詐	음	サ・사	능시 1급	속일 사	詐
		훈	–			
1292	鎖	음	サ・사	능시 1급	쇠사슬 쇄	鎖
		훈	くさり・쿠사리			

번호	한자		음 / 훈	능시	한국한자	
1293	砕	음	サイ・사이	능시 1급	부서질 쇄	碎
		훈	くだく, くだける・쿠다쿠, 쿠다케루			
1294	宰	음	サイ・사이	능시 1급	재상 재	宰
		훈	−			
1295	栽	음	サイ・사이	능시 1급	심을 재	栽
		훈	−			
1296	彩	음	サイ・사이	능시 1급	채색 채	彩
		훈	いろどる・이로도루			
1297	斎	음	サイ・사이	능시 1급	집 재	齋
		훈	−			
1298	債	음	サイ・사이	능시 1급	빚 채	債
		훈	−			
1299	催	음	サイ・사이	능시 1급	재촉할 최	催
		훈	もよおす・모요-스			
1300	歳	음	サイ, セイ・사이, 세이	능시 2급	해 세	歳
		훈	−			
1301	載	음	サイ・사이	능시 1급	실을 재	載
		훈	のせる, のる・노세루, 노루			
1302	剤	음	ザイ・자이	능시 1급	약지을 제	劑
		훈	−			
1303	崎	음	−	능시 1급	산길험할 기	崎
		훈	さき・사키			
1304	削	음	サク・사쿠	능시 1급	깎을 삭	削
		훈	けずる・케즈루			
1305	索	음	サク・사쿠	능시 1급	찾을 색	索
		훈	−			

번호		음		급수	뜻/음	한국한자
1306 酢	음	サク・사쿠		능시 1급	초 **초**	酢
	훈	す・스				
1307 搾	음	サク・사쿠		능시 1급	짤 **착**	搾
	훈	しぼる・시보루				
1308 錯	음	サク・사쿠		능시 1급	섞일 **착**	錯
	훈	–				
1309 咲	음	–		능시 2급	꽃필 **소**	咲
	훈	さく・사쿠				
1310 撮	음	サツ・사츠		능시 1급	찍을 **촬**	撮
	훈	とる・토루				
1311 擦	음	サツ・사츠		능시 1급	문지를 **찰**	擦
	훈	する, すれる・스루, 스레루				
1312 桟	음	サン・상		능시 1급	비계 **잔**	棧
	훈	–				
1313 惨	음	サン, ザン・상, 장		능시 1급	참혹할 **참**	慘
	훈	みじめ・미지메				
1314 傘	음	サン・상		능시 1급	우산 **산**	傘
	훈	かさ・카사				
1315 暫	음	ザン・장		능시 1급	잠깐 **잠**	暫
	훈	–				
1316 旨	음	シ・시		능시 1급	뜻 **지**	旨
	훈	むね・무네				
1317 伺	음	シ・시		능시 2급	엿볼 **사**	伺
	훈	うかがう・우카가우				
1318 刺	음	シ・시		능시 2급	찌를 **자**	刺
	훈	さす, ささる・사스, 사사루				

번호	한자	음	훈	급수	뜻·음	한국한자
1319	祉	シ・시	–	능시 1급	복 지	祉
1320	肢	シ・시	–	능시 1급	팔다리 지	肢
1321	施	シ, セ・시, 세	ほどこす・호도코스	능시 1급	베풀 시	施
1322	脂	シ・시	あぶら・아부라	능시 2급	비계 지	脂
1323	紫	シ・시	むらさき・무라사키	능시 1급	자주빛 자	紫
1324	嗣	シ・시	–	능시 1급	이을 사	嗣
1325	雌	シ・시	め, めす・메, 메스	능시 1급	암컷 자	雌
1326	賜	シ・시	たまわる・타마와루	능시 1급	받을 사	賜
1327	諮	シ・시	はかる・하카루	능시 1급	물을 자	諮
1328	侍	ジ・지	さむらい・사무라이	능시 1급	모실 시	侍
1329	滋	ジ・지	–	능시 1급	불을 자	滋
1330	慈	ジ・지	いつくしむ・이츠쿠시무	능시 1급	사랑 자	慈
1331	軸	ジク・지쿠	–	능시 1급	굴대 축	軸

번호	한자	음	훈	급수	뜻·음	한국한자
1332	疾	シツ・시츠	–	능시 1급	병 질	疾
1333	執	シツ, シュウ・시츠, 슈우	とる・토루	능시 1급	잡을 집	執
1334	湿	シツ・시츠	しめる, しめす・시메루, 시메스	능시 2급	젖을 습	濕
1335	漆	シツ・시츠	うるし・우루시	능시 1급	옻 칠	漆
1336	芝	–	しば・시바	능시 1급	지초 지	芝
1337	赦	シャ・샤	–	능시 1급	용서할 사	赦
1338	斜	シャ・샤	ななめ・나나메	능시 1급	비낄 사	斜
1339	煮	シャ・샤	にる, にえる, にやす・니루, 니에루, 니야스	능시 1급	삶을 자	煮
1340	遮	シャ・샤	さえぎる・사에기루	능시 1급	가릴 차	遮
1341	邪	ジャ・자	–	능시 1급	간사할 사	邪
1342	蛇	ジャ, ダ・쟈, 다	へび・헤비	능시 1급	뱀 사	蛇
1343	酌	シャク・샤쿠	くむ・쿠무	능시 1급	따를 작	酌
1344	釈	シャク・샤쿠	–	능시 1급	풀 석	釋

번호	한자	음	훈	급수	한국한자
1345	寂	ジャク, セキ・자쿠, 세키	さび, さびしい, さびれる・사비, 사비시-, 사비레루	능시 1급 고요할 적	寂
1346	朱	シュ・슈	–	능시 1급 붉을 주	朱
1347	狩	シュ・슈	かる, かり・카루, 카리	능시 1급 사냥할 수	狩
1348	殊	シュ・슈	こと・코토	능시 1급 다를 수	殊
1349	珠	シュ・슈	–	능시 1급 구슬 주	珠
1350	趣	シュ・슈	おもむき・오모무키	능시 1급 뜻 취	趣
1351	寿	ジュ・쥬	ことぶき・코토부키	능시 1급 목숨 수	壽
1352	需	ジュ・쥬	–	능시 1급 구할 수	需
1353	儒	ジュ・쥬	–	능시 1급 선비 유	儒
1354	囚	シュウ・슈우	–	능시 1급 가둘 수	囚
1355	舟	シュウ・슈우	ふね, ふな・후네, 후나	능시 2급 배 주	舟
1356	秀	シュウ・슈우	ひいでる・히-데루	능시 1급 빼어날 수	秀
1357	臭	シュウ・슈우	くさい・쿠사이	능시 1급 냄새 취	臭

번호	한자	음	훈	급수	뜻·음	한국한자
1358	愁	シュウ・슈우	うれい, うれえる・우레이, 우레에루	능시 1급	근심 수	愁
1359	酬	シュウ・슈우	–	능시 1급	갚을 수	酬
1360	醜	シュウ・슈우	みにくい・미니쿠이	능시 1급	미울 추	醜
1361	襲	シュウ・슈우	おそう・오소우	능시 1급	엄습할 습	襲
1362	汁	ジュウ・쥬우	しる・시루	능시 1급	즙 즙	汁
1363	充	ジュウ・쥬우	あてる・아테루	능시 1급	가득할 충	充
1364	柔	ジュウ, ニュウ・쥬우, 뉴우	やわらか, やわらかい・야와라카, 야와라카이	능시 2급	부드러울 유	柔
1365	渋	ジュウ・쥬우	しぶ, しぶい, しぶる・시부, 시부이, 시부루	능시 1급	떫을 삽	澁
1366	銃	ジュウ・쥬우	–	능시 1급	총 총	銃
1367	獣	ジュウ・쥬우	けもの・케모노	능시 1급	짐승 수	獸
1368	叔	シュク・슈쿠	–	능시 1급	아제비 숙	叔
1369	淑	シュク・슈쿠	–	능시 1급	맑을 숙	淑
1370	粛	シュク・슈쿠	–	능시 1급	엄숙할 숙	肅

No.	한자	음	훈	급수	한국 한자
1371	塾	ジュク・쥬쿠	–	능시 1급 / 글방 숙	塾
1372	俊	シュン・슝	–	능시 1급 / 뛰어날 준	俊
1373	瞬	シュン・슝	またたく・마타타쿠	능시 1급 / 눈깜짝할 순	瞬
1374	旬	ジュン・슝	–	능시 1급 / 열흘 순	旬
1375	巡	ジュン・슝	めぐる・메구루	능시 1급 / 돌 순	巡
1376	盾	ジュン・슝	たて・타테	능시 1급 / 방패 순	盾
1377	准	ジュン・슝	–	능시 1급 / 승인할 준	准
1378	殉	ジュン・슝	–	능시 1급 / 따라죽을 순	殉
1379	循	ジュン・슝	–	능시 1급 / 돌 순	循
1380	潤	ジュン・슝	うるおう, うるおす, うるむ・우루오우, 우루오스, 우루무	능시 1급 / 윤택할 윤	潤
1381	遵	ジュン・슝	–	능시 1급 / 따를 준	遵
1382	庶	ショ・쇼	–	능시 1급 / 여러 서	庶
1383	緒	ショ, チョ・쇼, 쵸	お・오	능시 2급 / 실마리 서	緒

	한자	음	훈	능시	한국	한국한자
1384	如	ジョ, ニョ・죠, 뇨	–	능시 1급	같을 여	如
1385	叙	ジョ・죠	–	능시 1급	필 서	敍
1386	徐	ジョ・죠	–	능시 1급	천천히할 서	徐
1387	升	ショウ・쇼우	ます・마스	능시 1급	되 승	升
1388	召	ショウ・쇼우	めす・메스	능시 2급	부를 소	召
1389	匠	ショウ・쇼우	–	능시 1급	장인 장	匠
1390	床	ショウ・쇼우	とこ, ゆか・토코, 유카	능시 2급	평상 상	床
1391	抄	ショウ・쇼우	–	능시 1급	베낄 초	抄
1392	肖	ショウ・쇼우	–	능시 1급	같을 초	肖
1393	尚	ショウ・쇼우	–	능시 1급	오히려 상	尙
1394	昇	ショウ・쇼우	のぼる・노보루	능시 2급	오를 승	昇
1395	沼	ショウ・쇼우	ぬま・누마	능시 1급	늪 소	沼
1396	宵	ショウ・쇼우	よい・요이	능시 1급	밤 소	宵

번호	한자	음	훈	급수	한국 훈음	한국한자
1397	症	ショウ・쇼우	–	능시 1급	병세 증	症
1398	祥	ショウ・쇼우	–	능시 1급	상서로울 상	祥
1399	称	ショウ・쇼우	–	능시 1급	일컬을 칭	稱
1400	渉	ショウ・쇼우	–	능시 1급	건널 섭	涉
1401	紹	ショウ・쇼우	–	능시 2급	이을 소	紹
1402	訟	ショウ・쇼우	–	능시 1급	송사할 송	訟
1403	掌	ショウ・쇼우	–	능시 1급	손바닥 장	掌
1404	晶	ショウ・쇼우	–	능시 1급	맑을 정	晶
1405	焦	ショウ・쇼우	こげる, こがす, こがれる・코게루, 코가스, 코가레루	능시 1급	그을릴 초	焦
1406	硝	ショウ・쇼우	–	능시 1급	초석 초	硝
1407	粧	ショウ・쇼우	–	능시 1급	단장할 장	粧
1408	詔	ショウ・쇼우	みことのり・미코토노리	능시 1급	고할 조	詔
1409	奨	ショウ・쇼우	–	능시 1급	권할 장	奬

	음	훈		
1410 詳	ショウ・쇼우	くわしい・쿠와시-	능시 1급	자세할 **상** 詳
1411 彰	ショウ・쇼우	–	능시 1급	밝을 **창** 彰
1412 衝	ショウ・쇼우	–	능시 1급	찌를 **충** 衝
1413 償	ショウ・쇼우	つぐなう・츠구나우	능시 1급	보상할 **상** 償
1414 礁	ショウ・쇼우	–	능시 1급	암초 **초** 礁
1415 鐘	ショウ・쇼우	かね・카네	능시 1급	쇠북 **종** 鐘
1416 丈	ジョウ・죠우	たけ・타케	능시 1급	어른 **장** 丈
1417 冗	ジョウ・죠우	–	능시 1급	쓸데없을 **용** 冗
1418 浄	ジョウ・죠우	–	능시 1급	깨끗할 **정** 淨
1419 剰	ジョウ・죠우	–	능시 1급	남을 **잉** 剩
1420 畳	ジョウ・죠우	たたみ, たたむ・타타미, 타타무	능시 2급	거듭 **첩** 疊
1421 縄	ジョウ・죠우	なわ・나와	능시 1급	줄 **승** 繩
1422 壌	ジョウ・죠우	–	능시 1급	흙 **양** 壤

번호	한자	음	훈	급수	뜻/음	한국한자
1423	嬢	ジョウ・죠우	–	능시 1급	계집애 양	嬢
1424	錠	ジョウ・죠우	–	능시 1급	덩어리 정	錠
1425	譲	ジョウ・죠우	ゆずる・유즈루	능시 1급	사양할 양	讓
1426	醸	ジョウ・죠우	かもす・카모스	능시 1급	술빚을 양	釀
1427	殖	ショク・쇼쿠	ふえる, ふやす・후에루, 후야스	능시 1급	번식할 식	殖
1428	飾	ショク・쇼쿠	かざる・카자루	능시 1급	꾸밀 식	飾
1429	触	ショク・쇼쿠	ふれる, さわる・후레루, 사와루	능시 2급	닿을 촉	觸
1430	嘱	ショク・쇼쿠	–	능시 1급	부탁할 촉	囑
1431	辱	ジョク・죠쿠	はずかしめる・하즈카시메루	능시 1급	욕 욕	辱
1432	伸	シン・싱	のびる, のばす・노비루, 노바스	능시 2급	펼 신	伸
1433	辛	シン・싱	からい・카라이	능시 2급	매울 신	辛
1434	侵	シン・싱	おかす・오카스	능시 1급	침범할 침	侵
1435	津	シン・싱	つ・츠	능시 1급	나루 진	津

번호	한자	음	훈	급수	뜻·음	한국한자
1436	唇	シン・싱	くちびる・구치비루	능시 1급	입술 순	脣
1437	娠	シン・싱	–	능시 1급	아이밸 신	娠
1438	振	シン・싱	ふる, ふるう・후루, 후루우	능시 1급	떨칠 진	振
1439	浸	シン・싱	ひたす, ひたる・히타스, 히타루	능시 1급	적실 침	浸
1440	紳	シン・싱	–	능시 1급	신사 신	紳
1441	診	シン・싱	みる・미루	능시 1급	진찰할 진	診
1442	寝	シン・싱	ねる, ねかす・네루, 네카스	능시 2급	잘 침	寢
1443	慎	シン・싱	つつしむ・츠츠시무	능시 1급	삼갈 신	愼
1444	審	シン・싱	–	능시 1급	살필 심	審
1445	震	シン・싱	ふるう, ふるえる・후루우, 후루에루	능시 2급	진동할 진	震
1446	刃	ジン・징	は・하	능시 1급	칼날 인	刃
1447	尽	ジン・징	つくす, つきる, つかす・츠쿠스, 츠키루, 츠카스	능시 1급	다할 진	盡
1448	迅	ジン・징	–	능시 1급	빠를 신	迅

463

번호	한자	음	훈	급수	뜻·음	한국한자
1449	甚	ジン・징	はなはだ, はなはだしい・하나하다, 하나하다시―	능시 1급	심할 심	甚
1450	陣	ジン・징	–	능시 1급	진칠 진	陣
1451	尋	ジン・징	たずねる・타즈네루	능시 1급	찾을 심	尋
1452	吹	スイ・스이	ふく・후쿠	능시 2급	불 취	吹
1453	炊	スイ・스이	たく・타쿠	능시 1급	밥지을 취	炊
1454	粋	スイ・스이	–	능시 1급	순수할 수	粋
1455	衰	スイ・스이	おとろえる・오토로에루	능시 1급	쇠약할 쇠	衰
1456	酔	スイ・스이	よう・요우	능시 1급	취할 취	醉
1457	遂	スイ・스이	とげる・토게루	능시 1급	드디어 수	遂
1458	睡	スイ・스이	–	능시 1급	잘 수	睡
1459	穂	スイ・스이	ほ・호	능시 1급	이삭 수	穗
1460	随	ズイ・즈이	–	능시 1급	따를 수	隨
1461	髄	ズイ・즈이	–	능시 1급	골수 수	髓

번호	한자	음/훈	일본어 독음	급수	한국 훈음	한국한자
1462	枢	음	スウ・스우	능시 1급	밑둥 추	樞
		훈	–			
1463	崇	음	スウ・스우	능시 1급	높일 숭	崇
		훈	–			
1464	据	음	–	능시 1급	일할 거	据
		훈	すえる, すわる・스에루, 스와루			
1465	杉	음	–	능시 1급	삼나무 삼	杉
		훈	すぎ・스기			
1466	瀬	음	–	능시 1급	여울 뢰	瀨
		훈	せ・세			
1467	是	음	ゼ・제	능시 1급	옳을 시	是
		훈	–			
1468	井	음	セイ, ショウ・세이, 쇼우	능시 1급	우물 정	井
		훈	い・이			
1469	征	음	セイ・세이	능시 1급	칠 정	征
		훈	–			
1470	姓	음	セイ, ショウ・세이, 쇼우	능시 2급	성 성	姓
		훈	–			
1471	斉	음	セイ・세이	능시 1급	모두 제	齊
		훈	–			
1472	牲	음	セイ・세이	능시 1급	희생 생	牲
		훈	–			
1473	逝	음	セイ・세이	능시 1급	죽을 서	逝
		훈	ゆく・유쿠			
1474	婿	음	セイ・세이	능시 1급	사위 서	婿
		훈	むこ・무코			

번호	한자		음/훈	능시	뜻/음	한국한자
1475	誓	음	セイ・세이	능시 1급	맹세할 서	誓
		훈	ちかう・치카우			
1476	請	음	セイ, シン・세이, 싱	능시 1급	청할 청	請
		훈	こう, うける・코우, 우케루			
1477	斥	음	セキ・세키	능시 1급	물리칠 척	斥
		훈	–			
1478	析	음	セキ・세키	능시 1급	쪼갤 석	析
		훈	–			
1479	隻	음	セキ・세키	능시 2급	외짝 척	隻
		훈	–			
1480	惜	음	セキ・세키	능시 1급	아낄 석	惜
		훈	おしい, おしむ・오시-, 오시무			
1481	跡	음	セキ・세키	능시 2급	발자취 적	跡
		훈	あと・아또			
1482	籍	음	セキ・세키	능시 2급	서적 적	籍
		훈	–			
1483	拙	음	セツ・세츠	능시 1급	졸할 졸	拙
		훈	–			
1484	窃	음	セツ・세츠	능시 1급	도둑 절	竊
		훈	–			
1485	摂	음	セツ・세츠	능시 1급	당길 섭	攝
		훈	–			
1486	仙	음	セン・셍	능시 1급	신선 선	仙
		훈	–			
1487	占	음	セン・셍	능시 2급	점칠 점	占
		훈	しめる, うらなう・시메루, 우라나우			

번호	한자	음	훈	급수	뜻·음	한국한자
1488	扇	セン・셍	おうぎ・오우기	능시 1급	부채 선	扇
1489	栓	セン・셍	–	능시 1급	나무못 전	栓
1490	旋	セン・셍	–	능시 1급	돌 선	旋
1491	踐	セン・셍	–	능시 1급	밟을 천	踐
1492	潛	セン・셍	ひそむ, もぐる・히소무, 모구루	능시 1급	잠길 잠	潛
1493	遷	セン・셍	–	능시 1급	옮길 천	遷
1494	薦	セン・셍	すすめる・스스메루	능시 1급	천거할 천	薦
1495	纖	セン・셍	–	능시 1급	가늘 섬	纖
1496	鮮	セン・셍	あざやか・아자야카	능시 1급	고을 선	鮮
1497	禅	ゼン・젱	–	능시 1급	고요할 선	禪
1498	漸	ゼン・젱	–	능시 1급	차차 점	漸
1499	繕	ゼン・젱	つくろう・츠쿠로우	능시 1급	기울 선	繕
1500	阻	ソ・소	はばむ・하바무	능시 1급	험할 조	阻

번호	한자	음	훈	급수	뜻·한국음	한국한자
1501	租	ソ・소	–	능시 1급	세금 조	租
1502	措	ソ・소	–	능시 1급	놓을 조	措
1503	粗	ソ・소	あらい・아라이	능시 1급	거칠 조	粗
1504	疎	ソ・소	うとい, うとむ・우토이, 우토무	능시 1급	트일 소	疎
1505	訴	ソ・소	うったえる・웃타에루	능시 1급	하소연할 소	訴
1506	塑	ソ・소	–	능시 1급	토우 소	塑
1507	礎	ソ・소	いしずえ・이시즈에	능시 1급	주춧돌 초	礎
1508	双	ソウ・소우	ふた・후타	능시 2급	쌍 쌍	雙
1509	壮	ソウ・소우	–	능시 1급	씩씩할 장	壯
1510	荘	ソウ・소우	–	능시 1급	장중할 장	莊
1511	捜	ソウ・소우	さがす・사가스	능시 2급	찾을 수	搜
1512	挿	ソウ・소우	さす・사스	능시 1급	꽂을 삽	挿
1513	桑	ソウ・소우	くわ・쿠와	능시 1급	뽕나무 상	桑

	음	훈		한국한자
1514 掃	ソウ・소우	はく・하쿠	능시 2급 / 쓸 소	掃
1515 曹	ソウ・소우	–	능시 1급 / 무리 조	曹
1516 喪	ソウ・소우	も・모	능시 1급 / 잃을 상	喪
1517 葬	ソウ・소우	ほうむる・호우무루	능시 1급 / 장사 장	葬
1518 僧	ソウ・소우	–	능시 1급 / 중 승	僧
1519 遭	ソウ・소우	あう・아우	능시 1급 / 만날 조	遭
1520 槽	ソウ・소우	–	능시 1급 / 구유 조	槽
1521 燥	ソウ・소우	–	능시 2급 / 마를 조	燥
1522 霜	ソウ・소우	しも・시모	능시 1급 / 서리 상	霜
1523 騒	ソウ・소우	さわぐ・사와구	능시 1급 / 시끄러울 소	騒
1524 藻	ソウ・소우	も・모	능시 1급 / 말 조	藻
1525 憎	ゾウ・조우	にくむ, にくい, にくらしい・니쿠무, 니쿠이, 니쿠라시-	능시 2급 / 미워할 증	憎
1526 贈	ゾウ, ソウ・조우, 소우	おくる・오쿠루	능시 2급 / 보낼 증	贈

469

번호	한자	음	훈	급수	뜻·음	한국한자
1527	即	ソク・소쿠	–	능시 1급	곧 즉	卽
1528	促	ソク・소쿠	うながす・우나가스	능시 1급	재촉할 촉	促
1529	俗	ゾク・조쿠	–	능시 1급	풍속 속	俗
1530	賊	ゾク・조쿠	–	능시 1급	도둑 적	賊
1531	妥	ダ・다	–	능시 1급	온당할 타	妥
1532	堕	ダ・다	–	능시 1급	떨어질 타	墮
1533	惰	ダ・다	–	능시 1급	게으를 타	惰
1534	駄	ダ・다	–	능시 1급	짐실을 태	駄
1535	耐	タイ・타이	たえる・타에루	능시 1급	견딜 내	耐
1536	怠	タイ・타이	おこたる, なまける・오코타루, 나마케루	능시 1급	게으를 태	怠
1537	胎	タイ・타이	–	능시 1급	아이밸 태	胎
1538	泰	タイ・타이	–	능시 1급	클 태	泰
1539	袋	タイ・타이	ふくろ・후쿠로	능시 2급	자루 대	袋

번호	한자	음		훈		급수	뜻·음	한국한자
1540	逮	음	タイ・타이	훈	–	능시 1급	잡을 체	逮
1541	替	음	タイ・타이	훈	かえる, かわる・카에루, 카와루	능시 2급	바꿀 체	替
1542	滯	음	タイ・타이	훈	とどこおる・토도코–루	능시 1급	막힐 체	滯
1543	滝	음	–	훈	たき・타키	능시 1급	여울 롱	瀧
1544	択	음	タク・타쿠	훈	–	능시 1급	가릴 택	擇
1545	沢	음	タク・타쿠	훈	さわ・사와	능시 1급	못 택	澤
1546	卓	음	タク・타쿠	훈	–	능시 1급	높을 탁	卓
1547	拓	음	タク・타쿠	훈	–	능시 1급	열 척	拓
1548	託	음	タク・타쿠	훈	–	능시 1급	부탁할 탁	託
1549	濯	음	タク・타쿠	훈	–	능시 2급	씻을 탁	濯
1550	諾	음	ダク・다쿠	훈	–	능시 1급	대답할 낙	諾
1551	濁	음	ダク・다쿠	훈	にごる, にごす・니고루, 니고스	능시 1급	흐릴 탁	濁
1552	脱	음	ダツ・다츠	훈	ぬぐ, ぬげる・누구, 누게루	능시 1급	벗을 탈	脱

번호	한자			능시	한국 한자
1553	奪	음	ダツ • 다츠	능시 1급	빼앗을 탈 / 奪
		훈	うばう • 우바우		
1554	棚	음	–	능시 1급	선반 붕 / 棚
		훈	たな • 타나		
1555	丹	음	タン • 탕	능시 1급	붉을 단 / 丹
		훈	–		
1556	胆	음	タン • 탕	능시 1급	쓸개 담 / 膽
		훈	–		
1557	淡	음	タン • 탕	능시 1급	묽을 담 / 淡
		훈	あわい • 아와이		
1558	嘆	음	タン • 탕	능시 1급	탄식할 탄 / 嘆
		훈	なげく, なげかわしい • 나게쿠, 나게가와시–		
1559	端	음	タン • 탕	능시 1급	끝 단 / 端
		훈	はし, は, はた • 하시, 하, 하타		
1560	鍛	음	タン • 탕	능시 1급	단련할 단 / 鍛
		훈	きたえる • 키타에루		
1561	弾	음	ダン • 당	능시 1급	탄알 탄 / 彈
		훈	たま, ひく, はずむ • 타마, 히쿠, 하즈무		
1562	壇	음	ダン, タン • 당, 탕	능시 1급	단 단 / 壇
		훈	–		
1563	恥	음	チ • 치	능시 2급	부끄러울 치 / 恥
		훈	はじ, はずかしい, はじる • 하지, 하즈카시–, 하지루		
1564	致	음	チ • 치	능시 1급	이를 치 / 致
		훈	いたす • 이타스		
1565	遅	음	チ • 치	능시 2급	더딜 지 / 遅
		훈	おそい, おくれる, おくらす • 오소이, 오쿠레루, 오쿠라스		

번호	한자	음	훈	급수	뜻·음	한국한자
1566	痴	チ・치	–	능시 1급	어리석을 치	癡
1567	稚	チ・치	–	능시 1급	어릴 치	稚
1568	畜	チク・치쿠	–	능시 2급	가축 축	畜
1569	逐	チク・치쿠	–	능시 1급	쫓을 축	逐
1570	蓄	チク・치쿠	たくわえる・타쿠와에루	능시 1급	쌓을 축	蓄
1571	秩	チツ・치츠	–	능시 1급	차례 질	秩
1572	窒	チツ・치츠	–	능시 1급	막을 질	窒
1573	嫡	チャク・챠쿠	–	능시 1급	정실 적	嫡
1574	沖	チュウ・츄우	おき・오키	능시 1급	빌 충	沖
1575	抽	チュウ・츄우	–	능시 1급	뽑을 추	抽
1576	衷	チュウ・츄우	–	능시 1급	정성 충	衷
1577	鋳	チュウ・츄우	いる・이루	능시 1급	부어만들 주	鑄
1578	駐	チュウ・츄우	–	능시 2급	머무를 주	駐

번호	한자		음/훈	급수	뜻·음	한국 한자
1579	弔	음	チョウ・쵸우	능시 1급	조상할 조	弔
		훈	とむらう・토무라우			
1580	挑	음	チョウ・쵸우	능시 1급	돋을 도	挑
		훈	いどむ・이도무			
1581	彫	음	チョウ・쵸우	능시 1급	새길 조	彫
		훈	ほる・호루			
1582	眺	음	チョウ・쵸우	능시 1급	바라볼 조	眺
		훈	ながめる・나가메루			
1583	釣	음	チョウ・쵸우	능시 1급	낚을 조	釣
		훈	つる・츠루			
1584	超	음	チョウ・쵸우	능시 2급	뛰어넘을 초	超
		훈	こえる, こす・코에루, 코스			
1585	跳	음	チョウ・쵸우	능시 1급	뛸 도	跳
		훈	はねる, とぶ・하네루, 도부			
1586	徴	음	チョウ・쵸우	능시 1급	부를 징	徴
		훈	–			
1587	澄	음	チョウ・쵸우	능시 1급	맑을 징	澄
		훈	すむ, すます・스무, 스마스			
1588	聴	음	チョウ・쵸우	능시 1급	들을 청	聽
		훈	きく・키쿠			
1589	懲	음	チョウ　쵸우	능시 1급	징계할 징	懲
		훈	こりる, こらす, こらしめる・코리루, 코라스, 코라시메루			
1590	勅	음	チョク・쵸쿠	능시 1급	조서 칙	勅
		훈	–			
1591	沈	음	チン・칭	능시 2급	잠길 침	沈
		훈	しずむ, しずめる・시즈무, 시즈메루			

				한국한자
1592 珍	음	チン・칭	능시 2급	珍
	훈	めずらしい・메즈라시-	보배 진	
1593 陳	음	チン・칭	능시 1급	陳
	훈	−	베풀 진	
1594 鎮	음	チン・칭	능시 1급	鎭
	훈	しずめる, しずまる・시즈메루, 시즈마루	진압할 진	
1595 墜	음	ツイ・츠이	능시 1급	墜
	훈	−	떨어질 추	
1596 塚	음	−	능시 1급	塚
	훈	つか・츠카	무덤 총	
1597 漬	음	−	능시 1급	漬
	훈	つける, つかる・츠케루, 츠카루	담글 지	
1598 坪	음	−	능시 1급	坪
	훈	つぼ・츠보	평평할 평	
1599 呈	음	テイ・테이	능시 1급	呈
	훈	−	보일 정	
1600 廷	음	テイ・테이	능시 1급	廷
	훈	−	조정 정	
1601 抵	음	テイ・테이	능시 1급	抵
	훈	−	막을 저	
1602 邸	음	テイ・테이	능시 1급	邸
	훈	−	집 저	
1603 亭	음	テイ・테이	능시 1급	亭
	훈	−	정자 정	
1604 貞	음	テイ・테이	능시 1급	貞
	훈	−	곧을 정	

	1605 帝	음	テイ・테이	능시 1급	임금 제	帝
		훈	–			
	1606 訂	음	テイ・테이	능시 1급	바로잡을 정	訂
		훈	–			
	1607 遞	음	テイ・테이	능시 1급	갈마들 체	遞
		훈	–			
	1608 偵	음	テイ・테이	능시 1급	정탐할 정	偵
		훈	–			
	1609 堤	음	テイ・테이	능시 1급	방죽 제	堤
		훈	つつみ・츠츠미			
	1610 艇	음	テイ・테이	능시 1급	거룻배 정	艇
		훈	–			
	1611 締	음	テイ・테이	능시 1급	맺을 체	締
		훈	しまる, しめる・시마루, 시메루			
	1612 泥	음	デイ・데이	능시 2급	진흙 니	泥
		훈	どろ・도로			
	1613 摘	음	テキ・테키	능시 1급	딸 적	摘
		훈	つむ・츠무			
	1614 滴	음	テキ・테키	능시 2급	물방울 적	滴
		훈	しずく, したたる・시즈쿠, 시타타루			
	1615 迭	음	テツ・테츠	능시 1급	바꿀 질	迭
		훈	–			
	1616 哲	음	テツ・테츠	능시 1급	밝을 철	哲
		훈	–			
	1617 徹	음	テツ・테츠	능시 1급	뚫을 철	徹
		훈	–			

1618 撤	음	テツ・테츠	능시 1급	걷을 철	한국한자 撤
	훈	–			
1619 添	음	テン・텡	능시 1급	더할 첨	한국한자 添
	훈	そえる, そう・소에루, 소우			
1620 殿	음	テン, デン・텡, 뎅	능시 2급	대궐 전	한국한자 殿
	훈	との, どの・토노, 도노			
1621 斗	음	ト・토	능시 1급	말 두	한국한자 斗
	훈	–			
1622 吐	음	ト・토	능시 2급	토할 토	한국한자 吐
	훈	はく・하쿠			
1623 途	음	ト・토	능시 2급	길 도	한국한자 途
	훈	–			
1624 渡	음	ト・토	능시 2급	건널 도	한국한자 渡
	훈	わたる, わたす・와타루, 와타스			
1625 塗	음	ト・토	능시 2급	바를 도	한국한자 塗
	훈	ぬる・누루			
1626 怒	음	ド・도	능시 2급	성낼 노	한국한자 怒
	훈	いかる, おこる・이카루, 오코루			
1627 到	음	トウ・토우	능시 2급	이를 도	한국한자 到
	훈	–			
1628 倒	음	トウ・토우	능시 2급	넘어질 도	한국한자 倒
	훈	たおれる, たおす・타오레루, 타오스			
1629 逃	음	トウ・토우	능시 2급	달아날 도	한국한자 逃
	훈	にげる, にがす, のがす・니게루, 니가스, 노가스			
1630 凍	음	トウ・토우	능시 2급	얼 동	한국한자 凍
	훈	こおる, こごえる・코–루, 코고에루			

번호	한자	음	훈	급수	훈음	한국한자
1631	唐	トウ・토우	から・카라	능시 1급	당나라 당	唐
1632	桃	トウ・토우	もも・모모	능시 1급	복숭아 도	桃
1633	透	トウ・토우	すく, すかす, すける・스쿠, 스카스, 스케루	능시 1급	통할 투	透
1634	悼	トウ・토우	いたむ・이타무	능시 1급	슬퍼할 도	悼
1635	盗	トウ・토우	ぬすむ・누스무	능시 2급	도둑 도	盗
1636	陶	トウ・토우	–	능시 1급	질그릇 도	陶
1637	塔	トウ・토우	–	능시 2급	탑 탑	塔
1638	搭	トウ・토우	–	능시 1급	태울 탑	搭
1639	棟	トウ・토우	むね, むな・무네, 무나	능시 1급	용마루 동	棟
1640	痘	トウ・토우	–	능시 1급	마마 두	痘
1641	筒	トウ・토우	つつ・츠츠	능시 2급	대롱 통	筒
1642	稲	トウ・토우	いね, いな・이네, 이나	능시 1급	벼 도	稲
1643	踏	トウ・토우	ふむ, ふまえる・후무, 후마에루	능시 1급	밟을 답	踏

번호	한자	음	훈	급수	뜻·한국음	한국 한자
1644	謄	トウ・토우	–	능시 1급	베낄 등	謄
1645	鬪	トウ・토우	たたかう・타타카우	능시 1급	싸울 투	鬪
1646	騰	トウ・토우	–	능시 1급	오를 등	騰
1647	洞	ドウ・도우	ほら・호라	능시 1급	골 동	洞
1648	胴	ドウ・도우	–	능시 1급	몸통 동	胴
1649	峠	–	とうげ・토우게	능시 1급 일본한자	고개 상	–
1650	匿	トク・토쿠	–	능시 1급	숨길 익	匿
1651	督	トク・토쿠	–	능시 1급	감독할 독	督
1652	篤	トク・토쿠	–	능시 1급	도타울 독	篤
1653	凸	トツ・토츠	–	능시 1급	볼록할 철	凸
1654	突	トツ・토츠	つく・츠쿠	능시 2급	부딪칠 돌	突
1655	屯	トン・통	–	능시 1급	모일 둔	屯
1656	豚	トン・통	ぶた・부타	능시 1급	돼지 돈	豚

No.	한자	음	훈	급수	한국 뜻·음	한국한자
1657	鈍	ドン・동	にぶい, にぶる・니부이, 니부루	능시 2급	둔할 둔	鈍
1658	曇	ドン・동	くもる・쿠모루	능시 2급	날흐릴 담	曇
1659	軟	ナン・낭	やわらか, やわらかい・야와라카, 야와라카이	능시 2급	연할 연	軟
1660	尼	ニ・니	あま・아마	능시 1급	여승 니	尼
1661	弐	ニ・니	–	능시 1급	두 이	貳
1662	尿	ニョウ・뇨우	–	능시 1급	오줌 뇨	尿
1663	妊	ニン・닝	–	능시 1급	아이밸 임	姙
1664	忍	ニン・닝	しのぶ, しのばせる・시노부, 시노바세루	능시 1급	참을 인	忍
1665	寧	ネイ・네이	–	능시 1급	편안할 영	寧
1666	粘	ネン・넹	ねばる・네바루	능시 1급	끈끈할 점	粘
1667	悩	ノウ・노우	なやむ, なやます・나야무, 나야마스	능시 2급	번뇌할 뇌	惱
1668	濃	ノウ・노우	こい・코이	능시 2급	짙을 농	濃
1669	把	ハ・하	–	능시 1급	잡을 파	把

번호	한자	음	훈	급수	한국 뜻·음	한국한자
1670	覇	ハ・하	–	능시 1급	으뜸 패	霸
1671	杯	ハイ・하이	さかずき・사카즈키	능시 2급	잔 배	杯
1672	排	ハイ・하이	–	능시 1급	물리칠 배	排
1673	廃	ハイ・하이	すたれる, すたる・스타레루, 스타루	능시 1급	폐할 폐	廢
1674	輩	ハイ・하이	–	능시 1급	무리 배	輩
1675	培	バイ・바이	つちかう・츠치카우	능시 1급	북돋을 배	培
1676	陪	バイ・바이	–	능시 1급	도울 배	陪
1677	媒	バイ・바이	–	능시 1급	중매 매	媒
1678	賠	バイ・바이	–	능시 1급	배상할 배	賠
1679	伯	ハク・하쿠	–	능시 1급	맏 백	伯
1680	拍	ハク, ヒョウ・하쿠, 뵤우	–	능시 1급	칠 박	拍
1681	泊	ハク・하쿠	とまる, とめる・토마루, 토메루	능시 2급	배댈 박	泊
1682	迫	ハク・하쿠	せまる・세마루	능시 1급	핍박할 박	迫

번호	한자	음	훈	급수	뜻·음	한국한자
1683	舶	ハク・하쿠	–	능시 1급	큰배 박	舶
1684	薄	ハク・하쿠	うすい, うすめる, うすまる・우스이, 우스메루, 우스마루	능시 2급	얇을 박	薄
1685	漠	バク・바쿠	–	능시 1급	사막 막	漠
1686	縛	バク・바쿠	しばる・시바루	능시 1급	묶을 박	縛
1687	爆	バク・바쿠	–	능시 2급	폭발할 폭	爆
1688	肌	–	はだ・하다	능시 2급	살 기	肌
1689	鉢	ハチ, ハツ・하치, 하츠	–	능시 1급	바리때 발	鉢
1690	髪	ハツ・하츠	かみ・카미	능시 2급	터럭 발	髪
1691	伐	バツ・바츠	–	능시 1급	칠 벌	伐
1692	抜	バツ・바츠	ぬく, ぬける, ぬかす・누쿠, 누케루, 누카스	능시 2급	뺄 발	抜
1693	罰	バツ, バチ・바츠, 바치	–	능시 1급	벌줄 벌	罰
1694	閥	バツ・바츠	–	능시 1급	문벌 벌	閥
1695	帆	ハン・항	ほ・호	능시 1급	돛 범	帆

482

번호	한자		음 / 훈	급수	뜻·음	한국한자
1696	伴	음	ハン, バン・항, 방	능시 1급	짝 반	伴
		훈	ともなう・토모나우			
1697	畔	음	ハン・항	능시 1급	물가 반	畔
		훈	–			
1698	般	음	ハン・항	능시 2급	옮길 반	般
		훈	–			
1699	販	음	ハン・항	능시 2급	팔 판	販
		훈	–			
1700	搬	음	ハン・항	능시 1급	운반할 반	搬
		훈	–			
1701	煩	음	ハン, ボン・항, 봉	능시 1급	번거로울 번	煩
		훈	わずらう, わずらわす・와즈라우, 와즈라와스			
1702	頒	음	ハン・항	능시 1급	반포할 반	頒
		훈	–			
1703	範	음	ハン・항	능시 1급	본보기 범	範
		훈	–			
1704	繁	음	ハン・항	능시 1급	번성할 번	繁
		훈	–			
1705	藩	음	ハン・항	능시 1급	울타리 번	藩
		훈	–			
1706	蛮	음	バン・방	능시 1급	오랑캐 만	蠻
		훈	–			
1707	盤	음	バン・방	능시 1급	쟁반 반	盤
		훈	–			
1708	妃	음	ヒ・히	능시 1급	왕비 비	妃
		훈	–			

번호	한자	음	훈	급수	뜻·음	한국한자
1709	彼	ヒ・히	かれ, かの・카레, 카노	능시 2급	저 피	彼
1710	披	ヒ・히	–	능시 1급	펼 피	披
1711	卑	ヒ・히	いやしい, いやしむ・이야시-, 이야시무	능시 1급	낮을 비	卑
1712	疲	ヒ・히	つかれる, つからす・츠카레루, 츠카라스	능시 2급	피곤할 피	疲
1713	被	ヒ・히	こうむる・코우무루	능시 2급	입을 피	被
1714	扉	ヒ・히	とびら・토비라	능시 1급	문짝 비	扉
1715	碑	ヒ・히	–	능시 1급	비석 비	碑
1716	罷	ヒ・히	–	능시 1급	파할 파	罷
1717	避	ヒ・히	さける・사케루	능시 1급	피할 피	避
1718	尾	ビ・비	お・오	능시 1급	꼬리 미	尾
1719	微	ビ・비	–	능시 1급	작을 미	微
1720	匹	ヒツ・히츠	ひき・히키	능시 2급	짝 필	匹
1721	泌	ヒツ, ヒ・히츠, 히	–	능시 1급	분비할 비	泌

번호	한자	음	훈	능시	뜻·음	한국한자
1722	姫	–	ひめ・히메	능시 1급	계집 희	姫
1723	漂	ヒョウ・효우	ただよう・타다요우	능시 1급	뜰 표	漂
1724	苗	ビョウ・뵤우	なえ, なわ・나에, 나와	능시 1급	싹 묘	苗
1725	描	ビョウ・뵤우	えがく・에가쿠	능시 1급	그림 묘	描
1726	猫	ビョウ・뵤우	ねこ・네코	능시 2급	고양이 묘	猫
1727	浜	ヒン・힌	はま・하마	능시 1급	물가 빈	濱
1728	賓	ヒン・힌	–	능시 1급	손 빈	賓
1729	頻	ヒン・힌	–	능시 1급	자주 빈	頻
1730	敏	ビン・빙	–	능시 1급	민첩할 민	敏
1731	瓶	ビン・빙	–	능시 2급	병 병	瓶
1732	扶	フ・후	–	능시 1급	도울 부	扶
1733	怖	フ・후	こわい・코와이	능시 2급	무서워할 포	怖
1734	附	フ・후	–	능시 1급	붙일 부	附

번호	한자	음	훈	급수	뜻·음	한국한자
1735	赴	フ・후	おもむく・오모무쿠	능시 1급	다다를 부	赴
1736	浮	フ・후	うく, うかれる, うかぶ・우쿠, 우카레루, 우카부	능시 2급	뜰 부	浮
1737	符	フ・후	–	능시 2급	부신 부	符
1738	普	フ・후	–	능시 2급	넓을 보	普
1739	腐	フ・후	くさる, くされる, くさらす・쿠사루, 쿠사레루, 쿠사라스	능시 1급	썩을 부	腐
1740	敷	フ・후	しく・시쿠	능시 1급	펼 부	敷
1741	膚	フ・후	–	능시 2급	살갗 부	膚
1742	賦	フ・후	–	능시 1급	구실 부	賦
1743	譜	フ・후	–	능시 1급	계보 보	譜
1744	侮	ブ・부	あなどる・아나도루	능시 1급	업신여길 모	侮
1745	舞	ブ・부	まう, まい・마우, 마이	능시 2급	춤출 무	舞
1746	封	フウ, ホウ・후우, 보우	–	능시 2급	봉할 봉	封
1747	伏	フク・후쿠	ふせる, ふす・후세루, 후스	능시 1급	엎드릴 복	伏

번호	한자		음/훈	급수	한국 뜻·음	한국 한자
1748	幅	음	フク・후쿠	능시 2급	폭 폭	幅
		훈	はば・하바			
1749	覆	음	フク・후쿠	능시 1급	뒤엎을 복	覆
		훈	おおう, くつがえす・오-우, 쿠츠가에스			
1750	払	음	フツ・후츠	능시 2급	떨 불	拂
		훈	はらう・하라우			
1751	沸	음	フツ 후츠	능시 2급	끓을 비	沸
		훈	わく, わかす・와쿠, 와카스			
1752	紛	음	フン・훙	능시 1급	어지러울 분	紛
		훈	まぎれる, まぎらす・마기레루, 마기라스			
1753	雰	음	フン・훙	능시 1급	안개 분	雰
		훈	－			
1754	墳	음	フン・훙	능시 1급	무덤 분	墳
		훈	－			
1755	憤	음	フン・훙	능시 1급	분할 분	憤
		훈	いきどおる・이키도-루			
1756	噴	음	フン・훙	능시 1급	뿜을 분	噴
		훈	ふく・후쿠			
1757	丙	음	ヘイ・헤이	능시 1급	남녘 병	丙
		훈	－			
1758	併	음	ヘイ・헤이	능시 1급	아우를 병	倂
		훈	あわせる・아와세루			
1759	柄	음	ヘイ・헤이	능시 1급	자루 병	柄
		훈	がら, え・가라, 에			
1760	塀	음	ヘイ・헤이	능시 1급	담 병	塀
		훈	－			

번호	한자	음		훈		능시	뜻/음	한국한자
1761	幣	음	ヘイ・헤이	훈	–	능시 1급	비단 **폐**	幣
1762	弊	음	ヘイ・헤이	훈	–	능시 1급	폐단 **폐**	弊
1763	壁	음	ヘイ・헤이	훈	かべ・가베	능시 1급	벽 **벽**	壁
1764	癖	음	ヘキ・헤키	훈	くせ・쿠세	능시 1급	버릇 **벽**	癖
1765	偏	음	ヘン・헹	훈	かたよる・카타요루	능시 1급	치우칠 **편**	偏
1766	遍	음	ヘン・헹	훈	–	능시 1급	두루 **편**	遍
1767	捕	음	ホ・호	훈	とる, とらえる, とらわれる・토루, 토라에루, 토라와레루	능시 2급	잡을 **포**	捕
1768	浦	음	ホ・호	훈	うら・우라	능시 1급	물가 **포**	浦
1769	舗	음	ホ・호	훈	–	능시 1급	펼 **포**	舗
1770	募	음	ボ・보	훈	つのる・츠노루	능시 2급	모을 **모**	募
1771	慕	음	ボ・보	훈	したう・시타우	능시 1급	사모할 **모**	慕
1772	簿	음	ボ・보	훈	–	능시 1급	장부 **부**	簿
1773	芳	음	ホウ・호우	훈	かんばしい・칸바시-	능시 1급	꽃다울 **방**	芳

번호	한자	음	훈	급수	한국 훈음	한국한자
1774	邦	ホウ・호우	–	능시 1급	나라 방	邦
1775	奉	ホウ, ブ・호우, 부	たてまつる・타테마츠루	능시 1급	받들 봉	奉
1776	抱	ホウ・호우	だく, いだく, かかえる・다쿠, 이다쿠, 카카에루	능시 2급	안을 포	抱
1777	泡	ホウ・호우	あわ・아와	능시 1급	거품 포	泡
1778	胞	ホウ・호우	–	능시 1급	태보 포	胞
1779	俸	ホウ・호우	–	능시 1급	녹봉 봉	俸
1780	倣	ホウ・호우	ならう・나라우	능시 1급	본뜰 방	倣
1781	峰	ホウ・호우	みね・미네	능시 1급	봉우리 봉	峰
1782	砲	ホウ・호우	–	능시 1급	대포 포	砲
1783	崩	ホウ・호우	くずれる, くずす・쿠즈레루, 쿠즈스	능시 1급	무너질 붕	崩
1784	飽	ホウ・호우	あきる, あかす・아키루, 아카스	능시 1급	배부를 포	飽
1785	褒	ホウ・호우	ほめる・호메루	능시 1급	칭찬할 포	褒
1786	縫	ホウ・호우	ぬう・누우	능시 1급	꿰맬 봉	縫

번호	한자		음·훈	능시	한국 훈음	한국한자
1787	乏	음	ボウ·보	능시 1급	가난할 핍	乏
		훈	とぼしい·토보시-			
1788	忙	음	ボウ·보우	능시 2급	바쁠 망	忙
		훈	いそがしい·이소가시-			
1789	坊	음	ボウ, ボッ·보우, 봇	능시 2급	동네 방	坊
		훈	–			
1790	房	음	ボウ·보우	능시 1급	방 방	房
		훈	ふさ·후사			
1791	妨	음	ボウ·보우	능시 1급	방해할 방	妨
		훈	さまたげる·사마타게루			
1792	肪	음	ボウ·보우	능시 1급	기름 방	肪
		훈	–			
1793	某	음	ボウ·보우	능시 1급	아무 모	某
		훈	–			
1794	冒	음	ボウ·보우	능시 1급	무릅쓸 모	冒
		훈	おかす·오카스			
1795	剖	음	ボウ·보우	능시 1급	쪼갤 부	剖
		훈	–			
1796	紡	음	ボウ·보우	능시 1급	길쌈 방	紡
		훈	つむぐ·츠무구			
1797	傍	음	ボウ·보우	능시 1급	곁 방	傍
		훈	かたわら·카타와라			
1798	帽	음	ボウ·보우	능시 2급	모자 모	帽
		훈	–			
1799	膨	음	ボウ·보우	능시 1급	부풀 팽	膨
		훈	ふくらむ, ふくれる·후쿠라무, 후쿠레루			

번호	한자	음	훈	급수	뜻·음	한국한자
1800	謀	ボウ, ム • 보우, 무	はかる • 하카루	능시 1급	꾀할 모	謀
1801	朴	ボク • 보쿠	–	능시 1급	순박할 박	朴
1802	僕	ボク • 보쿠	–	능시 1급	종 복	僕
1803	墨	ボク • 보쿠	すみ • 스미	능시 1급	먹 묵	墨
1804	撲	ボク • 보쿠	–	능시 1급	두드릴 박	撲
1805	没	ボツ • 보츠	–	능시 1급	빠질 몰	沒
1806	堀	–	ほり • 호리	능시 1급	굴 굴	堀
1807	奔	ホン • 홍	–	능시 1급	달릴 분	奔
1808	翻	ホン • 홍	ひるがえる, ひるがえす • 히루가에루, 리루가에스	능시 1급	뒤집을 번	飜
1809	凡	ボン, ハン • 봉, 항	–	능시 1급	무릇 범	凡
1810	盆	ボン • 봉	–	능시 1급	동이 분	盆
1811	麻	マ • 마	あさ • 아사	능시 1급	삼 마	麻
1812	摩	マ • 마	–	능시 1급	문지를 마	摩

번호	한자	음	훈	급수	뜻·음	한국한자
1813	魔	マ・마	–	능시 1급	마귀 마	魔
1814	磨	マ・마	みがく・미가쿠	능시 2급	갈 마	磨
1815	埋	マイ・마이	うめる, うまる, うもれる・우메루, 우마루, 우모레루	능시 2급	묻을 매	埋
1816	膜	マク・마쿠	–	능시 1급	막 막	膜
1817	又	–	また・마타	능시 1급	또 우	又
1818	抹	マツ・마츠	–	능시 1급	바를 말	抹
1819	慢	マン・망	–	능시 1급	거만할 만	慢
1820	漫	マン・망	–	능시 1급	부질없을 만	漫
1821	魅	ミ・미	–	능시 1급	도깨비 매	魅
1822	岬	–	みさき・미사키	능시 1급	곶 갑	岬
1823	妙	ミョウ・묘우	–	능시 1급	묘할 묘	妙
1824	眠	ミン・밍	ねむる, ねむい・네무루, 네무이	능시 2급	잠잘 면	眠
1825	矛	ム・무	ほこ・호코	능시 1급	창 모	矛

번호	한자	음	훈	급수	뜻	한국한자
1826	霧	ム・무	きり・키리	능시 1급	안개 무	霧
1827	娘	−	むすめ・무스메	능시 2급	아가씨 낭	娘
1828	銘	メイ・메이	−	능시 1급	새길 명	銘
1829	滅	メツ・메츠	ほろびる, ほろぼす・호로비루, 호로보스	능시 1급	멸망할 멸	滅
1830	免	メン・멩	まぬかれる・마누카레루	능시 1급	면할 면	免
1831	茂	モ・모	しげる・시게루	능시 1급	무성할 무	茂
1832	妄	モウ, ボウ・모우, 보우	−	능시 1급	망령될 망	妄
1833	盲	モウ・모우	−	능시 1급	소경 맹	盲
1834	耗	モウ, コウ・모우, 코우	−	능시 1급	줄 모	耗
1835	猛	モウ・모우	−	능시 1급	사나울 맹	猛
1836	網	モウ・모우	あみ・아미	능시 1급	그물 망	網
1837	黙	モク・모쿠	だまる・다마루	능시 1급	말없을 묵	黙
1838	紋	モン・몽	−	능시 1급	무늬 문	紋

번호	한자	음	훈	급수	뜻·음	한국 한자
1839	厄	ヤク・야쿠	–	능시 1급	재앙 액	厄
1840	躍	ヤク・야쿠	おどる・오도루	능시 1급	뛸 약	躍
1841	愉	ユ・유	–	능시 1급	즐거울 유	愉
1842	諭	ユ・유	さとす・사토스	능시 1급	깨우칠 유	諭
1843	癒	ユ・유	–	능시 1급	병나을 유	癒
1844	唯	ユイ, イ・유이, 이	–	능시 1급	오직 유	唯
1845	幽	ユウ・유우	–	능시 1급	깊을 유	幽
1846	悠	ユウ・유우	–	능시 1급	멀 유	悠
1847	猶	ユウ・유우	–	능시 1급	오히려 유	猶
1848	裕	ユウ・유우	–	능시 1급	넉넉할 유	裕
1849	雄	ユウ・유우	おす, お・오스, 오	능시 1급	수컷 웅	雄
1850	誘	ユウ・유우	さそう・사소우	능시 1급	꾈 유	誘
1851	憂	ユウ・유우	うれえる, うれい, うい・우레에루, 우레이, 우이	능시 1급	근심 우	憂

번호	한자	음	훈	급수	한국 뜻·음	한국한자
1852	融	ユウ・유우	-	능시 1급	녹을 융	融
1853	与	ヨ・요	あたえる・아타에루	능시 2급	줄 여	與
1854	誉	ヨ・요	ほまれ・호마레	능시 1급	칭찬할 예	譽
1855	庸	ヨウ・요우	-	능시 1급	떳떳할 용	庸
1856	揚	ヨウ・요우	あげる, あがる・아게루, 아가루	능시 1급	오를 양	揚
1857	揺	ヨウ・요우	ゆれる, ゆる, ゆらぐ, ゆする・유레루, 유루, 유라구, 유스루	능시 1급	흔들릴 요	搖
1858	溶	ヨウ・요우	とく, とける, とかす・토쿠, 토케루, 토카스	능시 2급	녹을 용	溶
1859	腰	ヨウ・요우	こし・코시	능시 2급	허리 요	腰
1860	踊	ヨウ・요우	おどる, おどり・오도루, 오도리	능시 2급	뛸 용	踊
1861	窯	ヨウ・요우	かま・카마	능시 1급	가마 요	窯
1862	擁	ヨウ・요우	-	능시 1급	안을 옹	擁
1863	謡	ヨウ・요우	うたい, うたう・우타이, 우타우	능시 1급	노래 요	謠
1864	抑	ヨク・요쿠	おさえる・오사에루	능시 1급	누를 억	抑

번호	한자	음		훈		능시	뜻·한글	한국한자
1865	翼	음	ヨク・요쿠	훈	つばさ・츠바사	능시 1급	날개 익	翼
1866	裸	음	ラ・라	훈	はだか・하다카	능시 1급	벌거숭이 라	裸
1867	羅	음	ラ・라	훈	−	능시 1급	벌릴 라	羅
1868	雷	음	ライ・라이	훈	かみなり・카미나리	능시 1급	우뢰 뢰	雷
1869	頼	음	ライ・라이	훈	たのむ, たよる, たのもしい・타노무, 타요루, 타노모시−	능시 2급	믿을 뢰	頼
1870	絡	음	ラク・라쿠	훈	からむ, からまる・카라무, 카라마루	능시 2급	이을 락	絡
1871	酪	음	ラク・라쿠	훈	−	능시 1급	즙 락	酪
1872	濫	음	ラン・랑	훈	−	능시 1급	넘칠 람	濫
1873	欄	음	ラン・랑	훈	−	능시 1급	난간 란	欄
1874	吏	음	リ・리	훈	−	능시 1급	관리 리	吏
1875	痢	음	リ・리	훈	−	능시 1급	이질 리	痢
1876	履	음	リ・리	훈	はく・하쿠	능시 1급	신 리	履
1877	離	음	リ・리	훈	はなす, はなれる・하나스, 하나레루	능시 1급	떠날 리	離

번호	한자	음	훈	급수	뜻·음	한국한자
1878	柳	リュウ・류우	やなぎ・야나기	능시 1급	버들 류	柳
1879	竜	リュウ・류우	たつ・타츠	능시 1급	용 룡	龍
1880	粒	リュウ・류우	つぶ・츠부	능시 2급	낱알 립	粒
1881	隆	リュウ・류우	－	능시 1급	높을 륭	隆
1882	硫	リュウ・류우	－	능시 1급	유황 류	硫
1883	虜	リョ・료	－	능시 1급	사로잡을 로	虜
1884	慮	リョ・료	－	능시 2급	생각할 려	慮
1885	了	リョウ・료우	－	능시 2급	마칠 료	了
1886	涼	リョウ・료우	すずしい, すずむ・스즈시－, 스즈무	능시 2급	서늘할 량	涼
1887	猟	リョウ・료우	－	능시 1급	사냥할 렵	獵
1888	陵	リョウ・료우	みささぎ・미사사기	능시 1급	언덕 릉	陵
1889	僚	リョウ・료우	－	능시 1급	동료 료	僚
1890	寮	リョウ・료우	－	능시 1급	동관 료	寮

497

번호	한자	음	훈	급수	뜻·한국음	한국한자
1891	療	リョウ・료우	–	능시 2급	병고칠 료	療
1892	糧	リョウ, ロウ・료우, 로우	かて・카테	능시 1급	양식 량	糧
1893	倫	リン・린	–	능시 1급	인륜 륜	倫
1894	隣	リン・린	となる, となり・토나루, 토나리	능시 1급	이웃 린	隣
1895	涙	ルイ・루이	なみだ・나미다	능시 2급	눈물 루	涙
1896	累	ルイ・루이	–	능시 1급	묶을 루	累
1897	壘	ルイ・루이	–	능시 1급	진 루	壘
1898	励	レイ・레이	はげむ, はげます・하게무, 하게마스	능시 1급	힘쓸 려	勵
1899	戻	レイ・레이	もどす, もどる・모도스, 모도루	능시 2급	어그러질 려	戾
1900	鈴	レイ, リン・레이, 링	すず・스즈	능시 1급	방울 령	鈴
1901	零	レイ・레이	–	능시 2급	떨어질 령	零
1902	靈	レイ, リョウ・레이, 료우	たま・타마	능시 1급	신령 령	靈
1903	齡	レイ・레이	–	능시 2급	나이 령	齡

번호	한자	음	훈	능시	뜻·음	한국한자
1904	麗	レイ・레이	うるわしい・우루와시-	능시 1급	고을 려	麗
1905	暦	レキ・레키	こよみ・코요미	능시 1급	책력 력	曆
1906	劣	レツ・레츠	おとる・오토루	능시 1급	못할 렬	劣
1907	烈	レツ・레츠	-	능시 1급	매울 렬	烈
1908	裂	レツ・레츠	さく, さける・사쿠, 사케루	능시 1급	찢어질 렬	裂
1909	恋	レン・렝	こい, こう, こいしい・코이, 코우, 코이시-	능시 2급	사모할 련	戀
1910	廉	レン・렝	-	능시 1급	청렴할 렴	廉
1911	錬	レン・렝	-	능시 1급	단련할 련	鍊
1912	炉	ロ・로	-	능시 1급	화로 로	爐
1913	露	ロ, ロウ・로, 로우	つゆ・츠유	능시 1급	이슬 로	露
1914	郎	ロウ・로우	-	능시 1급	사내 랑	郎
1915	浪	ロウ・로우	-	능시 1급	물결 랑	浪
1916	廊	ロウ・로우	-	능시 1급	복도 랑	廊

No.	한자		읽기	능시	뜻/음	한국한자
1917	楼	음	ロウ・로우	능시 1급	다락 루	樓
		훈	–			
1918	漏	음	ロウ・로우	능시 1급	샐 루	漏
		훈	もる, もれる, もらす・모루, 모레루, 모라스			
1919	賄	음	ワイ・와이	능시 1급	뇌물 회	賄
		훈	まかなう・마카나우			
1920	惑	음	ワク・와쿠	능시 1급	미혹할 혹	惑
		훈	まどう・마도우			
1921	枠	음	–	능시 1급 일본한자	테두리 화	–
		훈	わく・와쿠			
1922	湾	음	ワン・왕	능시 2급	물굽이 만	灣
		훈	–			
1923	腕	음	ワン・왕	능시 2급	팔목 완	腕
		훈	うで・우데			
1924	翁	음	オウ・오우	능시 제외	늙은이 옹	翁
		훈	–			
1925	虞	음	–	능시 제외	염려할 우	虞
		훈	おそれ・오소레			
1926	嚇	음	カク・카쿠	능시 제외	위협할 하	嚇
		훈	–			
1927	且	음	–	능시 제외	또 차	且
		훈	かつ・카츠			
1928	侯	음	コウ・코우	능시 제외	제후 후	侯
		훈	–			
1929	勺	음	シャク・샤쿠	능시 제외	구기 작	勺
		훈	–			

번호	한자		음	훈		한국 한자
1930	爵	음	シャク・샤쿠		능시 제외 / 벼슬 작	爵
		훈	–			
1931	薪	음	シン・싱		능시 제외 / 땔나무 신	薪
		훈	たきぎ・타키기			
1932	帥	음	スイ・스이		능시 제외 / 장수 수	帥
		훈	–			
1933	錘	음	スイ・스이		능시 제외 / 저울 추	錘
		훈	つむ・츠무			
1934	畝	음	セ・세		능시 제외 / 밭이랑 묘	畝
		훈	うね・우네			
1935	銑	음	セン・셍		능시 제외 / 무쇠 선	銑
		훈	–			
1936	但	음	ただし・타다시		능시 제외 / 다만 단	但
		훈	–			
1937	脹	음	チョウ・쵸우		능시 제외 / 부를 창	脹
		훈	–			
1938	朕	음	チン・칭		능시 제외 / 나 짐	朕
		훈	–			
1939	奴	음	ド・도		능시 제외 / 종 노	奴
		훈	–			
1940	婆	음	バ・바		능시 제외 / 할미 파	婆
		훈	–			
1941	匁	음	–		능시 제외 일본한자 / 몸메 문	–
		훈	もんめ・몸메			
1942	隷	음	レイ・레이		능시 제외 / 종 례	隷
		훈	–			

| 1943 繭 | 음 | ケン・켕 | | 능시 1급 | 고치 **견** | 한국한자 繭 |
| 훈 | まゆ・마유 | | | | | |

| 1944 璽 | 음 | – | | 능시 1급 | 옥새 **새** | 한국한자 璽 |
| 훈 | じ・시 | | | | | |

| 1945 厘 | 음 | リン・링 | | 능시 1급 | 리 **리** | 한국한자 厘 |
| 훈 | – | | | | | |

03 상용한자표에 없는 표외자 110자

		음/훈		능시 1급	한국한자
1946 挨	음	アイ・아이		밀칠 애	挨
	훈	–			
1947 垢	음	コウ, ク・코우, 쿠		먼지 구	垢
	훈	あか・아카			
1948 憧	음	ショウ, ドウ・쇼우, 도우		그리워할 동	憧
	훈	あこがれる・아코가레루			
1949 宛	음	エン・엥		완연할 완	宛
	훈	あて, あてる・아떼, 아떼루			
1950 嵐	음	ラン・랑		아지랑이 람	嵐
	훈	あらし・아라시			
1951 或	음	ワク・와쿠		혹 혹	或
	훈	ある, あるいは・아루, 아루이와			
1952 椅	음	イ・이		걸상 의	椅
	훈	–			
1953 炒	음	ソウ, ショウ・소우, 쇼우		볶을 초	炒
	훈	いためる, いる・이타메루, 이루			
1954 嘘	음	キョ・쿄		탄식할 허	嘘
	훈	うそ・우소			
1955 嬉	음	キ・키		즐길 희	嬉
	훈	うれしい・우레시-			
1956 噂	음	ソン・손		수근거릴 준	噂
	훈	うわさ・우와사			
1957 餌	음	ジ・지		먹이 이	餌
	훈	え, えさ・에, 에사			
1958 於	음	オ・오		어조사 어	於
	훈	おいて・오이테			

번호	한자	음	훈	급수	뜻·음	한국한자
1959	俺	エン・엥	おれ・오레	능시 1급	나 엄	俺
1960	霞	カ・카	かすみ, かすむ・카스미, 카스무	능시 1급	놀 하	霞
1961	嘩	カ・카	かまびすしい・카마비스시―	능시 1급	떠들썩할 화	嘩
1962	鍵	ケン・켕	かぎ・카기	능시 1급	열쇠 건	鍵
1963	崖	ガイ・가이	がけ・가케	능시 1급	낭떠러지 애	崖
1964	賭	ト・토	かける・카케루	능시 1급	내기 도	賭
1965	籠	ロウ・로우	かご・카고	능시 1급	농 롱	籠
1966	曾	ソ, ソウ・소, 소우	かつて・카쯔테	능시 1급	일찍 증	曾
1967	鞄	ホウ・호우	かばん・카방	능시 1급	가방 포	鞄
1968	釜	フ・후	かま・카마	능시 1급	가마 부	釜
1969	嚙	―	かむ・카무	능시 1급	깨물을 교	嚙
1970	瓦	ガ・가	かわら, ぐらむ・카와라, 구라무	능시 1급	기와 와	瓦
1971	稽	ケイ・케이	とどめる, かんがえる・토도메루, 캉가에루	능시 1급	머무를 계	稽

번호	한자	음	훈	급수	한국 훈음	한국 한자
1972	蹴	シュウ, シュク・슈우, 슈쿠	ける・케루	능시 1급	찰 축	蹴
1973	喧	ケン・켕	かまびすしい・카마비스시-	능시 1급	떠들썩할 훤	喧
1974	梢	ショウ・쇼우	こずえ・코즈에	능시 1급	나무끝 초	梢
1975	此	シ・시	この, これ・코노, 코레	능시 1급	이 차	此
1976	頃	ケイ・케이	ころ・코로	능시 1급	무렵 경	頃
1977	沙	サ, シャ・사, 샤	すな・스나	능시 1급	모래 사	沙
1978	匙	シ・시	さじ・사지	능시 1급	숟가락 시	匙
1979	拶	サツ・사츠	−	능시 1급	맞닥칠 찰	拶
1980	爽	ソウ・소우	さわやか・사와야까	능시 1급	시원할 상	爽
1981	叱	シツ・시츠	しかる・시까루	능시 1급	꾸짖을 질	叱
1982	繡	シュウ・슈우	−	능시 1급	수놓을 수	繡
1983	醬	ショウ・쇼우	ひしお・히시오	능시 1급	간장 장	醬
1984	尻	コウ・코우	しり・시리	능시 1급	꽁무니 고	尻

번호	한자	음	훈	급수	한국 한자
1985	芯	シン・싱	−	능시 1급	등심초 심 芯
1986	腎	ジン・징	−	능시 1급	콩팥 신 腎
1987	隙	ゲキ・게키	すき, ひま・스끼, 히마	능시 1급	틈 극 隙
1988	凄	セイ・세이	すごい, すさまじい・스고이, 스사마지−	능시 1급	쓸쓸할 처 凄
1989	裾	キョ・쿄	すそ・스소	능시 1급	옷자락 거 裾
1990	咳	ガイ・가이	せき・세끼	능시 1급	기침 해 咳
1991	噌	ソ, ソウ・소, 소우	−	능시 1급	왁자할 쟁 噌
1992	袖	シュウ・슈우	そで・소데	능시 1급	소매 수 袖
1993	其	キ・키	その, それ・소노, 소레	능시 1급	그 기 其
1994	剃	テイ・테이	そる・소루	능시 1급	털깎을 체 剃
1995	揃	セン・셍	そろい, そろう・소로이, 소로우	능시 1급	뽑을 전 揃
1996	汰	タ, タイ・타, 타이	おごる, よなげる・오고루, 요나게루	능시 1급	사치할 태 汰
1997	只	シ・시	ただ・타다	능시 1급	다만 지 只

				능시 1급	한국 한자
1998 叩	음	コウ・코우		두드릴 고	叩
	훈	たたく・타타꾸			
1999 忽	음	コツ・코츠		홀연 홀	忽
	훈	たちまち, ゆるがせ・타찌마찌, 유루가세			
2000 溜	음	リュウ・류우		물방울 류	溜
	훈	たまり, たまる, ためる・타마리, 타마루, 타메루			
2001 誰	음	スイ・스이		누구 수	誰
	훈	だれ, たれ・다레, 타레			
2002 旦	음	タン, ダン・탕, 당		아침 단	旦
	훈	–			
2003 蛋	음	タン・탕		새알 단	蛋
	훈	–			
2004 馳	음	チ・치		달릴 치	馳
	훈	はせる・하세루			
2005 蝶	음	チョウ・쵸우		나비 접	蝶
	훈	–			
2006 呟	음	ゲン・겡		지꺼릴 현	呟
	훈	つぶやく・쯔부야꾸			
2007 壺	음	コ・코		항아리 호	壺
	훈	つぼ・쯔보			
2008 爪	음	ソウ・소우		손톱 조	爪
	훈	つめ・쯔메			
2009 吊	음	チョウ・쵸우		매달 조	吊
	훈	つる, つるす・쯔루, 쯔루스			
2010 頓	음	トン・통		조아릴 돈	頓
	훈	とみに・토미니			

번호	한자		음/훈	능시	한국 한자
2011	丼	음	タン, トン・탕, 통	능시 1급 일본한자 / 사발 정	–
		훈	どんぶり・돔부리		
2012	那	음	ナ・나	능시 1급 / 어찌 나	那
		훈	–		
2013	謎	음	メイ・메이	능시 1급 / 수수께끼 미	謎
		훈	なぞ・나조		
2014	撫	음	ブ・부	능시 1급 / 어루만질 무	撫
		훈	なでる・나데루		
2015	鍋	음	カ・카	능시 1급 / 냄비 과	鍋
		훈	なべ・나베		
2016	匂	음	–	능시 1급 일본한자 / 향내 내	–
		훈	におい, におう・니오이, 니오우		
2017	賑	음	シン・싱	능시 1급 / 넉넉할 진	賑
		훈	にぎやか, にぎわう・니기야까, 니기와우		
2018	睨	음	ゲイ・게이	능시 1급 / 흘겨볼 예	睨
		훈	にらむ・니라무		
2019	濡	음	ジュ・쥬	능시 1급 / 적실 유	濡
		훈	ぬらす, ぬれる・누라스, 누레루		
2020	狙	음	ソ・소	능시 1급 / 엿볼 저	狙
		훈	ねらい, ねらう・네라이, 네라우		
2021	覗	음	シ・시	능시 1급 / 엿볼 사	覗
		훈	のぞく・노조꾸		
2022	喉	음	コウ・코우	능시 1급 / 목구멍 후	喉
		훈	のど・노도		
2023	呪	음	ジュ・쥬	능시 1급 / 빌 주	呪
		훈	のろう・노로우		

번호	한자		읽기	능급	뜻	한국한자
2024	這	음	シャ・샤	능시 1급	기어갈 저	這
		훈	はう・하우			
2025	箸	음	チョ・쵸	능시 1급	젓가락 저	箸
		훈	はし・하시			
2026	筈	음	カツ・카츠	능시 1급	오늬 괄	筈
		훈	はず・하즈			
2027	貼	음	チョウ, テン・쵸우, 텡	능시 1급	붙일 첩	貼
		훈	はる・하루			
2028	腫	음	シュ, ショウ・슈, 쇼우	능시 1급	부스럼 종	腫
		훈	はれる・하레루			
2029	髭	음	シ・시	능시 1급	수염 자	髭
		훈	ひげ・히게			
2030	膝	음	シツ・시츠	능시 1급	무릎 슬	膝
		훈	ひざ・히자			
2031	肘	음	チュウ・츄우	능시 1급	팔목 주	肘
		훈	ひじ・히지			
2032	瞳	음	ドウ・도우	능시 1급	눈동자 동	瞳
		훈	ひとみ・히또미			
2033	紐	음	チュウ, ジュウ・츄우, 쥬우	능시 1급	끈 뉴	紐
		훈	ひも・히모			
2034	蓋	음	ガイ・가이	능시 1급	덮을 개	蓋
		훈	ふた, けだし・후타, 케다시			
2035	吠	음	ハイ・하이	능시 1급	짖을 폐	吠
		훈	ほえる・호에루			
2036	頬	음	キョウ・쿄우	능시 1급	뺨 협	頰
		훈	ほお, ほほ・호오, 호호			

번호	한자	음	훈	급수	뜻	한국한자
2037	惚	コツ・코츠	ぼける, ほれる・보케루, 보레루	능시 1급	황홀할 홀	惚
2038	殆	タイ・타이	ほとんど, あやうい・호톤도, 아야우이	능시 1급	거의 태	殆
2039	蒔	シ, ジ・시, 지	まく・마꾸	능시 1급	씨뿌릴 시	蒔
2040	撒	サン, サツ・상, 사츠	まく・마꾸	능시 1급	뿌릴 살	撒
2041	枕	チン・칭	まくら・마꾸라	능시 1급	베개 침	枕
2042	股	コ・코	また, もも・마타, 모모	능시 1급	다리 고	股
2043	眉	ビ, ミ・비, 미	まゆ・마유	능시 1급	눈썹 미	眉
2044	稀	キ, ケ・키, 케	まれ・마레	능시 1급	드물 희	稀
2045	勿	モチ, ブツ・모치, 부츠	なかれ・나가레	능시 1급	말 물	勿
2046	尤	ユウ・유우	もっとも・못또모	능시 1급	더욱 우	尤
2047	貰	–	もらう・모라우	능시 1급	세낼 세	貰
2048	闇	アン・앙	やみ・야미	능시 1급	어두울 암	闇
2049	茹	ジョ・죠	ゆでる・유데루	능시 1급	삶을 여	茹

				능시 1급	한국한자
2050 蘇	음	ソ, ス • 소, 스		깨어날 **소**	蘇
	훈	よみがえる • 요미가에루			
2051 呂	음	ロ, リョ • 로, 료		법칙 **려**	呂
	훈	おと • 오또			
2052 脇	음	キョウ • 쿄우		겨드랑이 **협**	脇
	훈	わき • 와끼			
2053 湧	음	ヨウ, ユウ • 요우, 유우		물솟을 **용**	湧
	훈	わく • 와꾸			
2054 僅	음	キン • 낑		겨우 **근**	僅
	훈	わずか • 와즈까			
2055 碗	음	ワン • 왕		주발 **완**	碗
	훈	–			